本书为山东省社科规划项目"汉英语动结式承继关系研究"（19CYYJ07）的结题成果，教育部人文社科规划基金项目"事件语义视角下汉英语动结式对比研究"（19YJA740042）的阶段性成果。

汉语动结构式承继关系及其理据研究

A Study of Chinese Resultative Constructional Motivation Link

彭 芳 ◎ 著

中国社会科学出版社

图书在版编目(CIP)数据

汉语动结构式承继关系及其理据研究 / 彭芳著 . —北京：中国社会科学出版社，2020.10
ISBN 978-7-5203-6809-4

Ⅰ.①汉… Ⅱ.①彭… Ⅲ.①汉语—句法—研究 Ⅳ.①H146.3

中国版本图书馆 CIP 数据核字(2020)第 134160 号

出 版 人	赵剑英	
责任编辑	任　明	
责任校对	周　昊	
责任印制	郝美娜	

出　　版	中国社会科学出版社	
社　　址	北京鼓楼西大街甲 158 号	
邮　　编	100720	
网　　址	http：//www.csspw.cn	
发 行 部	010-84083685	
门 市 部	010-84029450	
经　　销	新华书店及其他书店	
印刷装订	北京君升印刷有限公司	
版　　次	2020 年 10 月第 1 版	
印　　次	2020 年 10 月第 1 次印刷	
开　　本	710×1000　1/16	
印　　张	14.25	
插　　页	2	
字　　数	221 千字	
定　　价	98.00 元	

凡购买中国社会科学出版社图书，如有质量问题请与本社营销中心联系调换
电话：010-84083683
版权所有　侵权必究

前　言

　　语言的创造、学习和使用，基本上必须能够透过人类的认知而加以解释，因为认知能力是人类知识的根本，人们的日常经验被看成语言使用的基础。本书的主导思想就是从汉语动结构式着手，阐释语言和一般认知能力之间的密不可分的联系。

　　本书从汉语动结构式的多义性及其多义范畴网络入手，结合相关理论和假设，在认知构式语法理论框架下研究汉语原型动结构式及其子构式之间的承继关系，探寻构式承继的理据，从而为汉语动结构式意义的跨语言的概括性及其构式的语言独特性提供解释。

　　研究显示，原型动结构式的多义性对应于实现事件概念结构的不同组合方式，实现事件的词化模式可作为原型动结构式多义连接的语义动因。结果补语隐现动结构式与原型动结构式构成子部分连接，转喻机制是构式承继的认知动因，非凸显焦点是构式承继的语用动因。

　　非次范畴化宾语动结构式表达动作的过度以及非预期结果。汉语中同指的施事论元和受事论元常常可以合并，除非说话人特别关注受影响的实体（汉语倾向于关注受影响的身体部位），这些具体的身体器官范畴化为句法宾语，这是该句式生成的语用理据。通过"动作是有影响力的行为"隐喻的范畴化操作，领有者与领有物在句法上分离，使得说话人把致使—结果事件的参与者概念化为受影响的实体。

　　倒置动结构式常常表达负面的预料之外的致使结果。倒置动结构式与原型动结构式构成一个多义范畴，是最大经济性原则胜出的结果，其中，"凸显的事件参与者代使因事件"的转喻是解决冲突的关键。倒置动结构式可以看作一种参照点构式，用认知上凸显的实体 NP1 作为一个参照点,为唤起使因事件提供心理可及性。

原型"VA 了"(语义为"预期结果的实现")与原型动结构式通过"结果代致使行为"的转喻实现了子部分连接。另外,原型"VA 了"与其子构式之间由于具有一定的句法、语义和语用联系,而成为子构式承继的理据,例如子构式"自然结果的出现"与原型"VA 了"通过"致使结果代致使行为"的转喻而形成子部分连接,子构式"非理想结果的实现"通过"非理想结果是偏离预期的结果"的隐喻而实现多义连接,子构式"非预期的过量结果的出现"与原型构式通过"状态变化代自身驱动行为"的转喻而实现多义连接。最后,"结果偏离"义"VA 了"与原型义"预期结果的实现""VA 了"具有句法、语义和语用功能上的差异,前者的语块组合为[NP V | A 了],后者的语块组合为[NP VA | 了],语块组合的差异动因在于信息焦点的变化。

动词拷贝动结构式由"动宾构式"和"动结构式"两个结构式组成,突出强调动作行为的超量结果。动词拷贝动结式作为下层构式与上层构式即动宾构式和动结构式构成了多重承继。动宾构式的一些高及物性特征被下位构式有选择地进行了承继;而对动结构式语义特征的承继,排除了预期结果,继发结果,完结类动结式。图形事件和背景事件的概念化是多重承继关系的认知理据。

汉英语动结构式的承继网络及其理据对比发现,汉语动结构式的分类比英语动结式呈现多构式及其同一构式的多义性特征。汉英语动结式承继网略的共性源于人们对同一事件(典型的致使—结果事件场景)的相似的身体体验,语言交际的需要,表达省力的原则,以及在现有的构式中寻找相似性的范畴化能力,如隐喻和转喻机制对构式承继连接的促动。汉英语动结构式承继网略的个性差异源于不同的语言系统,不同的认知概念化方式,以及两者的交互作用。英语动结式更多地体现为构式的论元结构类型,构式语义与动词语义的融合,而汉语动结式更多地体现为事件类型,如倒置动结构式体现的使因事件和使果事件的致使—结果的事件类型。

本书从动结构式、认知构式语法、认知语法、语义和语用等多个相互关联的语言现象入手,对汉语动结构式的多义性,承继网略及其理据的分析,对人类认知与语法构建的互动关系进行考察,凸显了人类认知在语言使用的经济性、语言产生和创新等方面的能动作用，本书为汉语语法的研究提供了新的视角。另外，不同语言的学习者可以通过"原型构式—扩展构式"的习得顺序和范畴化能力，对构式进行习得和把握，本书希望为对外汉语教学特别是对外汉语语法教学提供参考。

目 录

第一章 绪论 …………………………………………………（1）
  第一节 问题的提出 ………………………………………（1）
  第二节 研究对象和研究内容 ……………………………（4）
  第三节 研究方法与语料选择 ……………………………（11）
  第四节 本书结构 …………………………………………（12）

第二章 动结式相关研究综述 ………………………………（14）
  第一节 汉语动结式研究 …………………………………（14）
    一 汉语动结式的句式和语义研究 ……………………（14）
    二 汉语动结式的认知功能和构式语法研究 …………（18）
  第二节 国外动结式相关研究 ……………………………（22）
  第三节 现有研究中有待解决的问题 ……………………（26）

第三章 理论基础 ……………………………………………（28）
  第一节 理论依据 …………………………………………（28）
    一 认知构式语法的基本观点 …………………………（29）
    二 语言的理据性 ………………………………………（43）
  第二节 本书的基本观点 …………………………………（46）

第四章 原型动结构式与结果补语隐现动结构式的承继理据 ……（48）
  第一节 原型动结构式的多义性及其承继理据 …………（48）
    一 相关研究 ……………………………………………（48）

二　原型动结构式的概念原型及事件概念特征分析 ………… (50)
　　三　原型动结构式的事件概念结构及其多义分析 ………… (52)
　　四　原型动结构式的承继关系及其理据分析 ……………… (62)
　第二节　结果补语隐现动结构式的承继关系及理据 ………… (65)
　　一　相关研究 …………………………………………………… (66)
　　二　结果补语隐现动结构式的语义及其特征分析 ………… (69)
　　三　结果补语隐现动结构式的承继关系 …………………… (75)
　　四　结果补语隐现动结构式的承继理据 …………………… (81)
　第三节　余论 …………………………………………………… (84)

第五章　汉语非次范畴化宾语动结构式承继关系及其理据 ……… (86)
　第一节　相关研究 ……………………………………………… (86)
　第二节　非次范畴化宾语动结构式的语义和语用特征分析 … (89)
　第三节　非次范畴化宾语动结构式与原型动结构式的承继
　　　　　关系 …………………………………………………… (91)
　第四节　非次范畴化宾语动结构式的承继理据 ……………… (94)
　　一　语用理据 …………………………………………………… (94)
　　二　认知理据 …………………………………………………… (95)
　第五节　"她哭瞎了眼睛"与"她的眼睛哭瞎了"承继关系
　　　　　及其理据 ……………………………………………… (98)

第六章　倒置动结构式的承继关系及其理据 …………………… (102)
　第一节　相关研究 ……………………………………………… (102)
　第二节　倒置动结构式的语义及其特征分析 ………………… (105)
　第三节　倒置动结构式与原型动结构式的承继关系 ………… (107)
　第四节　倒置动结构式的承继理据分析 ……………………… (109)

第七章　"VA 了"动结构式的承继关系及其理据 ……………… (119)
　第一节　相关研究 ……………………………………………… (119)
　第二节　"VA 了"动结构式的语义及其特征分析 …………… (122)
　第三节　"VA 了"动结构式的承继关系 ……………………… (128)

一　预期结果的实现"VA了"与原型动结构式的
　　　承继关系 ………………………………………… (128)
　二　"VA了"动结构式之间的承继关系 ……………… (129)
第四节　"VA了"动结构式承继理据分析 ………………… (133)

第八章　动词拷贝动结构式的承继关系及其理据 ………… (139)
第一节　相关研究 …………………………………………… (139)
第二节　动词拷贝动结构式的语义及其特征分析 ………… (142)
第三节　动词拷贝动结构式的承继关系 …………………… (147)
　一　对动宾构式的选择性承继 ……………………… (148)
　二　对动结构式的选择性承继 ……………………… (151)
第四节　动词拷贝动结构式多重承继的理据 ……………… (154)

第九章　汉英语动结构式的承继关系及其理据对比 ……… (159)
第一节　汉语动结构式承继网络 …………………………… (159)
　一　隐喻连接 ………………………………………… (160)
　二　子部分连接 ……………………………………… (161)
　三　多义连接 ………………………………………… (161)
　四　多重连接 ………………………………………… (162)
第二节　汉语动结构式承继理据 …………………………… (163)
　一　语义理据 ………………………………………… (163)
　二　语用理据 ………………………………………… (164)
　三　隐喻和转喻 ……………………………………… (164)
　四　图形—背景的概念化及其象似性原则 ………… (165)
　五　最大经济性原则与最大表达力原则的互动 …… (166)
第三节　英语动结构式承继网络 …………………………… (166)
　一　多义连接 ………………………………………… (167)
　二　隐喻连接 ………………………………………… (169)
　三　子部分连接 ……………………………………… (170)
　四　多重承继 ………………………………………… (171)
第四节　英语动结构式的承继理据 ………………………… (173)

一　隐喻和转喻理据 …………………………………………（173）
　　二　语义和语用理据 …………………………………………（175）
　第五节　汉英语动结构式的承继网络共性与差异 ……………（177）
　　一　汉英语动结构式的承继网络共性 ………………………（177）
　　二　汉英语动结构式的承继网络个性差异 …………………（178）
　第六节　汉英语动结构式的承继网络共性与差异的理据 ……（181）
　　一　汉英语动结构式承继网络共性的理据分析 ……………（181）
　　二　汉英语动结构式承继网络个性差异的理据分析 ………（181）

第十章　结语 ……………………………………………………（186）
　第一节　研究发现和研究意义 …………………………………（186）
　第二节　研究的不足之处及其未来研究方向 …………………（191）

参考文献 …………………………………………………………（193）

后记 ………………………………………………………………（213）

图目录

图 1　构式的承继连接 ·· (34)
图 2　英语双及物构式的多义连接（Goldberg 1992/2006b：419） ······ (36)
图 3　英语致使移动构式与不及物移动构式的子部分连接 ············ (37)
图 4　动词 *drive* 与英语动结构式的实例连接与子部分连接 ········ (38)
图 5　break open 类动结构式的多重连接 ························· (39)
图 6　以原型句为原型的 SAI 构式的功能范畴及其促发原型的每
　　　一个扩展得以产生的标记性连接（Goldberg 2006a：179） ······ (41)
图 7　英语基本论元构式的承继连接（Goldberg
　　　1995：109） ·· (42)
图 8　原型动结构式的多义连接 ······································ (62)
图 9　原型动结构式的语义与实现事件概念结构的对应关系 ····· (63)
图 10　结果补语隐现动结构式的事件语义特征 ····················· (75)
图 11　结果补语隐现动结构式与原型动结构式的子部分
　　　连接 ·· (76)
图 12　非次范畴化宾语动结构式的多义连接 ························ (92)
图 13　"动作是有影响力的行为事件"的隐喻与
　　　结果补语的融合 ··· (96)
图 14　倒置动结构式与原型动结构式的多义连接 ················· (108)
图 15　"凸显的事件参与者代使因事件"的转喻与结果
　　　补语的融合 ··· (110)

图 16 "凸显的事件参与者代使因事件"的转喻与结果
补语的融合 …………………………………………（111）
图 17 "凸显的事件参与者代使因事件"的转喻与结果
补语的融合 …………………………………………（112）
图 18 "凸显的事件参与者代使因事件"的转喻与结果
补语的融合 …………………………………………（114）
图 19 预期结果实现"VA 了"与原型动结构式的子部分
连接 …………………………………………………（128）
图 20 "VA 了"动结构式之间的承继连接 ………………（133）
图 21 "VA 了"动结构式的承继理据 ……………………（137）
图 22 动词拷贝动结构式的多重连接……………………（148）
图 23 汉语动结构式承继网络……………………………（163）
图 24 英语动结构式承继网络……………………………（173）

表目录

表 1　汉语动结结构构成的句式 ……………………………………（7）
表 2　汉语动结式具体句式的研究 …………………………………（8）
表 3　本书对汉语动结式范畴成员的界定 …………………………（10）
表 4　"预期结果的实现"动结构式中述语动词及其结果补语 …（57）
表 5　"继发的非理想结果的实现"动结构式中的述语动词 ……（58）
表 6　"继发的非理想结果的实现"动结构式中的结果补语 ……（58）
表 7　"结果的达成"动结构式中述语动词及其结果补语 ………（60）
表 8　"既定结果的实现"动结构式述语动词及其结果补语 ……（61）
表 9　原型动结构式述语动词对结果概念的蕴含程度 ……………（63）
表 10　结果补语隐现动结构式中的述语动词 ……………………（71）
表 11　动结构式虚化结果补语隐现实例统计 ……………………（71）
表 12　"V 掉"动结构式中"掉"可以隐含表达的述语动词 …（72）
表 13　"V 掉"动结构式中"掉"不能够隐含表达的
　　　 述语动词 …………………………………………………（72）
表 14　汉语制作义动词（谭景春 1997）…………………………（74）
表 15　汉语动词"杀"组成的动结构式实例统计 ………………（77）
表 16　现代汉语中动词"扭"组成的动结构式实例统计 ………（79）
表 17　偏离结果"VA 了"动结构式制作类动词及其与
　　　 形容词搭配 ………………………………………………（127）
表 18　偏离结果"VA 了"动结构式放置类动词及其与
　　　 形容词搭配 ………………………………………………（127）

表 19　偏离结果 "VA 了" 动结构式买卖类动词及其与
　　　　形容词搭配 ………………………………………………（127）
表 20　偏离结果 "VA 了" 动结构式其他类动词及其与
　　　　形容词搭配 ………………………………………………（127）
表 21　及物性等级（Hopper & Thompson 1980）………………（149）

第一章

绪　论

　　"使成式"是王力在《中国现代语法》（1943）中首次提出的，"使成式"被明确定义为"凡叙述词和它的末品补语成为因果关系者，叫作使成式"。王力（1980：401）对使成式做了进一步的补充和说明："我在《中国语法理论》上册第十一节里认为，内动词带内动词（'饿死'）和内动词带形容词（'站累'）这两种结构也是使成式。现在我以为使成式的第一成分应该限于外动词，这样才和一般所谓 causative 相当，所以这里不把这两种结构归在使成式内。"王力先生所界定的"使成式"也许是对什么是动结式所作的比较早的界定，并对汉语使成式进行了专题研究。吕叔湘的《现代汉语八百词》（1980）则把"动结式"定义为："由动词带表示结果的补语组成的句法结构，主要动词加表示结果的形容词或动词，可以叫作动结式。"

第一节　问题的提出

　　现代汉语句式灵活，其中表现之一就是动结式的高度能产性，分布广泛。大部分表示动作的单音节动词，加上表示结果或状态的形容词或动词，都可以构成动结式。"动补结构是一个高度能产的句法格式，而不是一个语义选择性高的表达（idiom）"（石毓智 2002：33），作者以动词"吃"为例指出，理论上任何由"吃"引起的结果状态，都可以作"吃"的结果，如"吃饱、吃腻、吃病、吃胖、吃晕、吃瘦、吃累、吃吐、吃烦"等。笔者在北京大学语料库现代汉语部分及其网络中查找以上动结复合动词构成的实例，发现以上动结复合动词的适用性存在差异，可以构成不同的句式，如：

1) 罗盘吃饱了烤糯米粑粑，又把剩下的粑粑都拿过来……（CCL）

2) 现在人们吃腻了大鱼大肉、海鲜美味，又开始欣赏家常菜。（CCL）

3) 人们吃大米饭吃腻了，就想换个口味，变个花样吃。（CCL）

4) "三无"月饼吃病家属。（百度）

5) 他的脸吃黑了，身体吃瘦了，可仍执"迷"不悟，初衷不改。（CCL）

6) ……那香得呀，扇嘴巴子都不撒嘴吃到下午，头都吃晕了。（CCL）

7) 小家伙也许吃累了，一边吸着，一边幸福地闭上眼睛。（CCL）

以上实例显示，动结式具有高度能产性，由动结复合动词构成的句式具有多样性，可以带宾语，如例1-2，4，即使同样带宾语的动结式，宾语的性质也有所不同。另外，以上动结式的意义也有所区别，有真宾语和假宾语，有正常语序动结式，倒置动结式，动词拷贝动结式；以及不带宾语动结式，如例5-7。以上实例表明，即使外部形式相同的动结构式也可能有着不同的内部构造形式和不同的构式意义。

之所以说以上句式是动结构式，是因为它们都具有动结构式的基本特征［V1V2］。一个语言结构反映了客观世界的概念结构，同时包含了人们的交际目的和表达需求，一个语言结构是主客观互动的结果，包括体验、语义、语用等信息。从构式的多义性出发，可以把动结构式看作一个复杂的构式网络，各类动结构式具有独立的句法、语义特征和语用功能。在动结构式内部构造多样和构式多义性的同时，动结构式的高度能产性也受到限制，如：

8a) 他打碎了玻璃杯。

8b）＊他打玻璃杯打碎了。
9a）他看瞎了眼睛。
9b）＊他看哭了眼睛。
10a）小王洗衣服洗湿了鞋。
10b）＊小王洗湿了鞋。
11a）三无月饼吃病家属。
11b）＊家属吃病三无月饼。
12a）小王卖完了报纸。
12b）＊小王卖报纸卖完了。

以上实例显示，动结式的高度能产性受到多种因素的制约。动结式的不同变体，具有不同的语义，不同的构式相互联系又有区别于其他构式的语义、语用信息，从而形成了构式的多义性。以上实例中动结式形式上分布的不对称，其中必然包含着不同的构式，构式的生成具有多种层面的动因。研究动结构式的多义性就不能忽视这些结构形式的不对称现象，以及现象背后存在的多种层面上的理据和动因。传统意义上的句式变换表明句式之间的某种程度上的联系，具有语言的概括性，其中有些句式具有较多的概括性特征，在家族中具有核心地位，有些句式属于边缘成员，在共享语言的概括性特征之外，具有自身的语义和语用特征。传统的句式变换或句式承继中必然隐含着某种认知上的动因，研究动结式就不能忽视句式之间的这种变换关系。从构式承继的视角看，不能忽视构式之间以及同一构式内部存在的关联性，以及现象背后的机制和动因。语法规律理据的探讨具有方法论上的意义（石毓智 2008）。

本书从构式承继的视角对现代汉语动结构式的多义性网络进行系统考察，在此基础上，探讨汉语动结构式范畴网络成员的承继理据和动因，以期对现代汉语动结构式的多义性进行多层面、多维度的描述和解释。我们主要围绕以下四个研究问题展开讨论：

1）现代汉语动结构式的原型构式和非原型构式具有怎样的分类和分层关系？
2）现代汉语动结构式具体句式之间具有怎样的关联性？

3) 现代汉语动结构式之间的关联具有怎样的承继理据，即各个具体动结构式之间通过何种机制进行构式承继？

4) 汉英语动结构式承继网络及其理据存在哪些语言共性和差异？

根据认知原型理论，句法结构及其表达的语法意义都是原型范畴，若干范畴成员处于一个由原型到非原型构成的连续统之中，其中有典型性成员，也有边缘性成员。本书首先要解决的问题是确定动结范畴中哪些是典型动结式成员，哪些是非典型的边缘性成员。认知语言学认为，语言结构与客观世界具有同构关系（isomorphism）（Haiman 1985），任何一种语言的语法，在某一时期内，都有一些典型的结构模式，形成语言使用者在语法上的心理认知模式。典型的结构模式也是不断发展的，为了满足人们利用语言结构表达情感的需求，就不断会有新的变异形式出现，从而推动语言形式的发展。动结式典型成员与若干变体的出现，是出于交际目的和表达的需求。动结构式是一个由若干多义构式组成的家族网络，构式之间以及构式内部以不同方式、在不同维度上产生关联。考察范畴成员的承继连接是本书有待解决的第二个研究问题。语言和认知具有互动关系，认知在语法的建构中发挥着重要作用。"认知语言学的魅力在于对语言事实与规律有较强的解释力和一定的预测性，以及对语言使用者心理现实性和相关文化、语言特征的充分考虑"（束定芳、唐树华 2011）。构式的承继连接受到语义、语用和功能等多个层面的制约，本书要回答的第三个重要的问题是现代汉语动结构式的承继在语义层面、语用层面和认知层面的理据性。动结式在汉语中普遍存在，构成一个多义网络，那么汉语动结式多义网络的分类分层性和构式的承继理据性，是否具有认知普遍性和语言的构式独特性，是我们有待回答的第四个研究问题，把汉语动结式与英语动结式在构式的分类分层性、承继理据性进行语际比较和对比分析，可以凸显汉语动结式跨语言的概括性和构式的语言独特性。

第二节　研究对象和研究内容

在明确了研究问题后，我们需要对研究对象的范围和研究内容加以界定。现代汉语动结式又叫使成式（王力 1988，石毓智、李纳

2001)、述结式（朱德熙1982，郭锐1995，2002，袁毓林2001）、动补式（Chao1968，Li& Thompson 1981，沈家煊2003）。动结式包括广义动结式和狭义动结式两类。广义动结式包括补语表示结果的动补式，还包括补语表示趋向的动趋式（王力1943/1985，郭锐1995，袁毓林2001，马庆株、王红旗2004，宋文辉2004，2007，张翼2009），之所以把动趋式也归入动结式，是因为其补语实际上也表示了一种结果（刘月华1998）。广义动结式还包括表示时体的补语构成的动结式，Chao（1968）和Li & Thompson（1981）称为阶段性动词补语结构（PVC），相当于吕叔湘（1980）和孟琮等（1987）所说的虚化结果补语，表示事件的完成或实现。狭义动结式（赵琪2009a，殷红伶2011）指由动词表示的动作行为事件和动词或形容词表示的结果事件构成的句式。吕叔湘（1980）称为动结式，朱德熙（1982）称为黏合式述补结构[①]，如：

13a) 他打碎了玻璃。
13b) 他擦干净了桌子。
13c) 他走破了鞋子。

我们的研究对象指补语表示结果以及时体意义的动结式[②]，不包括补语表示趋向的动趋式。学界普遍认为，动结式中的补语表示动作或变化引起的结果。与语法学界对补语的语义解释不同，范晓（1985）提出结果补语表示三种意义：（1）动作的结果，如"冻坏、喂肥、逗笑"等；（2）动作的程度，如"吃多、穿少、来晚"等；（3）动作的态（情貌），作补语的有"到、住、上、完"等。在范晓

[①] 朱德熙（1982）把动结式分为组合式动结式和黏合式动结式两类，黏合式述补结构是指由两个动词或是一个动词跟一个形容词组成的动结式，中间不用"得"字连接，如"吃饱、看清楚、想明白"，组合式动结式指动词和补语之间用"得"字连接，如"吃得饱饱的、看得清清楚楚的、想得很明白"。

[②] 按照一般的看法，实义动结式可以分析为两个事件，带有虚化结果补语的句子不能进行变换分解，因为虚化结果补语没有自己的论元，如：警察找到了小偷。→警察找小偷，*小偷到了。但如果从事件的概念结构来看这类动结式，则可以看作一个未完成动词与完成事件附加语构成，表达一个实现事件。

研究的基础上，王红旗（1996）提出结果补语表示三种语义：（1）表示动作变化所造成的相关人或物出现的新状态，这种补语可称为状态补语，如"染红、听烦、吃光、打败、走快"等；（2）表示对动作或受事、结果的评价，这种补语叫评价补语，如"来晚了、卖贱了、裁肥了"等；（3）表示动作结果，这类补语叫结果补语，如"听见、缠住、钓到"。

范晓（1985）对结果补语的分类是从结果补语的实义和虚义以及动结式不同的句法表现作为标准；王红旗（1996）对结果补语的意义界定更多的是从动作、受事、结果等之间的关系方面入手的，所以二位学者对结果补语表示的意义同中有异，异中有同。由于我们的研究目的是对具体动结式整体语义的分析，有必要厘清结果补语表示的意义。虽然研究对象是狭义动结式，但结果补语的语义可以看作广义的。综合以上研究者的观点，本书的动结式结果补语表达的意义包括结果、程度、状态、评价、情貌等。虽然程度补语常常可以扩展为"得/不"，如"吃得/不多，穿得/不少，来得/不晚"，与组合式补语大致相当，评述式动结式"买贵了"和"挖浅了"的句法构造实际是"卖得贵了""挖得浅了"的紧缩形式（陆俭明1990，马真、陆俭明1997），所谓的程度补语或评述类动结式并不是真正意义上的动结式，而是组合式动结式。从汉语发展史考虑，它们来源于近代汉语的"挖得沟浅"结构，与典型动结式的来源也很不相同（施春宏2008）。由于本书遵循认知构式语法的构式观，构式是形式与意义/功能的匹配，即V1V2（动作+结果）的形义匹配，程度补语或评价类补语构成的句式将作为动结式家族成员一并分析；另外，情貌补语表示的意义是词的虚化或引申，从语言系统性方面考虑，也一并作为动结式范畴成员加以考虑。因此，我们将动结式定义为：动结式是由动词和结果补语构成的黏合式动结句式，结果补语包括结果、状态、程度、评价等。

在对结果补语表示的意义及其动结式的定义进行澄清和界定后，有必要对动结式构成的句式，以及动结式家族可以包括哪些范畴成员进行进一步考察。学界对汉语动结复合动词组成的动结句式的分类见表1。

表 1   汉语动结结构构成的句式

作者	动结结构组成的句式
李临定（1980）	（1）S VC（你长胖了/他急哭了） （2）S VO VC（他喝酒喝醉了/他动笔动早了/我做饭做少了） （3）S VC O（他听懂了我的意思/大水骂哭了小水/孩子哭醒了我/他瞄准了靶子/生产队病死了一头牛） （4）S VO₁ VC O₂（你写通知写落了一个字/他们吵嘴吵醒了我） （5）S 把 O1 VC O2（于世章差点把我的鼻子砸没了影/钉子把我的衣服划破了一条口子）
吕叔湘（1985）	（1）主+动补+宾（8类）：带宾（4类），不带宾（4类）（如：拉紧帆布篷，拴牢绳子/你说破了嘴唇皮也不中用/你真是吃糨糊吃迷了心了/我睡惯了硬板床；我的伤已经好了，再闲就闲疯了/人也研究老了，家也研究穷了/这个字写错了/这种酒喝不醉） （2）主+把+宾+动补（这一问把大家都问愣了/到底把女儿女婿说活了心/社员们盼雨都盼眼睛盼红了/这一点儿酒就把你喝醉了） （3）主+被+宾+动补（妈妈果然被闺女逗笑了/脸上不知何时已经被泪流湿了/尤老二被酒催开了胆量）
范晓（1987）	（1）S-VR（我吓呆了） （2）S-VR-O（他脱掉了白大褂） （3）S-VO-R（母亲和宏儿下楼来了） （4）S-把-O-VR（我把电话打通了） （5）S-O-VR（学生们功课做完了） （6）S-VO-VR（我们爬山爬累了） （7）S-VRO-R（她低下头去） （8）O-被 S-VR（月亮被一片乌云遮住了） （9）S 的 O-VR（我的眼泪早哭干了）
李小荣（1994）	（1）带宾语（七点钟我们吃完了饭/他们喝剩了一瓶酒/孩子哭醒了妈妈/他砍钝了那把刀/饺子码满了案板/他哭湿了枕头/黎明染白了窗子/他一不小心踩扁了一个橘子） （2）不带宾语（这孩子变乖了/他知道自己打重了/这件衣服买贵了）
吕叔湘（1980）	（1）补语虚化的动结式（虚化补语如"了（liǎo）、着（zháo）、住、掉、走、动、完、好、成"等） （2）一般动结式（如"拉长、缩短、压扁"等） （3）临时凑集的动结式（如"笑断了肚肠，吓破了胆"等）
孟琮等《汉语动词用法词典》（1999）	（1）一般的动结式（如"砍光、看坏"等） （2）六个意义较虚化的动结式（如"了、着、成、动、好、得"等） （3）熟语性的动结式（如"买通、看穿"等）

表 1 表明，学界从不同的视角对汉语动结复合动词构成的句式进行了详细分类。根据句法、句法和语义、结果补语的实义和虚化，有五分法、三分法、两分法等。动结结构组成的句式包括基本句式和扩展句式，基本句式包括带宾语和不带宾语两大类，扩展句式包括"把"字

动结式,"被"字动结式,动词拷贝动结式等。

吕叔湘(1980)、孟琮等(1999)把"补语虚化的动结式"作为一类单独列出。吕叔湘把补语虚化的动结式单列出来,并给予一般动结式同样的语义和句法地位,同时注意到临时凑集的动结式,这类具有临时浮现义的(emergent)(Goldberg 1995)的动结式,是对现代汉语动结式分类的比较全面的论述。第二类是一般动结式,如"拉长、缩短、压扁"等,这类动结式相当于朱德熙(1982)的黏合式述补结构。范晓(1987)和李小荣(1994)从句法形式出发,把动结式分为带宾语(S-VR-O)和不带宾语(S-VR)两大类,在此基础上对两大类动结式进行进一步细分。我们的动结构式是形式与语义/功能的配对,对动结式的分类是基于从形式出发,兼顾语义和功能的配对。

除了从句法上对汉语动结式进行分类外,学界开始关注具体动结式的句法、语义和功能的研究,并取得了一系列丰硕的成果。对汉语动结式具体句式的研究见表2。

表2　　　　　　　　汉语动结式具体句式的研究

具体句式	作者	实例
"VA了"动结式	陆俭明(1990,2001),马真、陆俭明(1997),彭国珍(2006),沈阳、彭国珍(2010)	(1)衣服洗干净了;(2)坑挖深了;(3)坑挖浅了
动词拷贝句或重动句	项开喜(1997),施春宏(2010),刘培玉(2012),王天翼(2012),李纳、石毓智(1997)	(1)他看书看累了;(2)他吃糖吃坏了牙;(3)他洗衣服洗了一身的水;(4)他去上海去了三趟
作用于自身的英汉动结式	赵琪(2008b)	(1)他哭红了眼睛;(2)他病倒了;(3)小二走丢了
倒置动结式	张翼(2009),熊学亮、魏薇(2014b)	(1)感冒药吃死老陈;(2)诸葛亮气死了周瑜;(3)小区里跑进了野猪;(4)抓错一味药吃死三患者①

---

① 张翼(2009)把倒置动结式的句法框架界定为[XP V1V2 NP2],XP 实现为 NP、V 和 S,如例1、3、4,而熊学亮、魏薇(2014b)把倒置动结式分为词汇致使和构式致使,如例1和2。

续表

具体句式	作者	实例
"NPV 累了 NP" 动结式	沈家煊（2004,2006），熊学亮、魏薇（2014a），施春宏（2008b）	(1) 张三追累了李四；(2) 宝玉骑累了马
双音述宾类动结式	吴为善、吴怀成（2008）	(1) 这个班可是乱出名了；(2) 干洗店把衣服洗掉色了
"NP+VR" 自致使义动结构式	吴为善（2010），顾鸣镝（2013）	(1) 小和尚坐烦了；(2) 妈妈（洗衣服）洗累了/这一大盆脏衣服洗累了（妈妈）；(3) 他晒脱了皮/他晒脱皮了
宾语必须前置的动结式	宋文辉（2006）	(1) 他把菜炒咸了；(2) 他把茄子片儿炸黄了；(3) 他把灯座灭了；(4) 我早就把苦吃够了
动结式的三类宾语	黄晓琴（2006）	(1) 我听懂了他的话；(2) 他打碎了花瓶；(3) 爸爸喝醉了酒

从表 2 可以看出，学界基于不同的理论，从不同的视角对汉语动结式具体句式的语义研究取得了丰硕的成果。这些研究成果主要包括：从形容词结果补语的语义（褒义、中性和贬义）、类型及其语义指向对动结式的语义考察（陆俭明 1990，2001，马真、陆俭明 1997）；从形容词结果补语的语义（开放等级与封闭等级形容词）对动结式句式语义特征的分析（彭国珍 2006，沈阳、彭国珍 2010）；动结式论元的整合原则（施春宏 2005，2010，刘培玉 2012）；从英汉对比的视角，关注动结式的论元实现（赵琪 2008b）；从运动事件的概念结构对具体动结式的语法和语义考察（沈家煊 2004，2006，宋文辉 2006）；从宾语和补语的语义关系和搭配形式上对动结式宾语成立条件的界定（黄晓琴 2006）；从句法、语义和语用的因素来综合考察特定动结式补语的解读（熊学亮、魏薇 2014a）；对特定动结式语义的分析（熊学亮、魏薇 2014a，2014b）；对具体句式的构式语法解析（张翼 2009，王天翼 2012）；对动结式生成理据的考察（项开喜 1997，吴为善、吴怀成 2008，吴为善 2010，顾鸣镝 2013）。

表 2 显示，一方面，汉语动结式表层形式上具有一致性，即 [NP1 V1V2 NP2] 的句法结构，语义关系上具有概括性，即致使—结果的语

义,但各个动结式的具体语义具有差异,如致使关系的强弱;另一方面,汉语动结式的表层形式还具有异质性,如"NP+VR"自致使义动结式,具有[NP V1V2]的句法结构。双音述宾类动结式,如"他唱走调了","他被太阳晒脱皮了","他最后把她说动心了",充当结果补语的成分都是双音述宾形式,经过双音节韵律框架的整合,在现代汉语中都已经"固化"为述宾式复合词(吴为善、吴怀成2008),具有内部的异质性,从构式承继看,可以看作[NP V1V2]的句法结构,内部具有语义的异质性。

由于动结式语义的异质性,我们把汉语及物动结式(即带宾语的动结式)分为三类:一类是动词与句法宾语具有论元关系,称为原型动结式,二类是动词与句法宾语没有论元关系,称为假宾语动结式或非次范畴化宾语动结式,三类是结果补语可以隐现的动结式。不带宾语动结式又分为若干类。基于以上汉语动结结构组成的句式和对具体句式的分类,我们从句法形式出发,兼顾形式与语义和功能的匹配,把汉语动结式范畴成员界定为以下几类,见表3。

表3　　　　　　　本书对汉语动结式范畴成员的界定

汉语动结式范畴成员	例示
原型动结式	(1)他踩响了一颗地雷;(2)妈妈洗干净了衣服;(3)武松杀死了老虎;(4)警察抓到了小偷
结果补语隐现动结式	(1)武松杀(死)了老虎;(2)汽水瓶盖打开半天了,汽儿早就跑(掉)了;(3)他把大衣改(成)了一件坎肩;(4)他做(好)了饭就走了
非次范畴化宾语动结式	(1)他小时候睡扁了脑袋;(2)妹妹哭湿了手帕;(3)他踢坏了三双鞋
倒置动结式	(1)三杯酒喝醉了老王;(2)马拉松跑死三个人;(3)四川蜡像丑哭网友;(4)一碗刀削面吃飞25万
"VA了"动结式	(1)饭煮熟了;(2)衣服洗脏了;(3)春天一到,树就变绿了;(4)躺了一天,都躺累了;(5)褥子垫薄了,睡觉不舒服
动词拷贝动结式	(1)他一定是那天洗冷水澡洗病的;(2)他染布染花了;(3)他炒菜炒咸了;(4)他受罪受够了;(5)公交洗车洗湿了车内座位

由于现代汉语动结式内部构造的复杂性和语义多样性,我们没有对汉语动结式的全部范畴成员进行穷尽性列举,由于研究目的是刻画汉语

动结式范畴网络及其承继理据,因此表3中列出的是本书主要探讨的汉语动结式部分范畴成员,每个具体的动结式内部还有更细致的分类,在探讨动结式范畴成员承继关系的同时,兼顾每个具体构式的多义性及其承继关系。另外,由于研究目的是构建汉语动结式承继网络及其理据分析,因此关注点在每个具体动结式子构式与原型动结式的承继连接及其理据,每个具体动结式的多义性及其理据性承继作为次重点加以分析。

因此,我们从现代汉语动结式的多义性出发,以动结式的原型构式以及次构式为研究对象,具体包括原型动结式、补语隐现的动结式、非次范畴化宾语动结式、倒置动结式、"VA了"动结式、动词拷贝动结式。次构式体现动结式的多义性,次构式与原构式之间具有承继关系。本书没有把"把"字动结式和"被"字动结式作为个案进行分析①,而是在与相关构式进行联系或对比时涉及这两类构式。

第三节 研究方法与语料选择

内省法,对比对照分析法,以及词典及语料库相结合的方法是本研究采用的主要方法。内省法是认知语言学的主要研究方法,并在认知语言学的发展中起着核心作用(Talmy 2007)。内省法是一种逻辑推理方式,是人们在语言认知过程中所采用的基本方法。首先通过内省的方法,对语言现象进行观察和比较,通过对语言现象的思考提出研究问题。通过考察语料中动结构式的多义性和分布,分析构式承继连接,对连接关系进行解释,对理论假设进行验证,即通过对具体语言问题的应用考察假设的适用性。

语言对比法是针对两种或两种以上语言间同一种语言现象之间存在的共性和差异的对比,汉语和英语动结式的承继网络及其理据的共性与差异的对比,可以使汉语与英语在动结式范畴方面的共性和汉语的个性得到彰显。具体来说,就是凸显汉语的构式独特性及其理据的认知共性

---

① 本书着眼于构式承继的普遍性,由于动词拷贝动结式,把字动结式和被字动结式都是基本句式的扩展句,从承继关系看,与多个构式构成了子部分连接。本书选取动词拷贝动结式作为多重承继的一个个案,一是由于选取构式承继的代表性个案,二是研究精力所限,没有把后两个句式单独进行分析,这也是本书的一个研究局限和以后研究的方向。

的倾向性。

我们收集的动结式语料来源包括词典、语料库和其他研究者的文献。词典语料主要来自《动词用法词典》（孟琮等1987）、《汉语动词—结果补语搭配词典》（王砚农等1987）、《现代汉语词典》（第六版）（中国社会科学院编）；语料库主要包括北京大学中国语言学研究中心现代汉语语料库和古代汉语语料库（CCL）和当代美国英语语料库（COCA）和英语国家语料库（BNC），此外还有网络、新闻，以及口语中的材料。

第四节　本书结构

本书由十章内容组成。

第一章为绪论。本章提出了研究问题，界定了研究对象和研究内容，给出了动结式定义及其动结式范畴网络成员，描述了研究方法，说明了语料来源，对全书结构做了简要的介绍。

第二章为文献综述。一方面从动结式构成的句式及其语义和动结式的认知功能及构式语法研究两个方面考察汉语动结式的研究现状；另一方面，为了与汉语动结式的研究现状形成观照，凸显汉语动结构式的跨语言的概括性和语言的独特性，对英语动结式的认知功能和构式语法的研究现状也进行考察。

第三章是理论基础部分。介绍认知构式语法，认知语法及其理据性，为汉语动结式承继网络及其理据分析提供了可资借鉴的理论指导和分析思路。

第四章至八章是全书的核心部分。在夯实了理论基础前提下，对现代汉语动结构式的原型构式及其子构式的承继连接及其理据进行考察。第四章首先对汉语原型动结构式的多义性及其概念结构进行考察，然后对子构式即结果补语隐现动结构式的承继连接及其理据进行分析。第五章至八章分别考察了非次范畴化宾语动结构式、倒置动结构式、"VA了"动结构式、动词拷贝动结构式，与汉语原型动结构式的承继连接及其语义、语用与认知理据。既包括对子构式本身多义性的考察，又包括子构式与原型动结式的承继连接及其理据的分析，后者是本书关注的重点。

第九章对汉英语动结式的构式网络及其承继理据进行对照和对比分析。在第四章至八章汉语动结构式承继连接及其理据分析的基础上，本章首先对汉语动结构式的网络构建，构式网络中构式承继连接进行梳理，并对汉语动结构式的承继理据进行概括性说明和分析。其次对英语动结构式构式网络进行构建及其理据考察。最后对汉语和英语动结构式从三个层面进行语言对比，其一是构式范畴网络，其二是构式承继连接，其三是承继理据。

第十章为结论部分。对本研究的主要发现和研究意义进行了总结和归纳，指出本研究的不足以及今后进一步研究的方向。

第二章

动结式相关研究综述

　　动结式涉及词汇意义的特征和句法—语义接口的研究，一直是中外学界研究的焦点，学界基于不同理论从不同角度取得了许多有价值的研究成果。汉语动结式的研究从共时的句法和语义特征考察，到历时演变的探析，专著（包括博士学位论文）和期刊论文达几百篇之多，研究内容包括对结果补语的语义指向，具体句式的整体语义和句法特征研究，语义、语用功能研究。本章首先对动结式构成的句式及其动结式的句法分布和动结式的语义研究进行简要回顾；然后主要对动结式的认知功能和构式语法研究的现状进行梳理。在此基础上，对国外动结式的相关研究，特别是英语动结式的构式语法和认知功能研究进行回顾。通过对动结式相关研究的梳理，然后提出汉语动结式研究中有待解决的问题。

第一节　汉语动结式研究

一　汉语动结式的句式和语义研究

　　20世纪80年代，动结式的句式研究开始引起学者们的关注（李临定1980，吕叔湘1985，范晓1987，马希文1987）。动结式是指以动补结构为谓语中心构成的句式。李临定（1980）从句法形式（句法成分如主语S，动词V，补语C和宾语O）上详细讨论了由动补结构构成的五类句式，并详细讨论了每一类句式与"把"字句，"被"（叫、让）字句，"得"字句的变换关系，以及变换时受到的限制，该文是从形式、意义、句式变化等方面为动结式构成的句式进行的分类。吕叔湘

（1985）对于含动补结构的句子进行了语义分析。该文指出了该类句子的一般句式为：主+动补+宾（写完了三封信）。除此之外，还有用"把"和"被"的句子：主+把+宾+动补；主+被+宾+动补。动补结构构成的句式大体相同，但是主、动、宾、补这四个成分之间的语义关系是多种多样的[①]。该文还指出，用"把"字的句子，用"被"（叫、让）的句子和不用"把、被"的句子，三者之间变换的可能与限制是一个很复杂的问题，并分别举例进行了说明。该文是从广义上对含有动补结构构成的句式进行的语义分析。范晓（1987）指出 V-R（动补结构）作谓语所构成的基本句式有两种：S-VR-O 和 S-VR，即动补结构带宾语与不带宾语的句式，该文把 VR 构成的主谓单句归纳为九种，既包括基本式，也包括"把""被"字句，"得"字组合式动补句，范晓的动结式是包括动结式和动趋式在内的广义动结式。

对动结结构构成的句式，也有从动结式带宾和不带宾的条件进行考察的。自从朱德熙（1982）提出动结式带宾与不带宾问题以来，这一现象引起了学者们的关注（李小荣1994，郭锐1995，延俊荣2002）。李小荣（1994）对动结式的及物与不及物的影响因素作了分析，指出补语的语义特点影响动结式的及物与不及物，并根据补语的语义特点（补语是黏着的，抽象的，还是表示具体结果意义的），作者把动结式分为两大类，分别对这两大类动结式带宾语的条件进行了深入分析，加深了对动结式基本结构的认识和理解。

关于动结式的句法分布，王红旗（2001）探讨了动结式在把字句和重动句中的分布。延俊荣（2002）引入原型概念，从述语动词的自主与非自主特征入手对动结式带宾语的问题进行了解释，指出动结式能否带宾语与述语动词的自主特征的多少有关。宋文辉（2004）通过对动结式在核心句、重动句、把字句、被子句、话题句中的分布限制的分析，说明其分布规律仅仅从动结式的动词和补语的论元以及补语的语义指向出发的还原主义研究取向不能完全解决问题，其分布规律是动结式的概念结构的差别所驱动的。

---

① 上面句式的"动补"的写法只是表明动词和补语通过因果关系而紧密结合，在语音上形成一个整体，至于动、补、宾之间的层次，可能是"（动+补）+宾"，也可能是"动+（补+宾）"，本书不做进一步的讨论。

从以上研究来看，虽然动结复合动词构成的句式多寡不一，比较集中的主要有，基本句式（又分为带宾语与不带宾语两类）、动词拷贝句、被字句、把字句等，其中，"把"字句又分为狭义"把"字句（如"钉子把我的衣服划破了一个口子"），以及广义"把"字句。

除了对动结复合动词构成的句式和动结式的句法分布的分析外，学界还对动结式具体小类的句法和语义特征进行了研究。研究包括对形容词作结果补语即"VA了"结构，特别是其中偏离类动结式的语义分析（陆俭明1990、2001，马真、陆俭明1997），从该结构的构成出发，探讨偏离类动结式歧义的认知动因及其分化手段（延俊荣2000），以及对偏离类"VA了"动结式的句法特性的分析（彭国珍2006，沈阳、彭国珍2010）。研究还包括从运动事件的概念结构视角对动结式"追累"的语法语义分析（沈家煊2004、2006），对宾语必须前置的动结式的概念结构分析（宋文辉2006），动结式三种宾语的解读（黄晓琴2006），动词拷贝句或重动句的句法和语义研究（项开喜1997，施春宏2010，刘培玉2012），以及从历时角度考察汉语动词拷贝结构的演化（李纳、石毓智1997）。黄晓琴（2006）将动结式所带的宾语分为使动、受事、形式宾语三类，指出成为动结式宾语的基本条件是宾语和补语之间必须构成他动或使动语义关系，最低合格条件是客观上存在宾语和补语的搭配形式（尽管二者没有语义上的指向关系）。

汉语动结式的语义研究主要包括动词语义的研究（徐丹2000，施春宏2008a，罗思明2009a、2009b），补语语义及其补语语义指向的研究（吕叔湘1985、1986，张国宪1988，王红旗1993、1996，陆俭明1990、1997，马真、陆俭明1997，吴福祥1999，詹人凤2000，石毓智、李纳2001，梅立崇1994，施春宏2008a）。

关于什么词可以充当汉语动结式的述语动词，学界大多是从广义上给出例词，有的概括性较强，有的较为具体，且给出的例词也存在差异。杨峥琳（2006）以《对外汉语教学词汇大纲》甲级词汇中163个单音节动词为对象进行研究，对能作动结式述语动词、不能或很少作动结式述语动词的动词进行了分类列举。施春宏（2008a）从动结式V1和V2语义关系入手对述语动词V1的类型进行了系统的考察和分析，从动词情状类型和事件结构把述语动词分为三类：具体活动动词，如

"拿、提、摘"等；某些抽象活动动词，如"弄、搞、干"等；某些性质形容词，如"烂"等。而纯状态动词（包括关系动词、能愿动词、主体状态变化感觉动词、状态形容词、动作+结果复合动词）都不能充当汉语动结式的述语动词。罗思明（2009）对进入英汉动结式述语动词的语义特征进行了描述并给出了具体的例词，指出述语动词排斥如下语义特征：[-谓词性][+状态性][+静态性][+结果][-影响性]。詹卫东（2013）从对外汉语教学和中文信息处理的需要出发，在事件语义的分析框架下考察V1跟V2的组合，指出V1和V2之间要有"动作（原因）—结果"关系和"适当的语义距离"，以及人们主观认知的允准，即"语用层"的核查。詹卫东从V1和V2的语义特征作为起点，基于事件语义对V-R结构成立条件的概括，其研究具有启发性，但对具体动结式的V1和V2的语义特征还需进一步细化。徐丹（2000）对《动词用法词典》（孟琮等1987）中可以作动补结构述语动词的单音节动词（原文为"上字"）的语义特征、句法限制及功能进行了考察，作者指出此类单音节动词大多是表示动作进入过程即有起点意义的动词，少数动词表示动作完成、有结果即有终点意义，并把述语动词分为三类。以上研究对动结式述语动词从广义上进行了分类并给出了具体的例词，就其语义特征及其分布进行了描述和解释，但针对具体的不同类型动结式的述语动词及其语义特征，没有进行分类和描述。

学界对汉语动结式补语及其补语语义指向的研究成果斐然。吕叔湘（1985）将动补结构的"补"分为八种类型，根据语义指向可概括为"指动""指主"和"指宾"；吴福祥（1999）也将动结式分为"指施""指受""指动"三种考察，并发现各自产生时代不同。吕叔湘（1986）指出动补结构的多义性，动补结构的表层结构（主语、动词、补足语和宾语）中，结果补语可以表征施事、受事、工具，或其他有关行为的特征，如速度、频率等，动词表示致使结果的原因，补语表征结果。因此在语义层面，补语可以与主语、宾语，或施事、受事等关联，动词决定并引导这些关系。梅立崇（1994）指出结果补语表述的对象与述语动词自身的语义特点有关，与补语语义特点有关，与宾语有关。以上论述都关注到了补语语义指向与述语动词自身的语义以及补语语义特点有关，在语义层面，补语可以与主语、宾语，或施事、受事等关联。但相关研究没有回答这个过程是如何实现的,以及动补结构本身的意义对动词及其成分的允准条件。王红旗(1996)指出,从语义上把一般所说的动结式述补结构一分为三,即状态义述补结构、评价义述补结构和结果义述补结构,并且找到了它们的形式标志。但是,对一类述补式如何归类,仍有令人不满意之处。例如,"(说)对、(打扫)彻底、(看)完、(说)好、(瞄)准、(想)周到、(琢磨)透"等,本身具有评价义,其语义指向是述语动词,归入了状态式述补结构,但它们在语义上与状态式述补结构也有差别。状态式述补结构中述语和补语代表的事件之间有逻辑上的因果关系,而由这些词作补语所构成的述补结构的述语和补语之间却没有因果关系,即补语所表达的属性并不是由述语的动作造成的,把它们都归入状态式述补结构只是权宜之计。

王红旗(1996)对述补结构的语义进行了三分,并提出用形式加以标记,这一研究使得我们对动结式的认识更加深入。但作者在结论部分指出其中仍有令人不满意之处,主要表现为某些述补结构在归类上存在两难的问题。梅立崇(1994)关注结果补语的语义及其语义指向。以上研究表明,动结式研究应该立足于语义分析,关注动结式组成成分(动词和补语)的语义。但仅仅根据补语的语义指向对述补结构进行分类,也有不尽如人意之处,而从动结式的多义性出发,关注形式与语义/功能的匹配,也许可以对语言结构进行更为合理的归类,并对语言现象做出较为合理的解释。

二 汉语动结式的认知功能和构式语法研究

构式语法主张"构式有其自身独立于组成成分的整体意义"(Goldberg 1995),应采用自上而下的分析方法。国内最早运用构式语法进行汉语研究的是沈家煊(1999a)对汉语"在"字句和"给"字句的研究,沈先生提出"只有把握句式的整体意义,才能解释许多分词类未能解释的语法现象,才能对许多对应的语法现象作出相应的概括。句式整体意义的把握跟心理上的'完形'感知一致,都受一些基本认知原则的支配"。沈先生用一些基本的认知原则,如顺序原则、包容原则、相邻原则和数量原则,对句式的整体意义进行了解释。沈家煊(1999a)的研究是构式语法生发于认知语法(Lakoff 1987)或空间语法的研究范例①。沈家煊（2000a）运用语义角色凸显的差异解释了汉语"偷"和"抢"的句式差异。沈家煊（2000b）在"句式和配价"一文中，提出一种"自上而下"和"自下而上"相结合的研究方法，即明确句式意义和句式配价，同时使用"理想认知模型"描写动词的词义，更好地说明了动词和相关名词性成分分组配上的合格性，是对构式语法的创造性运用。张伯江（1999）运用构式语法对汉语双及物构式进行了较为深入的研究，提出统管全局的构式义，他还强调了基于隐喻系统的构式能产性问题，并重点论证双及物句式的典型语法语义以及句式引申的问题，解释双及物类型的产生机制。张伯江（2000）运用构式语法对把字句句式语义的研讨，从自立性、位移性、使因性、责任者等语义特征分析了认知动因。张伯江（2001）从直接受影响与间接受影响，直接使因和间接使因，解释被字句和把字句的差异。

学界运用构式语法的基本理念和承继关系，对汉语句法进行了创造性的运用和实践。沈家煊（2006）对"王冕死了父亲"的生成方式进行解读，赵琪（2012）对英语中三个常见构式（表极性程度的动结构式、TIME-away 构式和 Way 构式）进行了分析，提出英语构式形成与识解的转喻动因，运用概念转喻机制，为构式间的承继关系提供了解释。研究还包括对同形异义句的构式语法研究（张建理、刘琦 2011），对汉语单宾构式承继网络研究（刘琦 2013，2014），对构式承继及其理据的探讨（顾鸣镝 2012，2013，2014），"在+处所 VP"与"V 在处所"的构式承继关系（黄健秦 2013），以构式语法的传承整合观对"V 他+QM+NP"构式的语法、语义和语用特征，倡导从多重承继的角度对该构式的理据进行探究（王寅 2011b），运用事件域多重传承模型对汉语拷贝构式的研究（王天翼 2012），运用体验性事件结构对动结构式进行分析（王寅 2009）。以上研究运用构式语法的承继观对汉语语法结构内部及其语法结构之间的关联性进行考察，结合汉语实际，灵活运用构式语法和其他认识语言学概念，对汉语语法研究提供了新思路和新视角。

宋文辉（2003，2004，2006，2007）运用运动事件概念结构对汉

---

① 来源于张伯江教授在复旦大学（2015-5-17）所做的题为"构式语法应用于汉语研究的若干思考"的讲座信息。

语动结式（包括动趋式、狭义动结式）的配价进行了系统研究，提出概念成分的表达主要依据凸显原则（凸显的概念成分句法上一定要显现，并且显现在凸显的句法位置上）。沈家煊（2004，2006）关注整体结构式的意义，从运动事件概念结构出发，把表层结构与深层结构相结合，解读了汉语歧义结构"追累"的深层概念结构。刘振平（2007）根据汉语动结式所描述的事件结构元素之间的相互关系来划分汉语动结式的类别。运动事件概念结构具有跨语言的概括性，概念框架事件具有重要的类型学意义。俞琳、李福印（2018）从事件融合视角下探讨"V 到"构式的动补类型嬗变。

  罗思明（2009）在认知功能背景下，对英汉语动结式的语义表征与语义制约、句法结构及其连接、语篇特征进行了对比分析。作者按照语义结构与事件结构的象似性，将英汉语动结式家族成员分为四类，形成"典型动结式>准典型动结式>假典型动结式>非典型动结式"的原型等级。罗思明的研究从英汉对比的视角，遵循结论的普遍性和语言的类型学意义，动结式的原型等级是从英汉对比的视角进行划分的。本书对动结式的分类分层及其动结式家族成员多义性的描写，是从构式承继连接的视角，关注构式之间的承继关系及其多层面的理据性。

  赵琪（2008a，2008b，2009a，2009b，2013）运用构式语法对汉语（英语）动结式进行了一系列研究，赵琪（2009a）运用构式语法理论，全面描述了英汉动结式的分布和句法语义特征，并细致梳理了二者的共性和个性特征。赵琪（2008a）对英汉语动结式论元实现的不同机制进行了分析，从构式生成的角度探讨其差异背后的根本动因。赵琪（2013）对汉语非典型动结构式的论元结构进行了分析，指出典型动结式到非典型动结式过渡，并且非典型动结式最终占优胜地位，转喻机制为其提供了认知理据。王文斌、吴可（2019）以构式语法理论为框架，提炼出两类典型构式，分别为"方式—状态"构式和"致使—结果"构式，前者以施事性角色为基本论元，表达"方式—状态"的基本语义，后者以非施事性角色为基本论元，通常借助力动态关系引入致使义，表达"致使—结果"的基本语义。

  张翼（2009，2011a，2011b，2013，2014）对汉语及物动结构式进行了构式语法和认知语法研究。张翼（2011b）以汉语及物动结式为研究对象，围绕构式的能产性制约问题，对复合动词的生成以及主语和宾语的选择两个理论问题进行了探讨。研究指出，及物动结构式来源于复合动词和及物结构的融合，融合由范畴化关系允准，融合要得到构式和动词的共同允准。

在熊学亮（2008，2009）构式增效研究基础上，何玲（2013）对英汉狭义动结构式增效进行了对比研究，作者指出动结构式都是义元增效构式，以结果补语为对比参照点，通过"构式—句式"增效模式下的"增效图式"对英汉动结式义元组合（尤其是结果补语的句法实现和语义指向）进行了统一分析。该研究对构式语法理论进行了补充和完善，解决了传统构式语法中"融合"原则和构式单独提供机制不能解释的一些语言现象。

学界对汉语动结式的具体构式进行了构式语法和认知功能研究。项开喜（1997）考察了汉语重动式及其组成成分的语义特征和句法表现，并对动词重复现象进行了解释，文章指出汉语重动句的语用功能就是突出强调动作行为的超常性，文章还考察了重动句式和汉语其他相关句式功能上的差异。赵琪（2008b）对作用于自身的英汉动结式的论元实现进行了考察。熊学亮、魏薇（2014a）引入句法、语义、语用的因素综合考察了"NPV 累了 NP"动结式的补语趋向解读，文章提出宾语的影子性和信息性，是该类动结式补语趋向解读的关键。熊学亮、魏薇（2014b）从致使关系的角度对倒置动结式的句法语义特点进行了研究。张翼（2009）从认知构式语法的视角分析汉语倒置动结式。吴为善、吴怀成（2008）考察了双音述宾类动结式的词语整合、韵律运作与动结式的生成。吴为善（2010）、顾鸣镝（2013）考察了自致使义动结构式"NP+VR"。张翼（2014）运用认知语法，对汉语动结式复合动词组合机制进行研究。文旭、姜灿中（2018）基于语料库对"V 破"动结式进行了历时构式语法研究。

以上研究在构式语法和认知功能框架下研究汉语动结式。研究对象和研究视角各有不同，体现了语法的构式观，如语义融合机制和构式单独提供论元机制，以及汉语特有的语义不容的论元与语义角色一致（赵琪 2009），百科语义和范畴化操作在允准语法结构中的重要作用（张翼 2011b，2014），"构式单独提供"和"妥协"机制构成的构式增效机制

(何玲 2013),对(英)汉语动结构式的论元实现方式或生成机制给予了充分而令人信服的解释,研究主要关注动词与构式的整合。

正如以上研究所指出,汉语动结式具有广泛的句法分布,可用于及物动结构式,不及物动结构式、可用于动词拷贝句、把字句和被字句等。那么,还有哪些动结式可以作为构式独立存在,动结构式之间具有怎样的关联,各个具体动结构式内部具有怎样的承继关系。现有研究重视对动结式具体句式的认知研究,从整体上对动结构式多义网络的刻画和构式承继理据的系统性研究还有待进行,汉语动结式的承继连接及其理据性分析还有待考察和深化。

第二节　国外动结式相关研究

二十年来动结式一直是句法—语义接口研究的焦点。学界基于不同理论从不同角度得出许多有价值的研究成果,如动结式的句法结构研究(Rapopart 1993, Levin & Rappaport Hovav 1995, Rappaport Hovav & Levin 2001),词汇功能语法研究(Simpson 1983),词汇语义研究(Jackendoff 1990, 1997, Levin 1993)。我们主要对动结式的认知功能和构式语法研究进行梳理和回顾。

英语动结式的研究包括认知语法研究(Broccias 2003, 2004, 2007, 2008)。运用构式语法对英语动结式进行的研究涉及不同理论和视角,如英语动结式的认知构式语法研究(Goldberg 1991, 1995, Goldberg & Jackendoff 2004),以语料库为依托,结合动词事件框架对英语动结式的分布,从句法、语义和语用限制条件进行构式分析(Baos 2002, 2003),基于动词的事件语义框架对英语动结式的词汇—构式分析(Baos 2003, 2005, Iwata 2006),运用词汇—构式语法方法对英语动结式家族成员的构式融合的外部和内部限制因素进行认知解释(Luzondo-Oyón 2014)。

Simpson(1983)遵循词汇功能语法(Lexical Functional Grammar)的研究思路,强调词汇在语法中的作用,把及物动结式中的动词进行分类,如"接触类"(如 contact)、"状态变化类"(如 break),动词在及物动结式与不及物动结式中的分布,提出"假宾语"(fake object)动结式问题（如 He laughed himself silly），普遍词汇规则无法解释这类假宾语现象。

随着人们对语义特征和语用特征的研究，具体句式的独特性特征也受到重视。Levin（1993）对英语动词的研究，包括动词的语义及其在不同句式中的分布，即动词的论元交替现象进行了系统分析，指出句式本身具有的独特性特征应归于具体词项的语义。Rappaport Hovav & Levin（2001）指出动结式可以由时间关系和体特征的事件复合体得到表征，提出了由元谓词（primitive predicates）构成的事件结构模板，事件结构向句法结构进行映射。针对假宾语现象，Levin & Rappaport Hovav（1995）提出直接宾语限制 DOR（Direct Object Restriction），即动词后的名词短语与宾语构成述谓关系，这一限制排除了不及物动词出现在一个结果短语中，其中结果短语是动词主语的谓词。但直接宾语限制无法解释不及物动词（通常为非宾格动词如 break、melt、freeze 等）出现在结果短语中的情况［如 The lake froze（solid）/ The vase broke（to pieces），其中结果短语与主要动词的主语构成述谓关系］。

英语动结式的构式语法研究源于 Goldberg（1995）。她把英语动结式作为基本论元构式，提出构式是形式和语义的匹配体，构式具有独立于词项意义的独立的语义，构式的语义具有不可预测性。Goldberg（1995：189）为了解释含假宾语动结式的存在，指出，"除了为只有一个'发动者'（instigator）作为其被侧显的非静态动词提供结果论元外，构式本身还可以增加一个受事论元"。"结果短语仅适用于潜在地（虽然不是必须）经历状态变化的论元，且状态变化是动词所表示的动作的结果。这类论元传统上被称作是受事"（1995：180），构式为动词提供论元，结果短语被构式允准。作者对假宾语动结构式中动后 NP 的性质进行了解释，明确了英语动结构式的存在，并对英语动结构式的限制，如（有生）发动者限制、体的限制、层级终点限制、动转形容词限制进行了细致分析。Goldberg 提出用构式方法分析动结构式的优点：把含有假宾语的动结构式吸收进其他及物动结构式中；可以解释含有假宾语的动结构式存在的理据；通过典型的连接形式预测构式的句法；可以自然地解释语义限制。

Goldberg & Jackendoff（2004）提出英语动结构式具有一定的家族相

似性，并且对英语动结构式家族成员的类型及其事件语义融合进行了深入的分析与划分，将英语动结式划分为四大类，把及物和不及物的运动类动词也归为结果构式，将运动动词构式归为致使性和非致使性路径结果构式，将非运动动词结果构式归为致使性和非致使性结果句式，运用构式次事件的语义，动词次事件的语义和它们之间的关系，对英语动结构式的分布特征进行了解释。文章提出论元全部实现原则（FAR full argument realization）和语义和谐原则（semantic coherence），这两个原则共同制约许多分布实例。另外，作者提出动结构式是一个构式家族，构式之间关系紧密，但每一类构式由于受到动词词类限制，具有独特的句法和语义特征。对于特异性，构式语法采用形式与意义之间的映射进行解释。Goldberg & Jackendoff（2004）把语言运用中的结果构式看成论元结构的集合：一个及物动词的论元结构和一个结果句式的论元结构，结构构式是以自身的结构语义为基础的。

  Goldberg（1995，2006a）关注概括性的重要作用，常常忽视对低层次实例的角色和特定结构的描述，针对构式语法对结果短语的全部句法和语义，构式与动词语义融合的限制不够清晰，即对动词的框架语义知识重视不够，Baos（2003）结合 Fillmore 的框架语义学的动词事件框架，对英语动结式进行基于使用的词汇—构式分析，解释英语动结式的分布。作者针对三类不同的英语动结式从句法、语义和语用层面对动后 NP 和结果短语的允准条件进行考察。与构式语法强调具有概括性的构式义不同，该研究系统地限制特定动词的出现，同时允准意义密切相关的动词出现在动结构式中，通过详述具体的动词意义，对表征动词意义的小构式（mini-constructions）进行详细的句法、语义和语用选择限制进行编码，这类操作可以限制结果短语在特定构式中的出现，能够解释动后宾语与结果短语的搭配限制。Boas（2003）使用词汇—构式的研究方法，对英语动结式的分析方法可以称为语法构式的框架语义研究，其研究对象是广义动结式，包括致使移动构式和动结构式。Baos（2005）强调详尽的框架语义知识在语法构式允准条件上的重要性。

  持框架语义研究方法的还有 Iwata（2006）对英语形容词结果构式的事件框架语义研究，该研究提出 Goldberg（1991，1995）的单一路径限制不能解释更多的动结式特例，有必要把动结构式分为附加语动结构式和论元动结构式。

  Luzondo-Oyón（2014）结合 Goldberg 的强调概括性的认知构式语法和 Boas 的语法构式的事件框架语义方法，运用词汇—构式模型（Lexical-Constructional Model），对 Goldberg & Jackendoff（2004）提出的英语动结式家族的构式融合的内部和外部制约因素进行了分析。与 Goldberg & Jackendoff（2004）不同的是，她把英语动结构式分为运动结果构式和非运动结果构式两个范畴，其中每一个结构都可能与家族中的其他成员产生关联。作者指出，隐喻（和转喻）不仅可以解释英语中的动词与构式融合，如英语动结构式，英语致使—移动构式或英语 way 构式中动词与构式的融合，同时也决定了英语动结构式家族成员以何种方式相连。她对英语动结构式家族成员的关联从认知理据上进行了分析。

  Broccias（2003，2004，2007，2008）运用认知语法对英语动结式变体及其构式网络的构建进行研究。Broccias（2004）考察了两类英语动结式：形容词结果构式（如 John hammered the metal flat）与副词结果构式（如 She painted the room beautifully），指出这两类结果构式基于不同的认知过程，前者可以用 Langacker（1991）提出的弹子球模型（billiard-ball）来解释，后者涉及概念化者的特征归因的过程（process of property ascription）以及参照点能力。Broccias（2008）对英语动结构式进行了共时平面和和历时平面的研究，研究发现形容词结果构式与动结构式有关的一些参数，以及形容词和副词结果构式的差异，二者形成了一个和谐的相似性扩展网略（a coherent network of analogical extension），其演变路径与行为作用力的隐喻解释有关。Broccias（2007）对英语非次范畴化宾语动结式进行了分析，根据广义的承继概念，及物动词的次范畴化宾语必须在构式层面得到承继，换句话说，及物动词的次范畴化宾语并不总是能在动结构式中作为构式宾语实现。它们可以与动结构式的介词补语的射体或路标相对应，依赖于我们如何概念化事物或过程。如果次范畴化宾语对应于路标，那么一个转喻的宾语可以被它代替。Broccias（2003）还注意到，英语动结式不仅包括如 He hammered the iron flat 和 The river froze solid 这类动结式，还包括各种变体，提出建立英语动结构式网络（resultative network）的必要性，作者在认知语法（Langacker 1987，1991）框架内，构建了英语动结式网络，详细地分析了动结式网络中两个主要变体，即力变化图式（Force Change Schema）和事件变化图式（Event Change Schema），从而把运动构式及其运动构式变体，即补语语义指向主语的动结式或非致使性动结式如 I love you to distraction 和 It cut me to the heart 纳入动结式网络中，构建了一个通过实例/详述和扩展两种理据生成的英语动结式网络。

国外动结式研究，主要关注构式的概括性特征，词汇与构式的融合等。研究视角包括认知构式语法，词汇—构式语法及其认知语法的研究。

第三节　现有研究中有待解决的问题

综观国内外动结式的相关研究文献，就国内动结式研究现状来看，汉语动结式研究遵循从传统句式研究到句式的整体意义和功能研究的发展路线。汉语传统句式研究重视语义层面的分析，关注句子组成成分的语义和句子组成成分之间的相互关系，以及结构成分组成句子的规律，如动结式述语动词的语义，结果补语的语义，结果补语的语义指向，动结式的句法语义特征。传统句式研究忽视了句子的整体意义。随着研究的深入，学界开始从整合的角度对动结式的整体语义和功能进行分析，如动结式的致使性解读，动结式的论元实现；从运动事件的概念结构解读汉语动结式，动结式的意义和功能，构式生成的理据。学界自觉地借鉴认知构式语法理论来考察汉语动结构式，关注某个特定构式的语义及其功能分析。而汉语动结式作为一个范畴网络，具有构式多义性，在这个多义范畴网络中，各个具体的范畴成员之间以何种方式以及在何种维度上相连，以及构式连接的理据，还是一个有待深入探讨的课题。就国外动结式的研究现状来看，动结式（特别是英语动结式）的认知研究主要在认知语法、认知构式语法及其词汇—构式语法等理论框架下展开；动结式的研究涉及动结式的论元实现，动结式具体句式的研究，动结构式家族的语义限制和认知理据。认知构式语法研究发现，英语动结式是基于家族相似性构成的构式范畴网络，动结式是由彼此语义不同但又相互关联的构式组成的范畴网络，英语动结构式与移动构式具有家族相似性，构成了一个动结构式家族（Goldberg & Jackendoff 2004）。

认知构式语法及其认知语言学的发展促进了该方法论与汉语动结构

式描写的相互融合。汉语动结式作为一个构式家族，是由彼此语义不同但又相互关联的构式组成的范畴网络，动结式家族成员之间必然具有某种程度的联系，具有语言的概括性，其中有些句式具有较多的概括性特征，在家族中具有核心地位，有些句式属于边缘成员，在共享语言的概括性特征之外，具有自身的语义和语用特征。从构式承继的视角，不能忽视构式之间以及同一构式内部的关联性，以及现象背后存在的语义、语用和认知动因。从构式承继性及其理据出发，对动结构式网络进行概括性描写和解释，尚未发现较为系统的研究。动结式作为一个构式家族，是由彼此语义不同但又相互关联的构式组成的范畴网络，动结式范畴网络的构建及其构式承继的理据，有待在认知构式语法和认知语言学的理论框架下做进一步思考和分析。学界对汉语动结式具体句式的研究做了非常细致的考察，积累了大量的有参考价值的成果，正因为个案研究成果丰硕，才使我们有可能在这些丰硕的个案研究的基础上，对汉语动结构式的多义范畴网络，及其网络成员之间的连接关系及其理据加以全面、系统的梳理和分析，并对相关问题加以细化和深化。

　　本书探讨汉语动结构式及其相关变体之间的承继，即具体的动结构式之间的理据性连接，是一种"内部承继"（吴为善 2013）。动结构式作为一个形—义/功能的配对，具有明确的形式结构，而一形多义是动结构式的特征，是"同中有异"，而各个构式之间又"异中有同"，即不同形式的动结构式之间存在着语义关联，即理据性连接，即形式不同，语义相同，但语用功能发生变异。本书拟达到以下四个研究目标：一是在认知构式语法框架内对现代汉语动结构式中的原型动结构式及其子构式进行分类分层，构建一个多层次、多类别的复杂网络体系；二是对汉语动结构式之间的承继关系，以及构式内部典型成员和非典型成员的承继关系进行详尽的描写和刻画，从而更好地理解构式的概括性本质和承继构式的特殊语义和语用特征；三是在描写承继关系的基础上，进一步挖掘构式承继的理据，包括语义层面、语用层面和认知层面的理据，剖析形式背后的动因；四是寻求认知语言学理论与汉语语言事实的结合点，深化对汉语动结构式问题的研究。

第三章

理论基础

本章首先对理论基础进行介绍和梳理,并提出本研究的理论框架和研究假设。在第四章至八章,运用动结构式个案研究的实例,对研究假设进行验证和考察。

第一节 理论依据

20世纪80年代以来,作为认知语言学的一个分支,构式语法理论兴起,构式语法研究得到迅猛发展。《牛津构式语法手册》(Hoffmann & Trousdale 2013)中介绍了7种构式语法模型:伯克利构式语法(Berkeley Construction Grammar),由伯克利构式语法和核心语驱动的短语结构语法发展而来的基于符号的构式语法(Sign-Based Construction Grammar),流变构式语法(Fluent Construction Grammar),体验性构式语法(Embodied Construction Grammar),Langacker为代表的认知语法(Cognitive Grammar),激进构式语法(Radical Construction Grammar),认知构式语法(Cognitive Construction Grammar)。构式语法理论[①]的不同学派既有区别,又有共同的理论假设和主张。Fillmore的框架语义学,Lakoff的原型范畴和隐喻等理论和Langacker的认知语法对Goldberg的构

[①] 关于构式语法理论的分类,学界有不同的标准和界定,如学界提出构式语法理论包括以Fillmore & Kay为代表的伯克利构式语法,Langacker为代表的认知语法,Croft & Taylor为代表的激进构式语法(Radical Construction Grammar),以及以Goldberg&Lakoff为代表的构式语法。牛保义(2011)在《构式语法理论研究》一书中介绍了7种构式语法理论:Fillmore&Kay构式语法理论、Lakoff&Goldberg的构式语法理论、Langacker&Taylor的认知语法对构式的研究、Croft的激进构式语法、体验构式语法、流变构式和自主/依存联结模型。

式语法具有深远的影响,因此 Goldberg 的构式语法理论在很大程度上是基于 Fillmore(1975,1977,1982,1985)的框架语义学的研究思路,Lakoff(1977,1987)的基于体验的研究方法以及 Langacker 提倡的意义即概念化,构式是以说话者为中心的对情境的识解(Langacker 1987,1991)。构式语法最终由 Goldberg 发展成为一个系统的理论,并将该理论正式命名为认知构式语法理论(CCG,Goldberg 2006a)。我们以认知构式语法为理论依据,结合认知语言学的相关理论和假设,对认知构式语法的基本观点、构式的承继连接,以及语言的理据性进行逐一介绍,在此基础上提出本书的研究思路和基本观点。

一 认知构式语法的基本观点

与生成语法不同,构式主义研究方法坚持五个原则:1)语法构式是习得的形式和功能的配对体;2)语法不涉及任何转换或派生,语义直接与语言表层形式相联系;3)各类构式构成一个网络,网络中的节点由传承性连接相联系;4)语言之间存在着广泛的差异,跨语言概括可以通过基本域的认知过程或所涉及构式的功能进行解释;5)构式语法是基于用法的语法模型(Goldberg 2013)。

构式是认知构式语法的核心概念之一,"construction"一词作为"构式"理解,是 Fillmore 在其框架语义学的基础上形成并提出的,Fillmore 强调句法和语义的接口,提出对基本单位(substantial units)的语义和句法的整合描写,强调形式与意义的结合,为构式语法中的形式—意义结合的观点奠定了基础。Lakoff(1977)在 Linguistic Gestalts 一文中提出,整体意义不是把各组成部分的意义组合在一起的功能,而是构式有其自身的意义,这一论断对构式意义的研究具有深远的意义,Lakoff(1987)进一步把"构式"定义为形式和意义的匹配(correspondences)。Langacker(1987,1991)提出表达式包含词的意义,句子的意义,还有构式的意义,意义即概念化。

构式的定义经历了从研究范围和构式设定的必要条件进行的调整。Goldberg(1995)对构式的定义是:当且仅当 C(Construction)是一个形式—意义的结合体(Fi,Si),且形式 Fi 或意义 Si 的某些方面不能从 C 的构成成分或其他已有构式中得到完全预测时,C 是一个构式,构式语法强调形式和意义的匹配以及构式的不可预测性。Langacker(2009)对"不可预测性"进行批评,提出将规则的、固定的表达式任意地排除在构式之外显然是不可取的,构式定义还应考虑与之使用相关的频率、固化度和规约度。结合学界的一些合理建议,和对其构式范围的质疑,Goldberg(2006a)把构式的定义调整为:后天习得的形式与功能之间规约的匹配关系,包括词素、词、习语、部分的或完整的短语类型。任何语言表达式,只要它的形式、语义或功能的某些方面不可严格地从其组成成分或其他先前已有的构式中预测出来,就可称为构式。即使是能够被完全预测出来的语言结构,只要有足够多的出现频率,那么这些语言形式也可以以构式的形式存储在大脑中。Goldberg对构式进行了新的界定,其中"不可预测性"不再作为构式设定的必要条件,根据"人类识解世界的方式"与"所见即所得"的原则,只要出现足够多的使用频率,可以完全预测的语言结构也可视为构式。这样的界定使得构式的定义从形式与意义的匹配延伸到形式与功能的匹配,功能所涵盖的范围包括语义、语用和认知,而不局限于单一的语义分析。

构式语法强调构式的中心地位,构式是语言的基本单位,构式应该被看作理论实体(theoretical entities)(Goldberg 1995:2)。构式语法强调构式具有自身的语义,独立于句子的词汇意义,表达式的意义是构式意义与其组成成分意义的结合。这一点与动词中心论具有本质的不同,后者认为表达式的语义在很大程度上归于动词涉及的不同构式,如:

14a)Bob kicked Pat black and blue.
14b)Bob kicked the ball into the hole.
14c)Bob kicked Pat the ball.

以上例句中,都包含动词kick,表示"用脚撞击某物"。动词中心论认为,以上表达式的语义在很大程度上归于动词kick涉及的不同构式。构式语法则认为,以上各例的构式义是不同的。例14a是结果构式,Bob撞击Pat,Pat受到动作的影响,然后成为某种结果(black and blue),该构式强调动作的结果,结果构式的句法框架为[NP V NP2 AP/PP]。例14b是致使—移动构式,施事致使客体移进目标,即Bob

踢球（kick the ball），球在该力的作用下，移进洞内（into the hole），该构式强调移动的路径，致使移动构式的句法框架为［NP1 V NP2 PP］。例14c是双及物构式，施事Bob撞击受事the ball，动作致使球转移到接收者Pat，该构式强调受事的转移，双及物构式的句法框架为［NP1 V NP2 NP3］。NP表示名词短语，V代表动词，AP和PP分别表示形容词短语和介词短语。认知构式语法强调构式的形式与功能的配对，构式方法能够使我们识别构式之间的相同与不同之处。

构式具有单层性，不同于生成语法主张的句法有深层结构和表层结构之分，一个形式一定是从另一个形式转换派生而来。

认知构式语法所采用的语义研究方法是基于Langacker（1987, 1991）提出的以说话者为中心的对情境的"识解"（construal）。根据情景编码假设，与基本句子类型对应的构式把与人类经验有关的基本事件编码为这些构式的中心意义。构式是对规约情景的编码，构式来源于对日常生活中反复出现的场景的编码。如果一个场景在人们的日常生活或经验中反复出现，就形成构式，如致使移动构式代表的场景是"施事致使受事向某一目标移动"，way构式代表的场景是"施事克服困难向某一目标移动"，双及物构式代表的是"施事致使受事接收客体"，动结构式代表的场景是"施事或发动者致使客体产生状态变化"。致使—移动构式，动结构式，way构式等都是基本层次构式，代表了人类经验的基本场景。

由于规约的事件场景，形成了典型实例构式，典型实例构式是规约场景的完美代表，是原型构式，是最常见、使用频率最高的构式，是儿童最早习得的构式，最能代表规约事件场景。典型致使移动构式、双及物构式、Way构式的典型实例表达如下：

15a）He moved the box into the room.

15b）He gave me the book.

15c）He elbowed his way into the hall.

构式具有多义性，构式意义包括构式的中心意义和其引申意义（derivative senses），在中心意义的基础上，通过不同成分类型与构式的融合，识别其不同的引申意义。中心意义是语言研究的核心。如结果构式的中心意义是施事致使受事成为结果—目标，致使移动构式的中心意义是施事或致使者致使客体移向一个目标，双及物构式的中心意义是自主性施事成功地致使自主性接收者接收受事。

构式具有部分能产性。构式与动词的关系可以从两个角度阐述：一是动词与构式的互动，包括角色互动和意义互动；二是构式的"部分能产性机制"，即被严格定义的动词类型应该被理解为是由构式规约相联系的语义和形态音位相似所定义的词群，而不是常规上被允许可以经历词汇规则的子类。认知构式语法强调构式与动词的互动，认知构式语法提出动词与构式关系的三个核心问题：一是动词意义的本质，二是构式意义的本质，三是一个特定动词何时出现在一个特定构式中。在论元结构中，动词的语义与构式的意义融合形成一个特定表达式的意义。动词融入构式必须满足以下条件：1）动词是构式的一个次类（subtype），如动词 hand，指派了一个转移事件的一个子类，而转移是双及物构式的意义，如 Alice handed Bob a cake；2）动词描述了构式动作事件的方式（means），如 Alice kicked the ball into a hole；3）动词指派了构式的结果（result），如 Alice shot at Bob；4）动词指派了构式的前提条件（precondition），如 Alice baked Bob a cake；5）在极有限的范围内，动词次事件表示构式次事件的方式、确定构式事件的手段或构式事件有意造成的结果。另外，根据 Matsumoto（1991）的共有参与者条件，动词次事件和构式事件必须共享至少一个参与者（Goldberg 1995，1997）。动词和构式必须涉及一个事件类型，构式本身是一个单一事件，因为只有单一事件可以由一个小句表达。

认知构式语法认为语义和语用没有严格的界限。构式包括形式、语义和语用等各个方面，认知构式语法强调无同义原则（the principle of no synonymy），即如果两个构式句法上不同，那么语义或语用上必然不同。一个表达式的意义是词汇语义与构式意义的融合，因此，如果词汇和构式是不同的，表达式的意义必然是不同的。另外，学界试图解释一个特定构式适度使用的条件。由于语言使用是使用者语言能力或语言知识的一部分，因此语义和语用成分在理解一个表达式时发挥重要的作用。

自20世纪80年代以来，国外一些构式语法学家运用承继来解决构式之间的信息传递问题。Langacker提出构式承继即范畴化（Langacker 1987，1991，2008），构式连接是一种范畴化关系，范畴化关系包括两类：图式—例示关系和原型—扩展关系。认知语法把对语言知识的结构和组织进行准确的刻画描写作为人类认知的必不可少的一部分。构式具有的层级性关系可视作一种"垂直"关系，可用图式—例示来描述。上位构式与下位构式存在垂直的图式—例示或实例连接关系，前者是后者的图式，图式包含了说话者从单位内容中抽取的概括性特征，一个图式单位定义了一个范畴，代表（在更高的抽象度上）各种实例（instantiations）中共有的内容，后者例示或详述前者，是前者的实例，每一个实例以不同的方式对上位构式进行详述，在一个或多个维度上，对上位构式进行更为详细地具体说明。层级越高的构式，其图式性和抽象度越高，反之则越低。图式单位在语法中与内容单位共存，它们之间的关系是动态的互动的（Langacker 1991）。

语法构式具有原型结构并且组成关系网络，范畴化模型是原型范畴化模型，范畴常常是以原型实例（prototype instance）为中心组织起来的。原型实例就是人们所说的一个范畴常见的、普通的成员。原型实例一般在我们的生活中出现频率最高，常常最早被我们习得，并且可以通过各种实验手段辨认出来（比如受试把它们判断为范畴成员时，反应时间最短）。如果一些非原型的实例被识解为符合或接近原型，它们就被纳入该范畴中。因此，范畴成员的资格是一个程度问题，原型实例是范畴里完完全全的、占有中心地位的成员，而其他实例，根据它们偏离原型的程度与方式，构成一个由中心到边缘的渐变等级。原型模型会促使人们对原型实例的特征做出尽可能充分地描写，至少可以说明将各种各样的非原型实例纳入范畴中的依据。如果人们找到合理的理由将某实体与原型成员联系起来，原型模型就能够将这一实体纳入范畴之中（Langacker 1987）。

承继层级在认知语法和认知构式语法中具有不同的含义，Langacker（1987）提出构式承继的范畴化是原型—扩展关系，在认知语法中，承继层级指范畴化关系网络；而在构式语法中，承继层级指的是一个承继了构式要求（specification）的表达式。

Goldberg（1995）吸收了计算机科学的研究成果和其他认知语言学流派关于承继连接的描写，特别是 Langacker 基于范畴化理论的图式构式、原型构式以及引申构式之间承继关系的描写，以及 Croft 关于图式构式与其实例之间整体—部分承继关系的描写，将构式视为语言知识在心智中的基本表达方式，构式的意义不是单一固定的，而是通过一个由许多密切关联的意义共同构成的范畴，即构式是一个系统的密切联系的集合。认知构式语法强调构式的多义性，并提出了"连接"（link）的概念，连接关系既指同一构式内部的多个语义之间的关联方式，也指不同构式之间的句法和意义的关系。多义性分析使我们认识到构式中心意义的特殊地位。通过合理的逻辑推导可以发现构式与构式之间的理据性连接（motivation link）。为了表述理据性连接，Goldberg（1995：72）提出理据最大化原则，"当且仅当构式 B 从构式 A 传承其特征，那么 A 就为 B 提供了理据"。认知构式语法把承继（inheritance）作为一种描述语言概括的方法，用以描写构式网络中构式之间的关系，它可为构式之间的理据性关系作出统一解释。构式网络中各层次可通过承继连接起来，该网络就形成了一个承继性层级（inheritance hierarchies）。根据理据最大化原则，如果构式 C_2 承继构式 C_1 的特征，那么两个构式 C_1 和 C_2 的承继关系可以表述如图1。

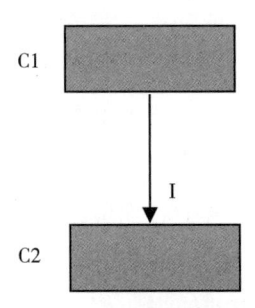

图1 构式的承继连接

图1中，C_2 承继 C_1 的特征，C_1 统制 C_2，C_1 是 C_2 存在的理据，I（Inheritance）表示承继连接。承继使我们看到两个构式之间相同以及不同的方面，即两个构式同中有异，异中有同。理据最大化原则在构式之间的承继关系方面起着重要的作用。

Goldberg 的认知构式语法将语法系统视为一个以构式为基本单位，

由承继关系连接的巨大网络，其中范畴化关系是更为基本的网络关系，在语法知识系统的关系网络模式中，一个构式可以同时与多个构式发生范畴化关系（Goldberg 1995：63-72）。Goldberg（1995：75-81）较为详细地论述了构式之间所具有的四种承继连接关系：多义连接，隐喻性扩展连接，子部分连接，实例连接。除了以上四种承继连接关系外，还有多重承继连接（Goldberg 1995）和有标记承继连接（Goldberg 2006a），我们对这六种承继连接关系逐一进行介绍。

（1）多义连接（Polysemy（I_P）Links）

多义连接描述的是某个中心意义（central sense）和以该意义为基础的扩展（extension）意义之间的语义关系，多义连接可以看作一种语义层面的连接。在多义连接中，扩展意义从中心意义承继所有句法特征的信息，中心意义的句法特征的所有信息由扩展意义承继，每一个扩展意义构式都是以中心意义构式为动因的；语义关系通过特定的多义连接获取，每一个扩展意义都是由一个与中心意义构式略有不同的构式表征的。语义在多义连接关系的作用下，形成了一个多义构式家族。与多义性形式有关的每一个构式都需要单独学习。英语双及物构式是构式多义性（constructional polysemy）的一个实例：同一个形式对应着不同却相连的意义。构式的中心意义与以该意义为基础的引申意义之间有联系，中心意义的句法和部分语义特征被引申意义所承继。双及物构式的中心意义是实际的成功的转移，其他类型的意义可以看作该中心意义的隐喻扩展，中心意义是隐喻扩展的源域，中心意义构式是引申意义构式存在的理据。英语双及物构式的多义连接如图2。

（2）子部分连接（Subpart（I_S）Links）

当一个构式是另一个构式固有的一部分，并且独立存在时，这两个构式的连接我们称之为子部分连接。子部分连接可以看作一种句法和语义层面上的连接关系。例如，不及物动结构式从及物动结构式中承继了部分的句法和语义特征，即不及物动结构式通过子部分连接与及物动结构式相连。再如，不及物移动构式与致使—移动构式也是通过子部分连接，即不及物移动构式的句法和语义特征是致使—移动构式的句法和语义特征的一部分，子部分连接如图3。

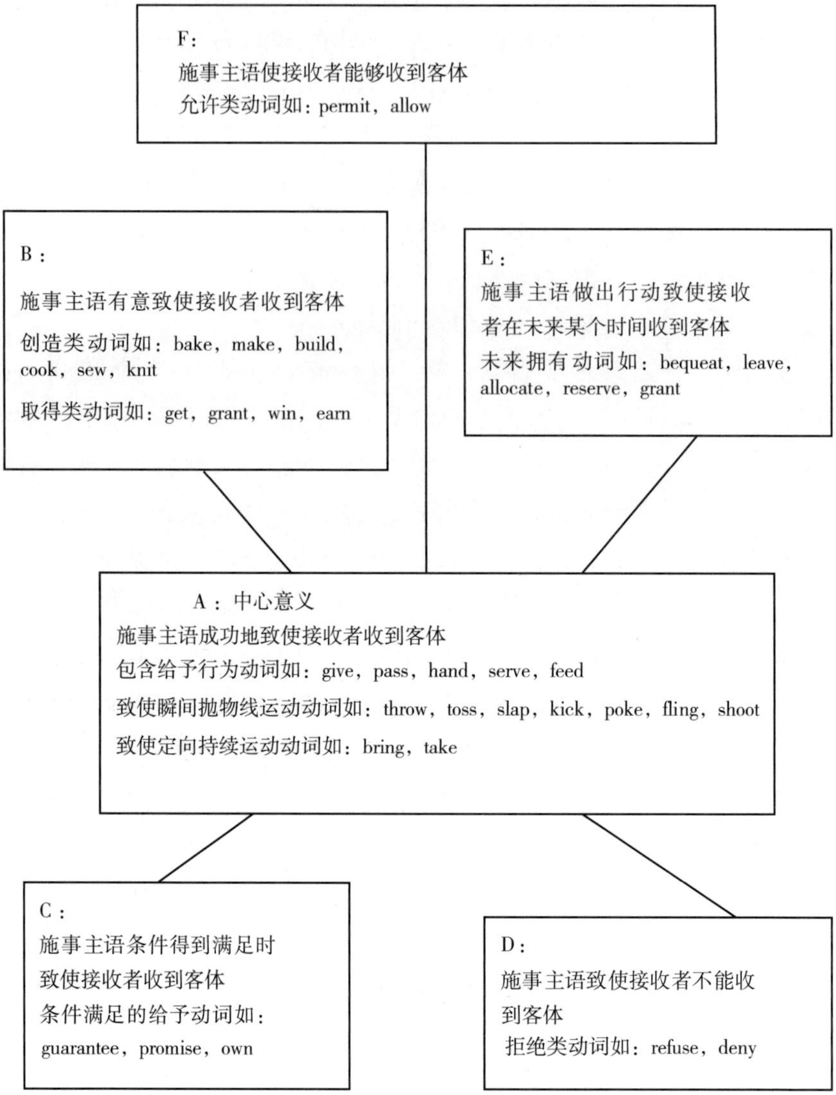

```
                    ┌─────────────────────────────┐
                    │ F:                          │
                    │ 施事主语使接收者能够收到客体      │
                    │ 允许类动词如: permit, allow   │
                    └─────────────────────────────┘

┌──────────────────────────────┐      ┌──────────────────────────────┐
│ B:                           │      │ E:                           │
│ 施事主语有意致使接收者收到客体    │      │ 施事主语做出行动致使接收         │
│ 创造类动词如: bake, make, build,│      │ 者在未来某个时间收到客体          │
│ cook, sew, knit              │      │ 未来拥有动词如: bequeat, leave,│
│ 取得类动词如: get, grant, win, earn │ │ allocate, reserve, grant     │
└──────────────────────────────┘      └──────────────────────────────┘

        ┌──────────────────────────────────────────────────┐
        │ A: 中心意义                                        │
        │ 施事主语成功地致使接收者收到客体                        │
        │ 包含给予行为动词如: give, pass, hand, serve, feed    │
        │ 致使瞬间抛物线运动动词如: throw, toss, slap, kick, poke, fling, shoot │
        │ 致使定向持续运动动词如: bring, take                   │
        └──────────────────────────────────────────────────┘

┌──────────────────────────────┐      ┌──────────────────────────────┐
│ C:                           │      │ D:                           │
│ 施事主语条件得到满足时           │      │ 施事主语致使接收者不能收         │
│ 致使接收者收到客体               │      │ 到客体                         │
│ 条件满足的给予动词如:            │      │ 拒绝类动词如: refuse, deny    │
│ guarantee, promise, own      │      │                              │
└──────────────────────────────┘      └──────────────────────────────┘
```

图 2 英语双及物构式的多义连接 (Goldberg 1992/2006b: 419)

16) I pushed him into the room.

17) I walked into the room.

(3) 实例连接 (Instance (I_I) Links)

当一个具体构式是另一个构式的特殊实例时，该连接称为实例连接。

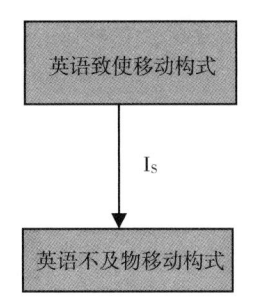

图 3　英语致使移动构式与不及物移动构式的子部分连接

也就是说，当且仅当（iff）一个构式是另一个构式的更完整的表述时，这两个构式存在一个实例连接。仅出现在一个特定构式中的特定词项是该构式的实例，因为该词项的词汇意义承继与构式相连的形式和语义。因此这些实例可以看作部分由词汇填充的构式的实例。例如动词 drive 只有在动结构式（如 drive sb. mad/bonkers/bananas/crazy/over the edge）中表示"致使"的意义，该意义把结果—目标论元限制为"发疯"，drive 的意义被范畴化为动结构式"致使—成为"意义的一个实例。

18a）Chris drove Pat mad/bonkers/bananas/crazy/over the edge.
18b）＊Chris drove Pat silly/dead/angry/happy/sick.

一个实例总是蕴含着一个相反的子部分承继。动词 drive 是英语动结式的一个实例，与英语动结式构成实例承继连接（I_I），同时，英语动结式作为被统制构式，与动词 drive 构式子部分承继（I_S）连接。动词 *drive* 与英语动结式的实例连接与子部分连接如图 4。

（4）隐喻扩展连接（Metaphorical Extension（I_M）Links）

当一个构式与另一个构式通过一个隐喻映射实现连接时，我们把该连接称为隐喻连接。隐喻连接规定了统制构式向被统制构式的意义映射的方式，隐喻连接是一种认知层面的连接。比如，英语动结构式中表示结果的补足成分可被看作实际的方位变化，即"结果"是"目标"的隐喻。致使移动构式指施事致使客体移向目标，而结果构式指施事致使受事变成结果—目标。结果构式中的结果—目标可以看作是致使—移动构式中目标的隐喻。因此，结果构式本身可以看作致使—移动构式的隐

```
        ┌──────────────┐
        │  英语动结式   │
        └──────┬───────┘
             I_I │ I_S
               ↕
        ┌──────────────┐
        │    drive     │
        └──────────────┘
```

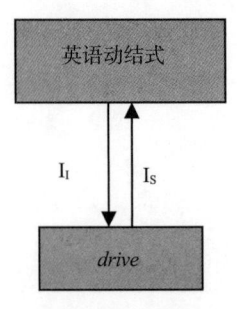

图4 动词 *drive* 与英语动结构式的实例连接与子部分连接

喻扩展。同时，隐喻扩展的分析支持我们对共现限制的解释。根据 Goldberg 的单一路径限制（Unique Path Constraint）（1995：82）：1）英语结果构式不能与方向短语共现（例19）；2）两个不同的结果短语不能共现（例20），如：

19) *Bob kicked Pat black and blue out of the room.
20) *Bob kicked Pat bloody dead.

英语结果构式不需满足状态变化单一限制（the Unique Change of State Constraint）。隐喻扩展或其他语义扩展，不需要建立一个图式，基本构式与隐喻扩展都是图式的实例。

（5）多重承继（Multiple Inheritance）

英语动结构式的句法框架为 [NP1 V NP2 AP/PP]，大多数英语动结表达式中，结果短语 AP 和 PP 不能出现在动词后的名词词组 NP2 之前。而有些 AP 或 PP 结果短语既可以出现在 NP2 之前，也可以出现在 NP2 之后，如：

21a) He cut short the speech.
21b) He cut the speech short.
22a) He broke the cask open.
22b) He broke open the cask.

这一构式与英语动词—小品词（verb-particles）构式十分相似，如：

23a) He cleaned the mess up.

23b) He cleaned up the mess.

但该构式与英语动词—小品词构式存在区别，英语动词—小品词构式允许表示"体"的小品词进入，该小品词不是名词短语论元的谓词，如：

24a) He cut the speech short.

24b) The speech is short.

25a) He broke the cask open.

25b) The cask is open.

26a) He cleaned the mess up.

26b) *The mess is up.

因此，类似 break open，cut short 动结构式可以看作从动词—小品词构式和动结式两个独立存在的构式中承继信息的，在共时层面上分别承继了动结构式和动词—小品词构式的部分特征，属于多重承继。构式多重承继如图 5。

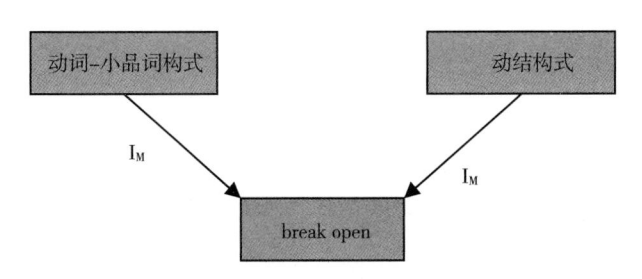

图 5 break open 类动结构式的多重连接

下位构式存在多个上位构式，如图 5 所示，下位构式承继了上位构式，即动词—小品词构式和动结构式的特征，上位构式统制下位构式，上位构式是下位构式存在的理据。一个特定的构式可以从另外两个信息相互矛盾的构式承继信息，当下位构式具有与上位构式相矛盾的信息时，正常样式承继允许信息的部分承继。承继被看作一个在线加工过程。

(6) 标记性连接 (markedness link)

Goldberg (2006a) 认为特定的句法形式是由构式的语义和语用功能决定的，隐藏在表层句法形式之下的功能性理据，可以用来解释语法的各个层面，描写语法的整体特性。Goldberg (2006a) 通过语法范畴化，对 SAI（主语—助动词倒置）构式在语义和语用层面的研究，提出了功能"属性子类"（a subset of attributes）的概念。SAI 可以用于疑问句、非真实条件句、句首为否定副词的句子、愿望与诅咒、感叹句、比较句、句首为否定连词的句子、肯定回答等，SAI 构式的主导属性是非肯定（NON-POSITIVE）（2006a：170），其信息结构不是"谓词焦点"（predicate-focus），"以功能为理据的范畴"（a functionally motivated category）（Goldberg 2006a：176）或"功能范畴"（2006a：177），SAI 的诸多功能形成了一个家族相似性范畴：每一个成员与其他成员共享一些特征，没有一个成员具有原型的全部特征（Croft 2009：161）。"非原型句"，实际上是一个未得到实现的概括。SAI 构式的功能形成了一个非原型的辐射范畴（Goldberg 2006a：170）。SAI 是个以"非原型句"（non-prototypical sentence）为原型的 SAI 构式的功能范畴，功能解释能够更好地处理 SAI 受到的表面形式限制，SAI 的特别句法形式的产生也应归因于它的语义/语用功能，这个功能范畴的属性子类以功能为理据形成了承继网络，SAI 构式产生的标记性连接见图 6。

SAI 范畴可以被重新识解为一组与原型句形成对比的构式，形式上的系统差别（主语—助动词倒置）标志着功能上的系统差别（与原型肯定句的差异），SAI 范畴中与原型句形成对比的构式与原型句构成的一类连接，被称为标记性连接，如图 6 所示，其中标记性连接用曲线表示。

构式语法认为，构式承继存在于两个层面，一种是构式内部，即原型构式及其变体之间的承继，如英语双及物构式之间的原型构式与扩展构式之间的隐喻承继。另一种是构式与构式之间的承继，如致使—移动构式与不及物移动构式的子部分承继连接。Goldberg 对构式承继问题的理解基本上是建立在子类承继关系基础上的。以上列举的承继关系，包括语义上的（如"多义连接"），句法和语义的（如"子部分连接"和"多重承继"），语用上的（如"实例连接"和"标记性连接"），

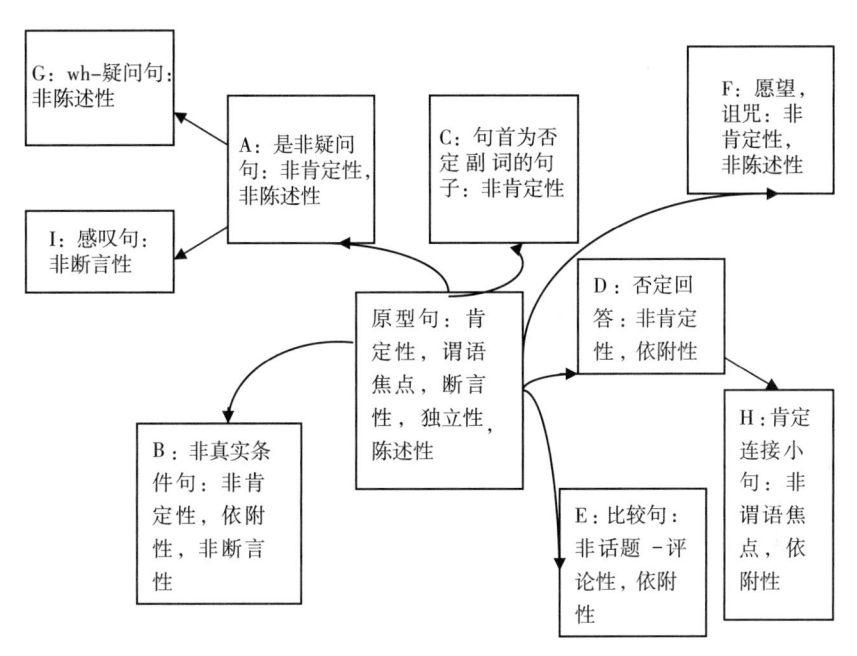

图 6 以原型句为原型的 SAI 构式的功能范畴及其促发原型
的每一个扩展得以产生的标记性连接（Goldberg 2006a：179）

还有认知层面的（如"隐喻扩展连接"），下位构式承继上位构式的语义、句法、语义、语用以及认知层面的信息。基于论元结构构式的语言概括的层级性，这些概括通过被统制构式被层层承继，英语基本论元构式承继关系见图 7。

构式语法的研究始于对英语习语的探讨。Lakoff（1987）从分析英语 there 构式入手，提出构式不是一种副现象（epiphenomena），而是语言表达形式和意义的匹配体，构式与构式之间的关系构成一个放射性的范畴（radial category），不同方向的引申式有不同的语义和句法表现，原型范畴构式是其他次范畴构式存在的理据。there 构式可分为"指示性 there"，"感知 there"，"话语 there"，"存在 there"，"活动开始 there"，"传递 there"，"典范 there"，"恼怒 there"，"叙事聚焦 there"，"新事业 there"，"呈现性 there"，其中，"指示 there"构式是原型范畴构式，其他构式是原型范畴的变体，次范畴承继了原型范畴构式中的形式和意义上的特征，通过隐喻和转喻映射的经验完型（Lakoff & Johnson 1980），这种完型常常由构式的 ICM 表征。

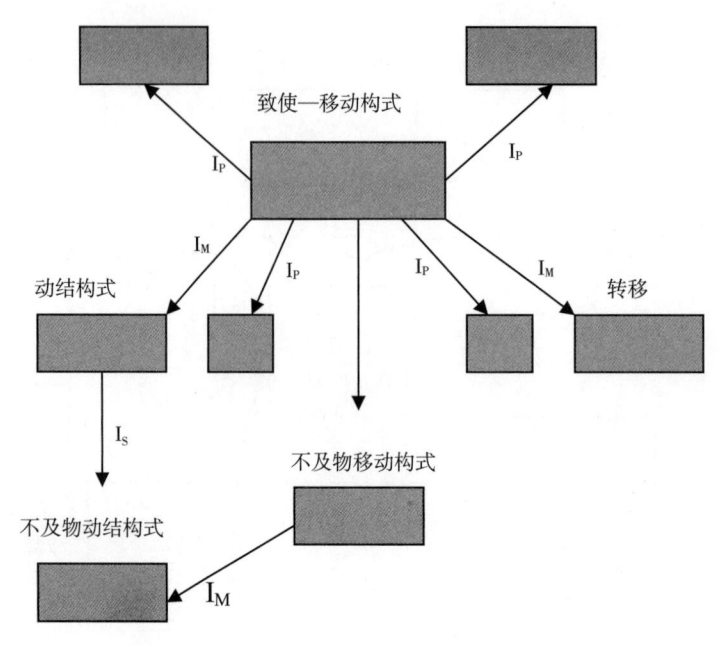

图 7　英语基本论元构式的承继连接（Goldberg 1995：109）

　　Fillmore，Kay & O'Conner（1988）对英语习语 *let alone* 的分析是构式语法的奠基之作（陈满华 2014），作者从分析英语 *let alone* 习语构式入手，详细描述了包括连词 *let alone* 语法构式的句法、语义和语用特征，习语具有能产性，高度的结构化，对语法的解释模型包括与语义、语用有关的规则。对句法结构与语义之间的关系，从句法、语义、语用方面论证了该构式的不可推导性，需要单独学得。

　　Kay & Fillmore（1999）对英语习语 WXDY（What's X Doing Y）进行了分析，对该构式的形式与意义进行了详尽的描写，强调构式是一个形式和意义的匹配体，开创了构式与构式之间承继关系的描写。What's X Doing Y 构式由 be，doing，what，X 和 Y 五部分组成。从句法特征上看，该构式是以动词 be 为中心语的构式；从语义特征上看，该构式的语义框架表示"对一个事件的不恰当性作出判断"。通过对该构式与英语 SAI（主语—助动词倒置构式），VP 构式以及左孤立构式的研究，Kay & Fillmore 就构式间的承继关系进行了初步描写，本质上是生成语法的一个分支，坚持严格的形式化操作，仅限于对构式内部结构的描写。但开启了运用构式语法理论对语言现象的概括，该方法论意义值得借鉴。

Goldberg（1992，2006b）运用构式语法，以英语双及物构式为个案，探讨了论元结构的内在语义。Goldberg（1995）突破了对习语构式的研究，对论元结构的构式语法分析法，如对英语双及物构式，英语致使—移动构式，英语动结构式，英语 way 构式的构式语法分析，把之前作为特殊句式的研究纳入更为一般构式的研究，提出"构式作为语言基本单位"（Goldberg 1995：3），"构式应该被看做是理论实体"（Goldberg 1995：2）的研究取向，创立了认知语言学中的构式语法理论。Goldberg（2006）正式将自己的理论命名为认知构式语法理论。

二 语言的理据性

语法结构的形成具有认知理据，由于构式是形式—语义和功能的配对，构式承继具有功能理据。关于任意性和理据性，可追溯到索绪尔在《普通语言学教程》中提出的语言符号的两大重要原则：任意性原则和所指的线条特征[①]。索绪尔在论述绝对任意性和相对任意性时指出，"一切都是不可论证的语言是不存在的，一切都可以论证的语言，在定义上也是不能设想的"（索绪尔 1974：133）。语音表达不可避免地与时间有密切关系，语言符号的线条特征[②]是非任意的，是有理可据的。索绪尔强调的是声音和所指之间的任意性，语言的象似性是相对于任意性而言，它是指语言符号的能指和所指之间有一种自然的联系，二者的结合是可以论证的，是有理据的（彭芳 2003）。认知语言学认为，语言结构特别是句法结构与人的经验结构之间有一种自然的联系，即语言结构在很大程度上是有理可据的，语言结构的有理可据性或非任意性被称为语言的象似性（iconicity）。

Lakoff（1987）为理据性作出了如下定义：如果一个构式的结构承

---

① 索绪尔所说的任意性是指声音与所指之间的任意性，并同时强调声音和所指之间的任意性受到"相对理据性"（motivation）和联想关系的制约，索绪尔所说的相对理据性是指某些复合词从它的组成部分得到论证，但它的组成部分仍然和某些单纯词一样不可论证，所以复合词的可论证性具有相对性。

② 索绪尔提出的语言符号的第二大原则，即所指的线条特征。"能指属听觉性质，只能在时间上展开，而且具有借自时间的特征：1）它体现一个长度。2）这长度只能在一个向度上测定：它是一条线。" "我们只要用文字把它们表现出来，用书写符号的空间线条代替时间上的先后相继，这个特征就马上可以看到（索绪尔 1974：67-70）。"

继了语言中其他构式的结构，那么该构式在一定程度上是有理据的。假设句法与功能上互相关联的构式 A 与构式 B 之间存在非对称承继连接，当且仅当构式 B 承继 A 的某些特征，那么构式 A 是构式 B 存在的理据。如果构式 A 以构式 B 为基础，构式 A 就会承继构式 B 中与其自身无矛盾的所有特征；一个范畴的冗余特征越多，存在的理据也就越多，并能更好地作为一个整体被语言系统容纳。语言的理据性是常态（norm），任意性才是例外（Lakoff 1987：346）。

Langacker（1987）指出，虽然我们没有能力预测语言使用的形式，但这并不表示语言的选择没有语义基础。虽然我们不能预测 scissors, pants 和 glasses 在使用中必须选择复数形式，但因为这类物品都是由两个部分组成的，这点可以作为复数形式存在的理据。认知语言学的一个基本假设是语言结构是有理据的，至少部分是由于概念因素和语用因素作用的结果（Panther & Thornburg 2009：4）。

Goldberg（1995）根据功能框架直接类推，在讨论构式之间的承继关系时，提出了理据最大化原则（the principle of maximized motivation），即如果构式 A 和构式 B 在句法、语义和语用上都存在一定程度的承继连接，构式 A 系统的存在是有理据的。理据最大化原则在构式承继中发挥着重要作用。除了理据最大化原则，语言组织的相关心理原则还包括以下几个原则。

表达能力最大化原则（the Principle of Maximized Expressive Power）（Goldberg 1995：67），指为了达到交际目的，构式的数量清单是最大化的。而最大经济性原则（the Principle of Maximized Economy）则规定不同构式的数量应尽可能最小化。一方面，最大经济性原则限制着构式的数量；另一方面表达能力最大化原则要求语言中存在更多不同的形式；一个最佳的表达系统就是语言使用者所处的世界中的每一个不同的事物都有一个不同的标签，这两条原则相辅相成，彼此限制。

功能主义的句法无同义原则，指如果两个构式在句法上不同，那么它们在语义上或语用上也必定不同（Goldberg 1995：67）。如果两个语句的句法相异，则它们在语义和语用上必定不同义，构式的语用方面包括信息结构，话题和焦点以及构式的文体特点。无同义原则规定"形式上没有联系的构式间不存在承继关系"。无同义原则包括两个推论：推论 A：如果两个构式在句法上不同但在语义上相同，那么它们在语用上必定不同；推论 B：如果两个构式在句法上不同但在语用上相同，那么它们在语义上必定不同。"无同义原则"并不是以否认构式范畴的多义性及可扩展性为前提的；认知构式语法对构式范畴的多义性、理据性、可扩展性及构式之间的连接与承继关系，给予了充分地关注和阐释。

Goldberg（2006a）提出了作为句法论元的参与者实现的跨语言概括即突出的参与者位于突出的句法槽中的概括（The Salient Participant in Prominent Slots Generalization，SPPS）：动作者和承受者要在突出的句法槽中表达。并从人类认知和注意的普遍特征方面论证了动作者和承受者往往要在突出的句法槽中表达的动因。针对同构映射假设（名词短语的数量以尽可能简单的方式与论元的数量对齐）的各种例外情况，Goldberg（2006a）提出了"语用映射概括"（Pragmatic Mapping Generalizations）：语言层面得到表达的名词短语的所指与话语所传递的信息有关；如果所传递的事件中的语义参与者是有关的，且在语境中不能复原，那么该角色必须得到显性表达。语用映射概括并没有规定在语言表层得到表达的名词短语的所指与语义结构整合的方式，也没有规定语义参与者在句法层面上的表达方式，语用映射概括表明不同语言和不同构式在遵循语用映射概括时实现的方式可以有所不同。因此必须明确客体事件中的任何一个参与者。在现实语篇中，客体事件的参与者由于语篇信息的低凸显度而得到省略，如：

27a）Pat gave and gave but Chris just took and took.

27b）Tigers only kill at night.

SPPS 概括要求突出的参与者位于突出的句法槽中，动作者和承受者在突出的句法槽中得到表达。而在现实语篇中，由于受事论元在语篇中的低凸显度，即受事论元在表达的动作中是非强调的，即受事论元不是话题或焦点，受事论元可以省略，而动作通常可以通过重复、强烈的情感态度或对比焦点等手段得以强调（Goldberg 2000，2005，2006a），例 27a-b 动宾构式的宾语论元的省略就是由于受事论元在语篇中的低凸显度。

非凸显的宾语构式，构式的句法结构以其功能为理据，即构式形成的功能理据。在普遍认知机制的运行体系中，SPPS 概括解释了为什么一个没有出现受事的施事论元和一个没有出现施事的受事论元可以单独成句的问题。当某个特定行为过程的起点在认知上被关注时，凸显的是施事；当某个特定行为过程的末点或状态的改变属于"肌体控制行为"或"理解感知"时，凸显的是受事。SPPS 概括能解释以下事实：动作者论元或承受者论元单独出现时，也要在一个突出的句法位置表达。SPPS 概括可以直接归因于人类的普遍认知特征。

Goldberg 的认知构式语法和 Langacker 的构式语法在很多方面具有相似的主张和观点（Langacker 2005）[①]，认知构式语法区别于其他构式方法的一个中心点是，认知构式语法旨在通过决定不同普遍认知原则如何对构式清单（inventories）进行结构化，从而对语言提供一种心理现实性的解释。在认知构式语法中，语法中任何构式的存在被认为是最大限度地以人类互动和认知的特征为理据（Boas 2013）。构式主义的研究方法（constructionist approach）提出构式是基于输入和普遍域处理而学得的，普遍域包括注意力偏好、合作交流原则，普遍处理需求和范畴化过程。"构式主义"这一术语旨在唤起构式概念，及其基于一般认知、语用和处理过程限制而构建的语言知识（Goldberg & Suttle 2010）。

第二节　本书的基本观点

语言描述我们生活中形形色色的场景，语言是表达生活经验的，构式来源于生活经验的场景，具有涉身性。动结构式表达"发动者致使事物发生状态变化"的事件场景。构式是以原型为中心构成的一个多义网

[①] Langacker（2005）对构式语法的基本观点从 12 个方面进行了概括：1）构式（而不是规则）是基本的描写事物；2）框架是非引申的（non-derivational）；3）词库和语法没有根本的区别，而是构成了一个构式连续统；4）构式是形—义配对（象征结构集）；5）信息结构是构式意义的一个方面；6）构式通过承继网络连接（范畴化）；7）相对于实例表达式而言，规则具有图式构式的形式；8）除了具体化/图式化（specificity/schematicity）程度，例示的表达式和模式具有相同的基本特征；9）语言知识组成大量的构式，大部分是与"正常"相关的特异性（idiosyncratic）构式；10）适用于特异性构式的框架也适用于特定的常规模式；11）合格性是自发（simultaneous）的限制满足；12）复合体受到融合的影响。

络，原型意义以多种方式引申，构式不是一成不变的，构式义也不是浑然一体、纯然单一的。一个构式就是语言中的一个范畴，同其他语言范畴一样，构式也会在使用中产生扩展现象，构式义会由核心向边缘推移，参与者角色会由原型向非原型转化，构式义的内涵会有延伸或演变，参与者角色特征会有变化。本书的基本观点可以概括如下：

1）汉语动结构式是以原型范畴为中心的，以句法和语义相互关联的若干子构式组成的多义网络。

2）每个子构式本身也具有多义性，子构式本身也有原型与非原型之分，每个子构式也组成了一个以原型构式为中心的多义网络。

3）语言范畴的扩展，不是任意的，而是有其理据的，汉语动结构式范畴网络成员之间及其每个子构式内部，具有某种方式的关联性，构式承继具有语义、语用和认知层面的理据。

4）构式的理据性承继具有跨语言的概括性和语言的独特性。

认知构式语法提出构式是形式—语义/功能的匹配，构式是对规约情景的编码，构式来源于对日常生活中反复出现的场景的编码。如果一个场景在人们的日常生活或经验中反复出现，就形成构式，与基本句子类型对应的构式把与人类经验有关的基本事件编码为这些构式的中心意义。构式具有多义性，构成了一个以中心意义向外延伸的构式范畴网络。构式承继及其理据是研究构式概括的重要概念，理据是构式之间存在承继连接的客观依据。构式的存在以人类互动和认知特征为理据，许多语法形式出现于说话者之间的社会互动，如原型的范畴化、隐喻、转喻、象似性原则，图形—背景的概念化，说话人的主观识解。构式是形式—语义和功能的配对，构式的定义影响了构式承继的理据，如构式的功能理据，语用映射原则，语用焦点的凸显。对于语法构式而言，理据性通常用于解释形式上相似的构式，语义上通常也是相似的，在构式承继关系中，最大表达力原则与最大经济性原则相互制约，构成一个相辅相成，彼此制约的语言系统，其中最大理据性原则在组织构式方面具有至关重要的影响。

第四章

原型动结构式与结果补语
隐现动结构式的承继理据

本章的汉语动结构式个案研究包括两类构式：汉语原型动结构式和结果补语隐现动结构式。首先我们基于致使范畴的原型特征，从实现事件的词汇化模式来探讨原型动结构式的事件概念结构及其构式多义性的理据，然后对子构式即结果补语隐现动结构式的语义及其承继理据从语用和认知层面进行考察。

第一节 原型动结构式的多义性及其承继理据

一 相关研究

对于什么样的动结式能够进入［NP1 V1V2 NP2］句法框架，学界主要从动结式带宾规律及其语法意义的角度来研究的。关于动结式带宾语的规律，李小荣（1994）专门进行过论述，文中指出结果补语如果在语义上指向述语动词所表示的行为动作的受事，有的能带宾语，有的不能带宾语，该类述结式能否带宾语主要取决于补语所表结果的语义性质：表示预期结果的，表示预期结果偏离的，表示一般自然结果的，其中补语表示预期结果的一类，述语动词表示的都是针对特定目标实施希望产生某种结果的行为，补语成分则表示动作的预期的目的或结果，如"煮熟一锅饭"，"熟"是表示预期的结果，这类动结式能够带宾语。但其中一些表示预期结果的补语，却不能带宾语，如"＊他炸脆了一盘花生米"，"＊他烧温了一锅水"，"＊他煎黄了茄子片儿"，"脆""温""黄"都是表示预期的结果，但形成的动结式却不能带宾语。文章指出描述性结果补语不能带宾语（如＊他煎黄了茄子片儿），就其他两个实例没有作出说明。另外，补语充当预期结果偏离的一类，大部分述语动词和表示预期结果的一类相同，表示为实现某种结果而实施动作，但是补语表示的却是与预期相反的结果或偏离了某种预期标准的结果，这类表示预期结果偏离的动结式都不能带宾语，如＊你洗脏了我的白毛衣，＊他炒老了肉丝，＊他挖浅了坑。

马真、陆俭明（1997c）也专门论述过形容词充任结果补语的动结式带宾语的规律问题。作者指出，由形容词充任结果补语的述补结构能不能带宾语，主要取决于两方面的因素：一是补语的语义指向，二是由形容词充任结果补语的述补结构所表示的语法意义。文章从十个方面总结了补语的语义指向对带宾能力的影响，其中与本书有关的是第十项限制，即由形容词充任的结果补语语义指向述语动词所表示的行为动作的受事时，有的能带宾语，如"打破了一个杯子"，有的不能带宾语，如"＊垒低了墙""＊放小了一张照片"。此项限制主要取决于整个述补结构所表示的语法意义，当动结式表示预期结果的实现时，可以带宾语；当动结式表示非理想结果的实现时，述补结构也可以带宾语，如"打破了两个碗"，"打疼了他了"；"坏"作结果补语时，由此形成的述补结构可以带宾语，且所带的宾语一定是结果宾语，如"画坏了两张画"，"织坏了一件毛衣"等。

学界主要从动结式带宾规律和语法意义上对能够进入句法框架［NP1 V1V2 NP2］的 V1 和 V2 的语义，V2 的语义指向以及动结式的语法意义进行考察。以上研究可以概括为：当补语语义指向述语动词所表示的行为动作的受事时，表示预期结果的动结式可以带宾语，但有些表示预期结果的动结式不能带宾语；表示非理想结果实现的动结式不能带宾语，但有些表示非理想结果实现的动结式也可以带宾语。另外，两篇文章中对于动结式的语法意义的界定也有不尽相同之处，如李小荣（1994）的"表示预期结果的偏离"包括马真、陆俭明（1997c）的"非理想结果的实现"与"预期结果的偏离"两类。

Goldberg（2006a）将不具有"不可预测性"的构式称为"常规构式"，将具有"不可预测性"的构式称为"特殊构式"（陆俭明 2013），其实，所有构式都具有独特的语法意义，有些构式是人类最常用的认知表达方式，符合人类语言的一般认知规律（陆俭明2009）。构式语法关注特异构式的研究，构式有典型构式与非典型构式之分，适应于特异性构式的框架也应当适用于特定的常规模式（Langacker 2005，Hoffmann & Trousdale 2013）。原型动结式作为一类常规构式，具有特定的语义和独立的句法结构［NP1 V1V2 NP2］，对于原型动结构式而言，其构式语义还有待进一步明确，构式语义及其组成成分V1V2的互动关系有待进一步深化。我们认为V1与V2的不同组合表征了不同的事件概念结构，从而形成了构式多义。下面主要从事件概念结构的角度探讨原型动结构式的多义性理据。

二 原型动结构式的概念原型及事件概念特征分析

语言是根据某些概念原型（conceptual archetype）组织的，"在我们的经验中，那些反复出现并且截然不同的方面，它们是作为原型出现的。在尽可能的情况下，我们一般使用这些原型来组织我们的思想。由于语言是我们用来描述经验的手段，因此我们把这些原型看作基本语言构体的原型特征是自然的"。（Langacker 1991：294-295）现代汉语动结构式是一种典型的构式，是汉语"致使"范畴的主要表现形式之一，具有致使范畴的一些原型特征。直接操控（direct manipulation）是致使的原型，Lakoff & Johnson (1980) 提出直接操控的若干原型特征，这些致使的原型特征或共有特征包括：

施事将改变受事状态变化为目标。
状态变化是物理的。
施事有实施这个目标的"计划"。
计划要求施事启动一项肌动程序（motor program）。
施事对这项计划的实施负主要责任。
施事是能量来源（如施事将能量传递到受事），受事是能量传递的目标（如受事状态的改变取决于外部能量来源）。
施事用身体或工具触碰受事（即施事的行为和受事状态变化之间有一段时空重叠）。
施事成功地实施了计划。

能清楚看到受事的变化（perceptible）。

施事通过感官知觉（sensory perception）来监控受事的变化。

只有唯一特定的施事和唯一特定的受事。

（Lakoff & Johnson 1980：55）

上述共享特征构成了致使范畴的"原型"特征[1]，即人们根据原型和家族相似性对事物进行分类。原型致使概念在我们的日常生活中，它们总是不断地在各种行为中出现，我们将它们作为一个完型来体验。原型动结式体现致使范畴的原型特征，如施事目标实施的计划性，责任性，施事的运动性，与受事的身体或工具接触性；受事的状态变化性，和状态变化的可感知性，施事与受事之间发生的能量传递等。我们可以根据原型特征和家族相似性对动结式的语义进行分类。原型动结式表现为原型施事和原型受事，施事是能量来源，受事是能量传递的目标。结果短语经历的状态变化是动词表示的动作造成的结果，原型动结式体现的是动词表示的动作和结果的关系，动词蕴含结果的存在。"使成式"（王力 1943）[2] 可以看作一种原型动结构式，施事者用他动词表示的动作使受事者得到自动词或形容词表示的结果（梅祖麟 1991）。

动结构式是由使因事件和使果事件构成的复合事件，汉语原型动结构式的句法框架为［NP1 V1V2 NP2］，语义可以概括为"述语动词实施的行为动作致使某种结果的实现"，其中［NP1 V1 NP2］表示发动者通过述语动词对实体实施的使因事件，［NP2 V2］表示实体在述语动词的行为动作作用下实现的使果事件，V1 是使因事件中的述语动词，V2 是使果事件中的形容词或动词补语。现代汉语原型动结构式的语义并不

---

[1] Rosch（1977）在其范畴化理论中使用"原型"这一术语。人们对事物进行分类，是根据原型和家族相似性、如"鸟"的原型是会飞的、发出声音的小鸟，如燕子和知更鸟是鸟的原型，而小鸡和企鹅等是非中心成员。但它们依然是鸟类，因为它们与原型有着充分的家族相似性，也就是说它们还是共有原型鸟类足够多的相关特征，因为被人们归为鸟类。

[2] 使成式（causative form）是一种仂语的结构方式。从形式上说，是外动词带着形容词（"修好"，"弄坏"），或者是外动词带着内动词（"打死"，"救活"）；从意义上说，是把行为及其结果在一个动词性仂语中表示出来。这种行为能使受事者得到某种结果，所以叫做使成式。区分两种类型的使成式：外动词带内动词的使成式（打死，救活），其施事者的行为结果使某事物有某种行为；外动词带形容词的使成式（修好，弄坏），其施事者的行为结果使某事物有某种情况.（王力 1980）。

是同一的，V1V2动结复合动词本身也是一种构式意义上的结构，该结构由不同的过程动词和结果补语组合形成原型动结构式的子构式，即原型动结构式也具有多义性。原型动结构式表示通过行为动作实现某种结果，可以看作一种实现事件，原型动结构式的不同语义体现着实现事件的不同类型。原型动结构式内部也具有语义多样性。

根据动结构式的概念原型特征及其形式特征，我们把能够进入到句法框架［NP1 V1V2 NP2］动结式的语义分为四类：一是蕴含结果的实现，如"妈妈洗干净了衣服"；二是"结果的达成"，如"警察抓到了小偷"；三是继发的非理想结果的实现，如"张三打破了玻璃杯"；四是"既定的非理想结果的实现"，如"武松杀死了老虎"，这类动结式与第三类动结式的语义表面上相似，结果都是负面的消极的，但二者具有语义上的区别："张三打破了玻璃杯"中述语动词"打"没有蕴含通过行为动作致使某种结果实现的意图性，结果虽然是具体的行为动作引发的，但结果是发动者无法控制的；而"武松打死了老虎"中述语动词包含着发动者通过行为动作致使某种结果实现的意图性。原型动结式表示某种结果的实现，原型动结式的四种语义其实对应着四类不同的实现事件（event of realization）(Talmy 2000b)，即蕴含意图性强弱的述语动词与不同的结果补语组合形成不同的实现事件类型。下面将结合实现事件的词化模式来探讨原型动结构式的构式多义性。

三 原型动结构式的事件概念结构及其多义分析

（一）实现事件的词汇化模式

Talmy 以英语"施动动词+结果补语"为结构特征，以语义成分分解法为手段，探讨了实现事件框架语义成分在语言表层的表征。实现事件[①]本身是一个包含（encompassive）范畴，包括一对相关类型：完成和确认完成（fulfillment and confirmation），实现事件体现为四类词化类型（Talmy 2000b：261-268）。

[①] Talmy（1985，2000）通过跨语言的研究发现，各种语言都可以表达五种主要概念框架事件，这些事件称为宏事件（Macro-event）或者事件复合体（complex of events），实现事件与其他四类事件（运动事件、状态变化事件、时间共存事件、相关动作事件）具有相似的事件概念语义和概念结构。

1) 内在完成动词+继发事件附加语（intrinsic-fulfillment verbs +further-event satellite），其中，动词表达动作，附加语表达动作引发的状态变化，例示如下：

28a) I kicked the hubcap. 我踢了毂盖。
28b) I kicked the hubcap flat. 我踢扁了毂盖。/我把毂盖踢扁了。

动词 kick 表示"用脚触击"，动词只是表示"踢"的动作，施事的意图没有超出动作的范围，动词词化的仅仅是动作本身，没有词化动作引发的结果。动作的结果由形容词 flat 表达，附加语表达了一种语义上的增益（semantic increment），事件的最终结果是"毂盖扁了"，是句子的语义核心所在。

2) 无完成动词+完成附加语（moot-fulfillment verbs +fulfillment satellite），其中，动词表达动作和目标（action+goal），附加语表达目标的实现，例示如下：

29a) The police hunted the fugitive for. / * in three days (but they didn't catch him.) 警察追捕逃犯三天了。/* 三天后警察捕到逃犯（但是没抓到）。

29b) The police hunted the fugitive down in. / * for five days (* but they didn't catch him.) 警察五天后把逃犯捕到了。/*警察五天了把逃犯捕到了（但是没抓到）。

动词 hunt 指"为了抓捕而四处寻找"，蕴含了动作和目标，施事的意图超出了动作本身，还包括目标和致使这个目标的意图，而目标是否实现没有蕴含在动词的语义中。动词 hunt 只能与 for three days 连用，表达一种无界的概念，目标的实现由副词 down 表达，附加语表达目标的实现，可以与 in three days 连用，表达一个有界事件。这类附加语通常仅具有体意义，数量有限。

3) 蕴涵完成动词+确认完成附加语（implied-fulfillment verb）+con-

firmation satellite 其中，动词包含动作、目标和目标实现的蕴涵（action+goal+implicature of fulfillmemt of the goal），附加语包括蕴涵的确定（conformation of that implicature），例示如下：

30a) I washed the shirt (but it came out dirty).
我洗了衬衫（但衬衫脏了）。
30b) I washed the shirt clean (＊but it came out dirty).
我洗干净了衬衫（＊但衬衫脏了）。

动词 wash 表示"浸入液体中搅拌以去掉污垢"，动词词化了动作、目标和蕴涵目的实现，目标实现只是一种蕴涵，能否实现取决于附加语 clean 的表达，附加语确认了这种蕴涵目标的实现，因此"（洗）干净"与"（洗）脏"语义不相容（例30a，30b）。没有附加语时，说话人假定（presumptive）意图中的结果会出现，有附加语时，说话者确定意图中结果的出现。英语中这类动词和附加语不多，而汉语中则非常普遍。

4）完全实现动词+冗余附加语（attained-fulfillment verb+ pleonastic satellite），其中，动词表示行为+目标+目标的实现（action+fulfillment of that goal），附加语是冗余附加语，例如：

31a) I drowned him (＊but he wasn't dead).
我把他淹死了（＊但是他没死）。
31b) ＊I drowned him dead/ to death.
＊我把他淹死/死了。

动词 drown 表示"浸入水中杀死"，动词包含了动作、目标以及目标的实现，动词的语义增强了目标实现的蕴涵，其实是断言了既定目标的达成，因此附加语 dead/to death 成为冗余（例 31a，31b）。Talmy 从概念结构上对结果补语进行界定，把结果补语的概念类型界定为两类：完成附加语和确认完成附加语，这两类附加语与不同类型的动词组合，形成不同的实现事件模式。

除了以上四类具有跨语言普遍意义的实现事件词汇化模式外，Talmy还指出汉语动补结构除了与英语相似的实现事件词汇化模式，如完成附加语和确认完成附加语之外，附加语还可以表达其他语义。

5）意动动词+超额完成附加语/反完成附加语/欠额完成附加语/其他事件附加语（conative verb + overfulfillment satellite / antifulfillment satellite / underfulfillment satellite / other-event satellite），如：

32a）我把棍子折断了。
32b）我把棍子弯弯了。
32c）我洗干净了衣服。

附加语"断、弯、干净"表示确认实现事件的完成，附加语是对蕴含结果的确认。以下例句中由于分别携带了不同类型的附加语，表明了动作完成的不同程度，如：

33a）我把棍子折弯了。
33b）我把棍子弯断了。
33c）我把衣服洗脏了。
33d）我把衣服洗破了。

附加语"弯"不是对蕴含结果（断）的确认，而是表达了预期状态（断）之间的一个状态，因此被称为欠额完成附加语（例33a），附加语"断"表示真实的结果超出了理想或蕴含的结果（弯），因此称为超额完成附加语（33b），"脏"与"洗"的蕴含结果"干净"相反，因此被称为相反完成附加语（33c），"破"被称为其他事件附加语，因为"洗"是蕴含完成义动词，不同于前面提到的"自身完成义动词"。

（二）原型动结构式的多义分析

Talmy从语言类型学的视角探讨了实现事件跨语言的普遍性，现代汉语原型动结构式作为实现事件的语言表征，也理应体现着概念结构的这种跨语言的普遍性。汉语原型动结构式表达四种构式语义：预期的理想结果的实现，继发的非理想结果的实现，结果的达成，既定的非理想结果的实现。学界普遍认为，预期结果往往表示好的理想的结果（陆俭明 1990，马真、陆俭明 1997b），而非理想结果与理想结果相对，表示不好的预期之外的结果（陆俭明 1990），用于预期结果实现的动结式，结果补语往往是褒义形容词，而用于非理想结果实现的动结式结果补语往往是贬义形容词（马真、陆俭明 1997a，张旺熹 2001）。原型动结式的不同语义表征了实现事件的不同的概念结构，下面结合实现事件的词汇化模式探讨原型动结构式的构式多义。

构式语义一："预期的理想结果的实现"与"蕴涵完成动词+确认完成附加语"的概念结构。

"预期的理想结果的实现"，指述语动词表示为实现某个目的或结果而实施行为动作，述语动词蕴含结果实现的意图性，补语表示对蕴含结果的确认完成，如：

34a）他洗干净了家人的衣物。
34b）他染红了衣服。
34c）他煎熟了小黄鱼。

"结果的实现"语义包括两类：理想结果的实现与非理想结果的实现（陆俭明 1990），前者相当于预期结果的实现，即述语动词表示为实现预期目标或结果而实施某个动作行为。王红旗（1993）指出述语和补语的语义指向之间的"影响"关系是结果产生的原因，结果补语在语义上同这种"影响"关系保持一致的典型形式是，充当结果补语的谓词具有与述语谓词的词义相一致的语义特征，王红旗（1993）所说的"典型形式"就是动结构式的原型形式。"蕴含完成动词+确认完成附加语"的概念结构体现了确认附加语的语义与蕴含完成动词的"影响关系"的一致性。动词"洗"表示"用水或汽油、煤油等去掉物体上面的脏东西"，动词蕴含了目标"去除脏物"，附加语"干净"确认了这一目标的达成（例 34a），动词"染"表示"使上色"，附加语"红"确认了这一目标的达成（例 34b），"煎"表示用烹饪的方法使东西熟，附加语"熟"确认了这一目标的达成（例 34c）。对汉语动词来说，蕴含完成义动词补足附加语后，实现事件的语义得到提升，与附加语共同表征目标事件的实现。"预期的理想结果的实现"动结构式中述语动词及其结果补语①见表4。

表4　"预期结果的实现"动结构式中述语动词及其结果补语

熬1（熟、热、开），拨4（凉），擦1（净、干、亮），炒（熟），冲²1（熟、化），揣（干净），垫1（高），炖（熟），加2（宽、肥、长、大），煎1（熟），剪2（开），救（活），烤（热、暖、熟、干），理1（整齐、齐、平），晾（干），抹mā1（干净），磨2（光、平、尖、圆、亮、快），抹mǒ2（净、干净），抹mò（平、光），磨mò1（碎），碾（平、碎），榜（松），喷（湿），铺（平、整齐），泼（湿），敲1（响），染（红、绿、黑），晒（干、热），扫1（净、光），筛（净、掉），晒（焦、黄、坏、热、干、死），扇（凉、灭），烧1（坏、干、红、糊、化、残、惨、掉），烧2（熟），梳（光、直、齐、顺），刷（匀、光、干净、亮、白），涮1（干净、净），涮2（熟），顺1（直），摔3（碎、裂、破），撕（碎、裂、坏、烂、破、掉），摊1（平），摊2（熟），弹2（松、软），淘1（干净、净），淘2（干净、干、净、清），腾（干净、空），填1（平、满），添（足、满、够），弯（折），洗1（干净、净），修4（齐），淹2（疼），炸zhá（熟），蒸（熟、热），煮（熟）等

形容词"熟、干、干净、碎、松、红"等都是述语动词蕴含的目的或结果，补语表示对这些蕴含结果的确认，这些结果是可以消解的，如黄花鱼可以"煎熟、煎脆、煎煳、煎生"，"衣服"可以"染红、染破、染烂、染花"，当形容词表示的结果与述语动词蕴含的结果不相容时，可以看做是一种"预期结果的偏离"，这种结果不是施动者通过述语动词表示的行为动作希望产生的，是与蕴含结果相反，超出蕴含结果或低于蕴含结果的。"蕴含结果的实现"的构式义不允许这类结果出现在构式中，"偏离预期结果"的动结式可以用于如"VA了"动结式，动词拷贝动结式，"把"字动结式，"被"字动结式，因为"偏离预期结果"与这些构式的语义是相容的，如"VA了"动结式与动词拷贝动结式共享的"非理想结果的实现"义，"把"字句的主观处置义，"被"字句的遭受义等。

构式语义二："继发的非理想结果的实现"与"内在完成动词+继发事件附加语"的概念结构。

"非理想结果的实现"指述语动词仅仅表示行为动作本身，没有蕴

---

① 本书对动词的分类，以及三类动词及其结果补语的组合情况，主要结合《动词用法词典》（孟琮等1987）和《汉语动词—形容词搭配词典》（王砚农等1987），此外还包括小说、报纸及现实口语及其CCL中的语料。

含动作引发的结果,这种结果是述语动词表示的动作行为继发的,这类语义也可以称作"继发结果的实现",这种结果常常是负面的不理想的,如:

  35a) 蚊虫叮破了他的头皮。
  35b) 他一气之下剁烂了自己的手指。
  35c) 短短一年里,他竟穿破了70多双草鞋、5双胶鞋。(CCL)

  上述各例中,使因事件分别是"蚊虫叮他的头皮"、"他剁自己的手指"、"他穿鞋",使果事件分别是"他的头皮破"、"自己的手指烂"、"鞋破",述语动词往往是表示具有行为动作的瞬间动词,形容词或动词结果补语常常表示负面的非理想的结果。"非理想结果的实现"的语义,很大程度上与述语动词的语义有关,即述语动词只是表示动作的完成,没有蕴含某种目的或结果实现的意图,结果补语表示一个由动词继发的结果事件,常常表达负面的消极的结果,即"非理想结果的实现"大致对应于"内在完成动词+继发事件附加语"的概念结构,述语动词具有内在的完成语义,继发事件附加语表示结果事件的实现。在句法层面,汉语内在完成义动词通过附加语得到事件语义的提升。"继发的非理想结果的实现"动结式中的述语动词和继发事件附加语见表5和表6。

表5 "继发的非理想结果的实现"动结构式中的述语动词

踩、穿、打1、打3、捣、叮、顶3、剁、划、锯、掘、搅、砍2、抠1、磨mó1、挠(红)、捏、拧、拍、喷、碰1、泼、掐1、掐2、敲1、撬、揉、撒sǎ、射、掏1、弹1、踢、挑tiāo2、捅1、捅、推、捂、压1、轧、咬1、砸1、扎zhā、炸zhà2、铡、抓2、撞1等

表6 "继发的非理想结果的实现"动结构式中的结果补语

坏、破、死、扁、瘪、碎、烂、裂、脏、光、疼、折、断、弯、哭、残、掉、漏、结实、伤、倒、细、崩、斜、歪、齐、薄、厚、长、短、错、大、小、深、浅、肿、红、紫、快、响、弯、齐、粗、细、准、空、飞、跑、深、浅、臭、馊、熟、平、矮、薄、沉、低、平、直、偏、残、倒、通、透、高、匀、细、弯、空、光、醒、碎、平等

继发事件附加语常常表达负面的消极的不理想的结果，如"破、坏、死、脏、肿"等，其中形容词结果补语"坏"可搭配的述语动词包括：掰、踩、打1、打3、捣、顶3、剁、锯、掘、砍2、拧 níng 2、拍、碰1、掐1、掐2、敲1、撬、切、揉1、射、弹1、踢、捅1、捅2、捂、压1、轧、咬1、砸1、扎 zhā、炸 zhà2、抓2、撞1等。"继发结果"倾向于表示坏的负面的非理想的结果，这与述语动词意图性蕴含的强弱有关，该类动结式中的大多数述语动词表示瞬间动作"撞、砍、捅、轧"等，这种结果与述语动词表示的动作行为有关，但结果不是述语动词蕴含的，所以对于同一个行为动作继发的结果事件可以是多种多样的，如动词"掐"表示用指甲按或用拇指和另一个指头使劲捏或截断，继发结果可以是"紫、坏、断、折、死、伤"等。作为自身完成动词与继发事件之间的关联，具有多种可能性。

由于述语动词中没有蕴含预期的目的和结果，非预期结果倾向于非理想结果，这与人的认知有关。人们心目中的结果即预期的结果往往是积极的，正面的，而非预期结果倾向于负面的消极的意料之外的。无论是哪一种结果，都是述语动词表示的动作直接产生的结果，符合致使—结果事件的 ICM。对汉语动词来说，内在完成义动词补足附加语后，实现事件语义得到提升与附加语共同表征动作的实现，在句法层面，汉语内在完成义动词通过附加语得到事件语义的提升。

构式语义三："结果的达成"与"无完成动词+完成附加语"的概念结构。

"结果的达成"指述语动词表示通过动作达成一个目标，附加语表示目标的达成和结果的实现。表示结果的附加语大多是一些黏着的表抽象结果义的成分，如：

36a）他卖完了报纸。

36b）警察抓到了小偷。

36c）我按网上出示的电话号码给他拨电话，拨了好多次才拨通。

"结果的达成"动结式中的结果补语大多没有实在的语义，与施事的意图和受事的状态没有密切的语义上的联系，它们是标记"实现"的抽象符号，用以补足动词的完成义或确认所蕴含的完成义，它们是"实现"这一语义范畴存在的最好佐证（Talmy 2000b：266）。上述实例（例36a—b）中动词"卖（报纸）"，"抓（小偷）"，"拨（电话）"蕴含了动作和目标，即结果的达成，"卖完（报纸）"，"抓到（小偷）"，"拨通（电话）"等。汉语虚化结果补语主要有"完、成、好、着zháo、中zhòng、住、掉"等。徐丹（2000）对《动词用法词典》（孟琮等编）的统计，"动+完"占57%，"动+成"占17%，"动+好"占13%，"动+着"占12%，"完"和"成"是现代汉语里动补结构典型的下字，"完成"义是能做下字的动词的突出语义特征。李小荣（1994）对八个表抽象结果义的成分"上、着、中、完、好、掉、住、成"的带宾能力进行了考察。刘丹青（1994）指出，在语法上，"唯补词"（即虚化补语）具有四个特点，首先，"唯补词"具有唯补性、后附性、黏着性，其次，"唯补词"不能按语义指向进行分解式变化，另外，不能有"一A就B"式，只能在"得/不"后作可能补语。动补结构的能产性与补语的虚化程度有直接关系，虚化程度高的，结合面就宽；虚化程度低的，结合面就相应的窄（薛红1985）。我们通过对《动词用法词典》中动词的考察，发现大部分动词都能与"完、成、好"搭配，进入［NP1 V1V2 NP2］的句法框架。"结果的达成"动结式中的动词及其结果补语见表7。

表7　　"结果的达成"动结构式中述语动词及其结果补语

安（完、成、好），摆（完、成、好），搬（完），办（完、成、好），帮（完、成），绑（住、完、成），包（住、完、成、好），抱（住、着、完、成），背 bēi（完、成、好），背 bèi2（完、成、好），编（完、成、好），标（完、好），补（完、成、好），擦（完），猜（着、对、准、完），裁（完、成、好），采（完、着、成），藏（好），查（着、完），缠（住、完、好），尝（完、着），唱（完、成、好），搀[1]（住、好），抄[1]1（完、好），抄[1]2（错、对、完、着、好、成），抄[2]1（完），扯1（住、完），扯3（完），撤2（干净、完），称[2]（完），盛1（完、着、好），吃（完、着、成、好），冲[1]（完），抽[1]4（完、着、成），出3（齐、完、好、重、错），出5（完、透、齐、成），穿3（完、成、好、得），穿4（着、好、完），吹1（完、着、好），存1（住、完、着、好），搭1（完、成、好），搭3（着），搭6（着），打（完、好、着），挡（住），倒[2] dǎo2（完、好），倒 dào1（完、好），登[1]2（完、好），等1（完、着），点6（完、成、好），点7（完、着、好），点8（完、着、好），点10（完、成、好、着），垫2（完），钓（完、着、成），叠（完、好），盯（住），钉 dīng1（紧、住、完），顶1（住、完），顶4（住、着、好），订（完、着、好），丢3（完），读1（完），读2（懂、通、完），堵（严、完、住、死、好），端（稳、平住、好）等

汉语作为"卫星框架"语言,动词后大量使用补语成分"好、成、完、出、上"等,将视点集中于动作的终结点,在表现词汇意义的同时,还附带表现出类似"完整体"的语法意义,这可以有效地补充汉语动词缺乏形态造成的"体"信息的缺失(陈忠 2008)。汉语里 V-V 结构中的 V2 在语义上表示行为的状态或结果,并具有"完成"的意义,正是这一语义基础提供了它语法化为表示完成体意义的前提。V2 在获得语法功能的同时,也经历着非范畴化的过程。然而,它并没有达到相当程度的非范畴化,因为它还保留着自己的词汇意义和一部分原有的句法特征(刘正光、崔刚 2005)。

构式语义四:"既定的非理想结果的实现"与"完全实现动词+冗余附加语"的概念结构。

"既定结果的实现",指述语动词表示为实现某个目的和结果而实施某种动作行为,并且述语动词中蕴含这种结果的实现,结果是冗余附加语,如:

37a)武松杀死了老虎。
37b)他扭伤了膝盖。
37c)他开开了门。

这类动结式中述语动词是完全实现动词,即述语动词包含实现某个目的和结果的意图性,述语动词中包含着该目的和结果的实现,如述语动词"杀、扭、开"等融合了动作和结果的概念语义,形容词结果补语"死、伤、开"作为冗余信息附加在述语动词之后而成为原型动结式的一个子构式(例 37a-c)。"既定的非理想结果的实现"动结构式中的述语动词见表 8。

表 8 "既定结果的实现"动结构式述语动词及其结果补语

裁 2、杀、扭、拆 1、拆 2、扯 2、撤 1、撤 3、撤 4、押、吃 3、除 1、打 2、打 15、倒 dào 2、丢 1、挂 2、刮 pī¹、关 1、剪、揭 1、揭 2、开 1、灭 1、抹 mǒ 3、扭 2(拧伤)、排²、跑 2、跑 5、劈 pī2、抢²、去¹1、扔 2、杀 1、杀 4、删、烫 1、剔 1-3、剃、涂 3、脱 2、下 7、掀、卸 1-3、砸 2、宰、炸 zhá1、治 2(消灭害虫)、拔、剥、拆、裁 2、铲、扯 2、撤、吃 3、打 2、打 15、挂 2、开(开)、关(上)抹 mǒ3、扭 2、杀 1(死)、删、踢(着)、涂 4、脱 2、砸 2 等

汉语的动补结构是构式语法意义上的一种构式。"动词+补语"的构式效应使得原本具有完全完成义的动词（杀、踢、开）等也需要用上补语"死、着、开"等。这类"冗余附加语"，消减了动词的完成义，使之成为"意动动词"。汉语历史上具有完全完成义的动词如"举、抬、阻"等都受到这一影响（严辰松 2005）。英语完成义动词的语义消解，通常利用进行时或介词 at 等附加语形式消解原先所指的实现事件义，使其消解为表征未尽完成义或蕴涵完成义（Talmy 2000b：273-274）。

以上对原型动结构式语义的探讨说明，原型动结构式的语义缺乏同一性，由于对结果概念的蕴涵程度不同，以及与不同语义的结果补语的组合，而形成了同构多义。

四 原型动结构式的承继关系及其理据分析

原型动结构式构成了一个由不同子构式形成的多义网络，原型动结构式具有多种构式义，如"预期结果的实现"，"继发结果的实现"，"结果的达成"和"既定结果的实现"，原型动结构式具有同构多义，承继关系如图8所示。

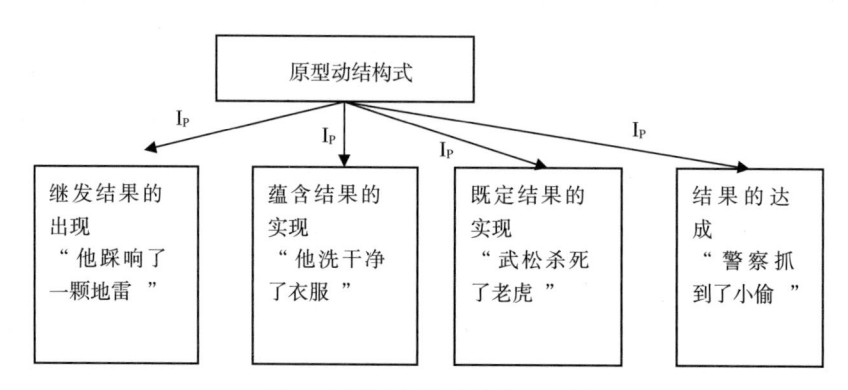

图 8　原型动结构式的多义连接

根据 Dowty（1991：572），施事的原型角色包括：有意愿性地参与事件，致使事件/另一个参与者的变化，相对于另一个参与者的运动，独立于事件存在；原型受事的角色包括：经历状态变化，渐进性客体（incremental theme），受到另一个参与者的影响，相对于运动的静止，不独立存在。原型动结构式的主语为原型施事，宾语为原型受事，如

"他洗干净了衣服","他"是具有意愿性的事件参与者,"玻璃"是经历状态变化的另一个参与者,致使"玻璃"经历从"完好"到"破碎"的变化,相对于运动的"人"来说,"玻璃"是进行性客体,是静止的,不独立于事件而存在。动结复合动词 VR 结构的概念语义之间具有规约性关联,结果的产生是由于述语动词对受事的直接作用和影响,是一种直接致使关系。

原型动结构式及其子构式由于形式相同而语义不同,形成多义连接,如图 8 所示,由于述语动词对结果概念蕴含程度的不同而形成四类不同的构式语义,"预期结果的实现"中,述语动词蕴含着具体的结果概念,这种结果往往是与述语动词的语义相容的,如"他洗干净了衣服";"继发结果的实现"中,如"他踩响了一颗地雷",述语动词只表示"踩"的动作,"脚底接触地面或物体",施事没有通过动作引发某种结果的意图,即述语动词没有蕴含动作可能引发的结果,结果超出了述语动词的语义,同一个行为动作可以继发不同的结果,如"踩"这一行为动作可以继发"碎、平、结实、坏、破、死、扁、瘪、烂、掉、弯、倒、响、折、脏"等不同的继发结果。原型动结构式述语动词对结果概念的蕴含程度见表 9。

表 9　　　　　　原型动结构式述语动词对结果概念的蕴含程度

动作	他打破了玻璃杯。
动作+目的	警察抓到了小偷。
动作+蕴含具体结果+目的	他洗干净了衣服。
动作+目的+包含结果	他杀死了一头牛。

实现事件的四种实现方式(内在完成动词+继发事件附加语、无完成动词+完成附加语、蕴含完成动词+确认完成附加语、完全实现动词+冗余附加语)分别对应于原型动结构式的四类语义,如图 9。

继发结果的实现　　　结果的达成　　　预期结果的实现　　　既定结果的实现

←──────────────────────────────────────→

图 9　原型动结构式的语义与实现事件概念结构的对应关系

如图 9 所示，原型动结式的四种语义对应着实现事件的四种概念结构，述语动词蕴含施事的意图强弱存在差异，动词"打"没有蕴含施事的意图，"抓"蕴含了施事的意图（抓到），"洗"（用水或汽油、煤油等去掉物体上面的脏东西），"杀"（使人或动物失去生命；弄死）蕴含了施事的意图，显然，这四个动词蕴涵意图实现的程度依次递增，"打<抓<洗<杀"，带附加语以确认意图完成的能力依次降低。也就是说，一个动词蕴涵意图实现的程度越强，带确认完成的附加语的能力越弱。事件的概念结构的差异是造成原型动结构式多义的理据。

Thepkanjana & Uehara（2009）对 Talmy 实现事件中动词蕴含的意图性强弱的观点提出疑问，理由是意图性可以在语境中得到消解，如：

38) The police killed the criminal accidentally.（警察过失杀死了罪犯。）

39) He drowned her unintentionally.（他无意中把他淹死了。）

以上实例（例 38—39）中，词项如 accidentally，unintentionally 消解了动词 kill，drown "置人于死地"的意图性，对实现事件而言，重要的是动作引发的结果事件发生的可能性程度，而不是动词蕴含的意图性强弱。我们认为，词项消解了施事的意图性，可以看作语境和语用因素的参与，而实现事件则是一种已经词化的概念结构。

原型动结构式中的述语动词是影响类动词（effectual verb）（即不能带结果宾语的动词），如"洗、打、踢"，影响类动词不会产生新的事物，只是对已经存在的事物产生影响，使事物出现一种新的状态。形容词为封闭等级形容词（closed-scale gradable adjectives），无等级形容词（nongradable adjectives）或结果动词"死、累"等，如"洗干净了衣服"，"打碎了杯子"，形容词"干净"，"碎"有一个内在的标准，"杯子碎了"的标准是杯子已经不是一个整体了，"衣服干净"的标准是衣服上的污垢不见了（沈阳、彭国珍 2010）。

原型动结构式的结果补语在语义上与述语动词的这种影响关系保持一致。原型动结构式表示动作与结果的自然因果关系，动作和结果两个结构成分的概念语义间有着内在的必然的逻辑联系（可称为理据性联系、非任意性联系），如"洗"和"干净"，"木头"和"桌子"，非规约性系联的两个结构成分概念语义间则没有内在的必然的逻辑联系（可称为偶发性联系），彼此的联系是出于概念组合的需要，如"洗"和"脏"，"木头"和"人"的组合（张国宪 2006）。从认知上讲，由于动作—结果的概念语义属于规约性关联，规约性结果不需要人的特别关注和注意，不需要付出特别的认知努力，结果的可预测性强，因此这类结果补语常常不是信息的焦点。

原型动结构式具有 [NP1 V1V2 NP2] 的句法框架和同构多义性。原型动结构式的主语为典型的施事，宾语为典型的受事，动结复合动词 VR 结构的概念语义之间具有规约性关联，结果的产生是由于述语动词对受事的直接作用和影响，是一种直接致使关系。构式语义表征了四种不同的事件概念结构，即内在完成动词与继发事件附加语、无完成义动词与完成附加语、蕴含完成动词与确认完成附加语、完全实现动词与冗余附加语。由于述语动词对意图性强弱的不同蕴含，以及与不同事件附加语的组合，形成了原型动结式的同构多义，即"预期结果的实现"，"继发结果的实现"，"结果的达成"与"既定结果的实现"。从实现事件词化模式对原型动结构式进行探讨，有助于对原型动结构式的语义多样性进行剖析。汉语原型动结构式产生的根源是汉语述语动词的词汇化模式不同，即汉语动词大都没有融合"结果"这一概念语义，因此需要结合表示"结果"概念的"附加语"成分，即汉语表达实现事件的词汇化模式体现为"动词+附加语"结构（Talmy 2000b），即使是融合了"结果"概念的汉语动词，由于动结构式的构式效应，使得"完全实现动词+冗余附加语"的事件概念结构在汉语动结构式中得以实现。对于汉语动词来说，内在完成义动词、无完成义动词和蕴含完成义动词补足附加语后，实现事件语义得到提升，与附加语共同表征动作的实现；与此相反，完全实现动词在补足冗余附加语后，消减了动词的完成义，即完全实现动词通过冗余附加语得到实现事件语义的消减。

第二节 结果补语隐现动结构式的承继关系及理据

从句法形式上看，汉语动结构式包括两种基本语法结构 [Sub. VR.

Obj.] 和 [Sub. VR.]，不论是及物结构还是不及物结构，两种结构中结果补语都是句法结构中必不可少的句法成分。理论上讲，结果补语隐含表达的结构，至少从句法形式上看，不再是动结构式，至少不是典型的动结构式；但从语义上讲，该类结构确实具有动结构式的语义，即"一实体因动词所指代的动作的影响而发生了状态的改变"。根据认知构式语法的"所见即所得"原则，结果补语隐现与结果补语显现的动结构式应属于两种不同但又相互关联的构式。从构式承继关系看，结果补语显现与结果补语隐现的动结构式由于语义上具有一定程度的关联，句法上也具有一定程度的关联，因此结果补语显现动结构式是结果补语隐现动结构式生成的理据。本节从构式承继关系入手，把结果补语隐现的动结构式看作结果补语显现动结构式的变异构式，该构式承继了统制句的部分句法和语义特征。我们首先分析这类补语隐现动结式的语义，对动词及其结果补语的制约，然后结合结果补语隐性表达和显性表达的动结构式的统计分析，探讨该类动结构式与原型动结构式的承继关系及其语用和认知理据。

一 相关研究

关于动结式中 V1 或 V2 的隐现问题，学界从不同视角进行了分析。对这一问题的研究主要存在三种观点，第一种观点是动结式省略的是 V1 而不是 V2。李临定（1984，1992）从动结式与偏正结构的类比中得出结论，述补结构中补语才是句法和语义上的中心，而述语动词则处于修饰和从属地位，因此经常可以省略而不改变动结式的基本语义，如"病（治）好了""火（扑）灭了""衣服（淋）湿了"等。马希文（1987）也持类似的观点，动结式动词（限于"结"非轻声的情况）中，在语法和语义方面起主导作用的部分是"结"而不是"动"。"N1V1V2 了"是"N1V2 了"的扩展，如"衣裳（晾）干了，小王（洗）累了，树（长）斜了，刀（切）钝了，肩膀（扛）肿了，头发（愁）白了"。学界在探讨"把"字句时，也涉及动结式成分的省略问题。郭锐（2003）用"语义缺省推理"分析了"把"字句中句法成分的缺失，他认为有时单个动词结构可相当于动结式，如"肚子饱了"中一定省略了 V1"吃"，因为 V2"饱"必然是 V1"吃"的结果。张伯江（2007）在讨论"把"字句中施事和受事的语义语用特征时，也提出至少有一部分动结式存在动作 V1 脱落而结果 V2 保留的现象，如"楼倒了"="楼（震）倒了"，"钱丢了"="钱（弄）丢了"等。叶向阳（2004）在探讨"把"字句的致使性语义时，也指出"偏又把凤丫头病了"，"怎么忽然把个晴雯姐姐也没了"之类的单述"把"字句，谓语部分缺少致使事件，致使事件的缺少给整个句子带来一种受无形力量打击、左右的含义，而"把"字句的致使性赋予了该句式特有的含义。

第二种观点认为动结式省略的是 V2 而不是 V1。沈阳、魏航（2011）探讨了动结式中动词 V1 和结果 V2 隐现的句法和语义条件，"脖子扭伤了≠*脖子（扭）伤了=脖子扭（伤）了"，"肚子吃饱了≠*肚子吃（饱）了=肚子（吃）饱了"，"肚子（吃）饱了"是 V1 隐含的动结式实例，而"脖子扭了"是 V2 隐含的动结式实例。作者指出汉语中几乎没有省略动作 V1 的动结式与出现动作 V1 的动结式的真实比较性用例。如果一个单动词结构确实在结构和意义上相当于动结式，即有动结式原型，那么只能是结果 V2 的虚化而隐含，或者动作 V1 对补语动词的吸收和合并导致结果 V2 的弱化和脱落，并且缺少动作 V1 的结构也肯定改变了动结式的结构（动作 V1+结果 V2）和意义（致使+结果）。动结式中结果补语隐含有两种类型，一种是动结式中的动作 V1 是一般动作动词，虚化结果补语 V2 进一步弱化和脱落而形成的隐含形式，如"（妈妈把）衣服（给）洗（好）了，（他把）这房子（给）卖（掉）了"；动结式结果 V2 蕴含的第二种类型是，述语动词 V1 本身是非宾格动词（uncausative verb），如"死、病、跑、飞、犯、沉、塌、融化、暴露"等，"（把）犯人（给）跑(掉)了，把孩子给病(倒)了"。沈阳、司马翎（2010）提出判断一个动词结构是否属于"双动词和双事件结构"的条件是，该结构能否添加属于双动词系统结构的一些句法标记，从而使该结构衍生为该系统的其他结构，如中动标记"给"和致使结构"把"字句。沈阳、魏航（2011）根据上述判断标准证明上述动结式是 V2 隐含的双事件结构。司马翎、沈阳（2012）提出动结式中动词隐现的句法和语义条件。针对"他杀了人"之类的动结式，叶向阳（2004）指出致使事件在形式上一般要有词汇表达，被使事件可以隐含，隐含的被使事件大都是致使事件的自然结果，并用因果缺省推理从"杀"推出"死"，而由果到因的可能性太多，因此不便隐含。张旺熹（1991）在分析"把……V+（了）"结构时也指出，"我们把凤凰丢了"，"把这批鞋全部销毁！"，"就是这句朴实的话，把我震撼了。"虽然句法表层没有结果出现，但结果内含于动词之中：销毁=由有效存在到无效存在的变化结果，丢了=由可掌握到不可掌握的变化结果，震撼了=由平静到波动的变化结果。

　　第三类观点提出动结式中存在着 V1 和 V2 的隐含。冯文贺、姬东鸿（2011）在探讨"把/被"及其相关句式的依存关系时指出，"把/被"支配的动词性论元也可隐含，并分析了 V1 和 V2 隐含的情况。如"阿 Q 把小 D 打了/小 D 被阿 Q 打了"，"阿 Q 把小 D 杀了/小 D 被阿 Q 杀了"，"阿 Q 把苹果吃了/苹果被阿 Q 吃了"，从语义解读看，"打"一定造成了某结果，虽然这个结果并不十分清楚，"杀"的结果一定是"死"，"吃"的结果一定是"完"，上例均隐含结果 V2，作者从语义解读，"把/被"句中单个动词与"了"的共现，与"着、正在"的非共现等证明该类实例中 V2 的隐含。"把/被"句式中还存在着 V1 的隐含，如"阿 Q 把犯人跑了"，"阿 Q 把鞋子丢了"，"鞋子被阿 Q 丢了"之类的句子隐含了 V1，"跑""丢"其实是结果 V2，作者从词语的语义解读和语义关系，以及因果关系的直觉判断来证明 V1 隐含的存在。

　　以上对动结式中 V1 和 V2 隐含问题的分析，由于研究对象、研究目的和研究视角的不同而得出了一些看似并不一致的结论。首先"把"字单述动词结构中，究竟是 V1 隐含还是 V2 隐含的问题，实际上这与进入该结构的动词类型有关，"他把老虎杀了"，"他把鞋丢了"，"他把这个罪犯给跑了"，从语义上说，上述实例体现了 V1 和 V2 的不同隐含，"他把老虎杀了"，包含着结果"老虎死了"，隐含了结果 V2，而"他把鞋丢了"，"他把这个罪犯给跑了"，则体现着"他致使鞋丢了"这一致使结果事件，结果是"丢、跑"，隐含了动作 V1。其次，动结式结果补语（不包括虚化结果补语）是语义重心，所以动作 V2 经常可以省略，这条原则也存在着例外，如"他的脚崴了"，"他的脚扭了"，包含着结果事件"他的脚伤了"，隐含了结果 V2。另外，无论是 V1 还是 V2 的隐含，都应该存在动结式的原型形式，即 V1 或 V2 显现的原型动结式，这是判断 V1 或 V2 隐含的前提。动结构式结构复杂，动词类型和构式语义多样，如一般动词和非作格动词语法意义不同，动结构式基本句式与"把"字句语义不同，形成了动结构式的动词多义和句式多义。一些动词本身包含着结果的语义，有些是构式本身的语义起着更为重要的作用。我们在现有研究的基础上，从构式承继的视角考察结果补语 V2 隐含的动结构式及其相关句式，与原型动结构式的承继关系，以及承继的语用和认知理据。

二 结果补语隐现动结构式的语义及其特征分析

结果补语隐现的动结构式指只出现动作行为的述语动词（动作 V1），未出现表示结果的补语动词或形容词（结果 V2），由于动结复合动词（V1V2）可以构成多种动结构式，包括基本构式及其扩展构式，同样，结果补语隐现的动结构式也具有多种动结构式形式，如［NP1 V 了 NP1］、［NP1 把 NP2 V 了］、［NP 被 V 了］、［NP 被 V 了］等。由于我们的研究目的是结果补语隐现的动结构式及其与原型动结构式的承继关系，因此从述语动词的语义入手，把结果补语隐含的动结构式分为两类，一类是实义结果补语隐含表达的动结构式，第二类是虚化结果补语隐含的动结构式。

第一类是实义结果补语隐含表达的动结构式，指结果补语具有具体的语义，结果融入动词的词义中。语言中的词项往往包含若干个语义成分，一个词包含多个语义成分的情况，Talmy 称为语义包容（incorporation）、融合（conflation）或词汇化（lexicalization）。我们探讨的动词的词汇化是指能够跟一种语言的动词（无论其形态简单还是复杂）联系起来的意义类型的普遍化，"特定意义成分与特定语素产生的常规联想"（Talmy 1985：59）。结果补语能够隐含表达的一类动词就是词汇化了"动作"和"结果"语义成分的动词，或者说，正是由于词义本身词汇化了"结果"的语义，才能满足构式对结果补语隐含表达的要求。如：

40）有一天他的孩子被开水烫了，他马上去了医院。（CCL）
41）碗叫他给打了。（CCL）

上例中动词"烫"［因接触高温感觉疼痛或受伤《现代汉语词典（第 6 版）》］词义中融合了"使因"（接触高温）和"结果"（感觉疼痛或受伤）语义成分，"脚接触高温"致使"脚伤了"，除了"伤"的结果语义外，脚变"红、破、疼、肿"等，都是人或事物"接触高温"这一使因事件造成的，"结果"均蕴含在了词义中，只不过结果"脚伤/疼/破"等没有显性表达出来，而作为缺省事件隐含在动词"烫"的词义中（例 40）。动词"打"［器皿、蛋类等因撞击而破碎《现代汉语词典（第 6 版）》］词义中融合了使因"撞击"和结果"破碎"，动词词义中包含了"光、碎、破、裂"等结果，该结果作为缺省信息隐含在动词"打"的词义中（例 41）。严辰松（2005）指出，"他把人杀了"中的"了"，应看作表达"实现"义，典型的"把"字句所描述的情景具有很强的"致使性"和"完全义"（张伯江 2000），然而"了"更多地表达含义更广的"已然"义，"了"与否定词"没"相对（严辰松 2005），表示完结意义的虚词"了"表示结果，"孩子被开水烫了，碗叫他给打了"。从词汇语义本身对"结果"语义的蕴涵看，类似的表达还有：

42）滴缓解疲劳的眼药水为什么会觉得杀眼睛。(寻医问药网)

43）马林生看着失而复得的儿子，双目渐渐模糊了，泪水就像碱水杀疼了他的眼睛。(CCL)

例 42 中"杀4"的释义为"药物等刺激皮肤或黏膜使感觉疼痛"[《现代汉语词典（第 6 版）》]，动词由于融合了"使因"（接触药物等）和"结果"（皮肤或黏膜感觉疼痛），所以例 42 中"杀眼睛"，结果补语（疼）得以隐含表达，而相对应的例 43 中，结果补语显性表达"（杀）疼"。在 CCL 语料库中，类似"杀眼睛"之类的例句和"杀疼"只搜索到 1 例，其出现频率低，部分原因可能是因为"杀4"对词汇语义的诸多限制，如对施事（药物）和受事（皮肤或黏膜）的限制；相比之下，"杀1"的使用频率就高得多，部分原因是"杀1"的语义限制较少［使人或动物失去生命；弄死《现代汉语词典（第 6 版）》］，词项包含的语义越多，搭配能力越弱，使用范围越窄（我们将在第三小

第四章 原型动结构式与结果补语隐现动结构式的承继理据

节对"杀1"组成的动结构式中，结果补语隐现与显现时的使用频率进行统计）。结果补语隐含动结构式述语动词见表 10。

表 10　　　　　　结果补语隐现动结构式中的述语动词

| 裁2、杀、拆1、拆2、扯2、撤1、撤3、撤4、押、吃3、除1、打2、打15、倒 dǎo 2、丢1、挂1、刮[1]1、关1、剪、揭1、揭2、开1、灭1、抹 mǒ 3、扭2、排[2]、跑2、跑5、劈 pī2、抢[2]、去[1]1、扔、杀1、杀4、删、烫1、踢、剔1-3、剃、涂3、脱2、下1、掀、卸1-3、砸2、炸 zhà1、治2（消灭害虫）等 |

第二类是虚化结果补语隐含表达的动结构式，指结果补语意义虚化脱落，融合到动词的语义中，补语能够隐含表达的大多是虚化补语，具体为：掉、成（成为义）、好（完成义）、住等。我们对《汉语动词—结果补语搭配词典》（王砚农等 1987）中虚化补语"掉、成、好"隐现的实例进行统计，结果见表 11。

表 11　　　　　动结构式虚化结果补语隐现实例统计

虚化结果补语	结果补语不能隐现实例	结果补语隐现实例	实例总数	动词类型
掉	10	68	78	分离、脱落、完成义动词
成（成为义）	131	54	185	制作义动词
好（完成义）	84	14	98	完成义动词

如表 11 所示，78 例"V 掉"动结构式中，"掉"可以隐含表达的有 68 例，不能隐含表达的动结式 10 例，在 185 例"成为"义"V 成"动结式实例中，"成"能够隐含的动结式实例有 131 例，不能隐含表达的实例有 54 例，在 98 例表示"V 好"动结式中，表示"完成"义的"V 好"动结式有 14 例，其中结果补语"好"大多可以省略。下面对上述动结构式的语义及其述语动词的类型进行分析。

由于虚化结果补语与述语动词有比较广泛的搭配，具有很强的能产性，因此能够构成这一类隐含结果 V2 的动结构式的动作 V1 相当多。吕叔湘主编《现代汉语八百词》中提到，汉语有一类动词如"忘、丢、关、喝、吃、吞、泼、洒、扔、放、涂、擦、碰、砸、摔、磕、撞、踩、伤、杀、宰、切、冲、卖、还、毁"，后面的"了1"表示动作有了结果，相当于补语"掉"。上述"V 掉"都能够带宾语，进入［NP1 V1V2 NP2］的句法框架，这些动词构成的动结式可以看作隐含结果补语"掉"的动结式。我们通过对《汉语动词—结果补语搭配词典》（王砚农等编 1987）中"V 掉"动结构式的统计，结合上述吕叔湘主编《现代汉语八百词》中提及的述语动词，结果补语"掉"可以隐含和不能隐含的"V 掉"动结式述语动结分别见表 12 和表 13。

表 12 "V 掉"动结构式中"掉"可以隐含表达的述语动词

| 拔、掰、摆脱、剥、扯、撤、吹、锄、蹬、冻、刹、踩、剪、锯、拿、刨、撇、掐、去、甩、撕、剃、脱、掀、削、摘、拆、铲、吃、冲、处理、搓、倒、丢、抖、改、干 gān、勾、关、花、划、砍、啃、赖、烂、溜、流、漏、卖、磨、抹、跑、清除、扔、删、烧、逃、涂、忘、踩、蹭、掸、硌、刮、磕、碰、咬、炸、喝、吞、泼、洒、放、擦、砸、摔、撞、踩、伤、杀、宰、切、卖、还、毁等 |

表 13 "V 掉"动结构式中"掉"不能够隐含表达的述语动词

| 打、拖、颠、滑、挤、弄、捅、笑、轧、吓等 |

值得注意的是，由于不同构式的意义不同，如"NP1 把 NP2（给）V 了"句法框架中，关于"他把东西（给）丢了"，"他把这件事（给）忘了"，"他把个罪犯（给）跑了"应该看作述语动词 V1 而不是 V2 的隐含，因此上述实例中不包含此类动结构式。结果补语能够隐含表达的动词大多表示"分离、脱落、完成"义，"掉"可以隐含的"V 掉"动结构式实例如下：

44）他的牙几乎都拔（掉）了，现在的牙差不多都是假牙。

45）汽水瓶盖打开半天了，汽儿早就跑（掉）了。

46）我的耳朵冻（掉）了。

47）那么脾呢，脾阳往往会被我们现代人给伤（掉）了。
（CCL）

上述实例（例 44—47）中结果补语"掉"都可以隐含，其中"掉"的语义完全虚化，表示完成的语义，"掉"有时保留着具体实在的语义，表示实义的"掉"通常不能隐含表达，如：

48）荒山野岭，腿都冻成了残疾，能把人的下巴冻掉。
49）是去年刚开始学的时候，不是鞋踩掉了，而是把人家脚趾给踩破了。（CCL）

例 48 中，"掉"为实义结果补语，与其他实义结果补语如"坏、烂、僵、死"类似，"下巴掉"只是"寒冷"导致耳朵受损的诸多结果中的一种，"把下巴冻了"不等于"下巴掉了"，因此"掉"不能隐含表达。同理，例 49 中"掉"是实义结果补语，"鞋踩掉了""施事脚底接触鞋子"致使"鞋子掉"，"踩掉"只是"踩"这个动作结束后继发的若干结果事件之一，引发的结果还可能是"（鞋子）坏、破、扁、烂"等，因此实义结果补语"掉"不能隐含表达。结果补语"掉"不能隐含表达的情况还包括：

50a）你让我穿这样的衣服去上班，非让人家笑掉大牙不可！
50b）*你让我穿这样的衣服去上班，非让人家笑了大牙不可！
51a）泥石流真可怕，我见过一次，简直把我魂都吓掉了。
51b）*泥石流真可怕，我见过一次，简直把我魂都吓了。
52a）是谁把这台机器上的零件弄掉了？
52b）*是谁把这台机器上的零件弄了？

"笑掉大牙"，"吓掉魂"，可以看作一种固定搭配，结果补语也不允许隐含表达。泛义动词"弄"只表示致使，没有具体的致使语义，因此结果补语必须明示出来，不允许隐含表达。

关于"V 成"动结式中"成"的隐现问题，学界也有研究，如邵敬敏（1988）提到"成"的隐现。这类动结式中，动词所带的宾语，一般多为受事宾语，但有部分动词可以直接带结果宾语，当它们带结果宾语时，加不加"成"是自由的，也就是说，对于带结果宾语的"V 成"动结式，结果补语"成"是可以隐现的。这一类动词包括"变、写、盖、转、画、绣、砌"等，在语义上，这类动词和"成"有"蕴含"关系。同样"改"类动词也都蕴含有"成为"义。谭景春（1997）指出，典型结果宾语表示动作产生的结果，结果宾语最显著的特点是从无到有，结果宾语都是表示动词行为完成后产生或出现的结果，但它们所表示的语义并不完全相同，其中一类是施动者通过行为制成的成品，是一种主观预期的结果，被称为积极结果宾语，带积极结果宾语的动词后面有可能加上"成"，如"做成衣服，编成草帽，订成制度"等。这类有可能加上"成"的"成为"义动结式可以看作"成"可以隐含表达的动结式，谭景春（1997）列举的制作义动词见表14。

表14　　　　　　汉语制作义动词（谭景春1997）

| 做、造、盖、建、建筑、塑、塑造、酿、打、家具、制造、制作、作、订、制定、创造、生产、伪造、揉、捏、钻、纺、织、刻、绣、写、画、切、擦、裁、熬、凿、捻、缝、编、砌、垒、撮、蒸、绕、劈、架、钩、叠、堆、炒、搭、腌、摇、煮、铡、晾、锯、记、改、刹、弹、摊、挑、铰、弯、包、拍（片子）、拼（图案）、洗（照片）、卷（烟卷）、糊（风筝）、捣（蒜泥）、烧（砖）、炸（油饼）、刨、挖、掘等 |

"成为"义"V成"动结式动词多为制作义动词，制作义动词本身蕴含了结果，包括单音节和双音节动词。在语义上，动词和"成"具有蕴含关系，"成"凸显了制作这一事件中，产物与被产物之间的因果关系。"成为"义"V成"动结式结果补语可以隐含的动结式实例如下：

53）他用一些木板盖（成）了一间矮屋。
54）不到半小时她就做（成）了一个电视机的布罩。
55）他把大衣改（成）了一件坎肩。

上述实例（例53—55）中"V成"表示成为义，结果宾语"矮屋、电视机的布罩、坎肩"指在动词表示的制作事件中的产物，"单述动词+结果宾语"可以看作"成"隐含表达的动结式实例。

实现义"V好"可以分为"完成"类和"达成"类，只有在"完成"类"V好"中，补语"好"大多可以省略（丁萍2012），如：

56）他挂（好）了琴，然后出去了。
57）他叫（好）了一壶茶二两酒。
58）他做（好）了饭就上班去了。

　　虚化结果补语"好"表示事件的实现和完结，"好"作为事件的边界，几乎可以与大多数及物动词构成有界事件，"V 好"动结式具有"无完成义动词+完成附加语"的概念结构，该类动结构式中的述语动词可参见"结果的达成"原型动结构式中的述语动词类型分析。
　　通过对以上结果补语隐含动结构式的语料统计和分析，结果补语隐含动结式倾向于表达非理想的结果。结果补语隐含动结构式的语义特征见图 10。

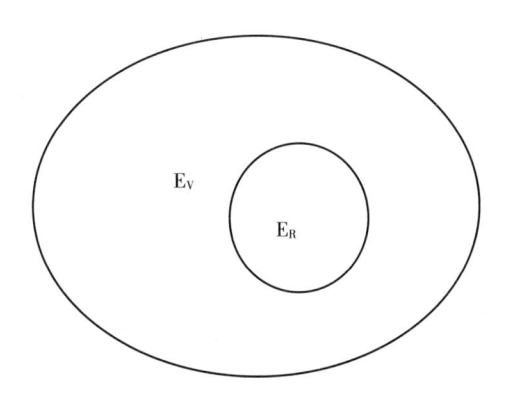

图 10　结果补语隐现动结构式的事件语义特征

　　如图 10 所示，无论是实义结果补语还是虚化结果补语隐现动结式，述语动词包含着某种结果的语义，述语动词与结果构成一种蕴涵关系，龚千炎（1984）对动结式复合动词及其构成的动词谓语句式的分析时指出，动结复合动词 V 和 R 并非彼此分离的两种动作行为，而是包容在一起的某种统一的整体性的动作行为。我们认为结果补语隐现的动结构式与动结式复合词类似，无论是结果事件隐现还是显现，述语动词表示的使因事件（E_V）包含了结果事件（E_R）。

三　结果补语隐现动结构式的承继关系

　　构式组成一个由承继关系连接的网略，而且这些承继关系是具体构式的若干特征存在的理据。我们可以使用承继网略来表述跨构式的概括，同时承继网略也允许次规则和例外存在。当一个构式是另一个构式固有的一部分，并且独立存在时，这两个构式的连接我们称为子部分连接。结果补语隐现动结构式是原型动结构式固有的一部分，并且独立存在，这两个动结构式构成了子部分连接，具体来说，结果补语隐含的动结构式承继了原型动结构式的部分句法和语义特征，即单动词结构和致使结果的语义。结果补语隐现动结构式与原型动结构式的承继关系见图11。

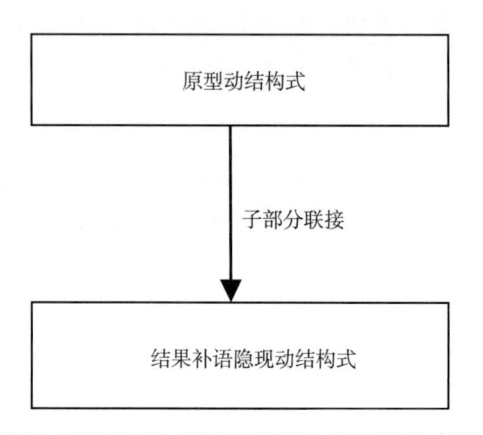

图11 结果补语隐现动结构式与原型动结构式的子部分连接

如图11所示，结果补语隐含动结构式与原型动结构式（结果补语显现）构成子部分连接，句法上承继了原型动结构式的单动词谓语结构，语义上形成了致使—结果的语义。为了验证结果补语隐现动结构式的独立构式地位，以及与原型动结构式的这种承继关系，根据认知构式语法"所见即多得"的原则，需要对这两类动结构式的使用实例进行考察。基于此目的，我们分别选取了单动词"杀"和动结复合动词"杀死/杀掉（灭）"，单动词"扭"和动结复合动词"扭伤"为目标词，在CCL现代汉语语料库中考察其构成的动结构式中结果补语隐含表达和显性表达的情况；为了对古汉语动结构式的表达形成参照，在CCL古代汉语语料库中考察了动词"杀"构成的动结构式的使用情况。我们选择以上单动词和动结复合动词构成的动结构式为考察对象，主要出于以下三个原因：第一，动词"杀"是一个语义宽泛的词（使人或动物失去生命；弄死），该词的搭配能力较强，使用频率相对较高，单动词"扭"在一定的语境中（如身体部位受到伤害）使用频率也相对较高；第二，"杀"在古代汉语中就已存在，从单动词"杀"形成的动结构式在古汉语中的使用情况，可以对汉语动结构式的历时变化提供参照；第三，汉语动词"杀"与相应的英语动词 kill 之间具有语义相似性，同时也存在跨语言的差异，学界从不同角度对此类现象进行过考察，如对包含结果的动词事件的跨语言表征的分析（Pederson 2008），对英语动词 kill 的语义结构及汉译的认知研究（罗思明 2008）。考察汉语动词"杀"构成动结构式的使用特征，有利于凸显构式跨语言的概括性和汉语语言表达系统的个性特征。

以下是对单动词"杀"和动结式复合动词"杀死/杀掉（灭）"，单动词"扭"和动结式复合动词"扭伤"构成的动结构式的使用频率的统计，见表 15 和表 16。

表 15　　　　汉语动词"杀"组成的动结构式实例统计

结果补语隐现动结式（现代汉语）	结果补语显现［杀死/掉（灭）］动结式（现代汉语）	结果补语隐现动结式（古代汉语）
85	125/35	500

如表 15 显示，结果补语"死/掉（灭）"显现的动结构式（原型动结构式）实例大于结果补语隐现的动结构式实例，"杀死"实例 125 例，"杀掉（灭）"实例 35 例，共 160 例，而结果补语语隐性表达的动结式实例为 85 例。"杀"可以组成双音节动词"屠杀、暗杀、谋杀、刺杀、毒杀、奸杀、诱杀、误杀、冤杀、砍杀、宰杀、斩杀、扼杀、捕杀"等，这些词凸显"杀"的方式，我们没有把这类双音节动词组成的动结构式包括在内。由于汉语的双音化趋势和韵律特征，这类动词很少与结果补语组成动结构式，如 * 他误杀死了一个人。还有一些用于法律文体的固定搭配和四字成语，如"故意杀人""杀人、放火""杀头""杀一儆百""杀鸡取卵""杀牛卖肉"等，这类组合也没有包括到我们的统计中。我们只统计了单音节动词"杀"组成的动结构式实例。

59）乾隆十九年，一个法国人在广州杀了一个英国人……

（CCL）

60）之后干脆找个理由把他杀了。（CCL）

61）后来失败，赵二疯子等被杀。（CCL）

62）那大刀在他手中左右开弓，上下翻飞，眨眼之间，杀死几十个追兵。（CCL）

63）反抗的一个不留，全被杀死。（CCL）

64）还有一次因为厨师没把熊掌炖烂，就把厨师杀掉。（CCL）

动词"杀"和动结式复合词"杀死""杀掉（灭）"形成的动结构式，虽然句法形式存在差异，均表达了致使—结果的语义，"杀了一个英国人"，"把他杀了"，"赵二疯子等被杀"，都隐含了结果事件"英国人死了"，"他死了"，"赵二疯子死了"，结果补语"死"隐含表达。原型动结构式中，结果补语"死"显现在句法表层，形成原型动结构式的句法结构（V1V2）。结果补语隐含及其原型动结构式均表示结果事件的实现。还有一类实例，由于语境的作用，结果事件虽未实现，但结果事件仍蕴含在致使事件中，如：

65）你杀了我吧，你就杀了我吧。（CCL）

66）我要杀了你。（CCL）

上述实例并没有表示结果事件的实现，显然说话人并没有被杀死（例65），说话人也并没有把对方置于死地（例66），以上实例可以看作动词蕴含的意图（人或动物"死"）在语境下得到了消解（Thepkanjana & Uehara 2009），由于语境的作用，动作引发的结果事件并没有发生。原型动结构式也同样存在语境消解结果事件的实例，如：

67）他早已放出空气了，要把反对褚英的人全杀死！（CCL）

68）提那种意见的人都应该统统杀掉！（CCL）

动词"杀"形成的动结构式在古代汉语中共有500例，结果补语隐含在动词的语义中，实例如下：

69）丁丑，杀梁婴。八月庚戌，逐子成、子工、子车，皆来奔，而立子良氏之宰。（CCL）

70）楚子谓成虎，若敖之余也，遂杀之。（CCL）

71）观从谓子干曰：不杀弃疾，虽得国，犹受祸也。（传十三.二）（CCL）

72）十八年，春，王二月乙卯，周毛得杀毛伯过而代之。（传十八.一）（CCL）

以上实例中，单动词"杀"构成的动结构式，结果补语隐含表达，结果事件"（人）或动物死"均蕴含在致使事件中，形成致使—结果的事件结构。动词"杀"形成的动结构式在现代汉语中的使用频率低于原型动结构式的使用频率（85/160），单动词"杀"形成的动结构式在古代汉语中结果补语全部隐含表达，这种现象一定程度上可以说明汉语系统的双音化倾向，即倾向于用动作 V1+结果 V2 显性表达致使—结果的事件语义。动词"杀"形成的动结构式中，结果补语在古代汉语中的显性表达，和在现代汉语中隐性表达的倾向性，也从一个侧面说明现代汉语正从动词框架语（V-语言）向附加语框架语（S 语言）过渡（沈家煊 2003，史文磊 2011）。由于现代汉语动结构式中同时存在着结果补语隐性表达和显性表达的语言形式，也可以把汉语看作介于附加语框架语和动词框架语之间的一种广义的"均等框架语"（E-语言）（阚哲华 2010）。

单动词"扭"与动结式复合动词"扭伤"构成的动结构式使用频率统计见表 16。

表 16　现代汉语中动词"扭"组成的动结构式实例统计

结果补语隐现动结构式	结果补语显现（扭伤）动结构式
57	369

如表 16 所示，结果补语隐现的动结式实例为 57 例，而结果补语显现（扭伤）的动结式实例为 369 例，其中排除了"扭伤"作为术语如"挫伤、打伤、扭伤、跌打损伤"等的非动结式结构，如"防止腰部扭

伤及过累"，"穿硬底鞋跳舞容易发生扭伤或滑倒"等。结果补语隐含的动结构式实例如下：

73）她已经不知怎么扭了她的那条伤腿。（CCL）
74）走路不小心，把脚给扭了。（CCL）
75）问他原因，说是早晨还好好的，谁料打了个喷嚏，腰就扭了。（CCL）
76）脚下使劲，嘴里大叫一声"起！"只听见"咯嚓"一声——他的腰被扭了。（CCL）

以上实例中单动词"扭"组成的动结构式，动作事件"她扭了腿，把脚给扭了，腰扭了，腰被扭了"，表达了致使—结果的语义，隐含了结果事件"她的腿伤了，腰伤了"，单动词"扭"组成的动结构式隐含了结果补语"伤"（例73-76）。结果补语显现的动结构式实例如下：

77）一次车到站她下车携老扶幼，不慎摔倒扭伤了脚脖子。（CCL）
78）训练中，他不慎把脚扭伤了，他硬是不下"火线"，带病参加训练。（CCL）
79）他的手扭伤了、抓破了，并且肿胀发炎，脸上也出现了一年前所没有的皱纹。（CCL）
80）抢险中他的右腿被扭伤，一瘸一跛，职工们心疼又风趣地称他"跛腿战将"。（CCL）

上述实例中动复合动词"扭伤"组成的动结构式，完整地表达了动作事件"她扭了脚脖子，他把脚扭了，他的手扭了，他的右腿被扭了"和结果事件"她的脚脖子伤了，他的脚伤了，他的手伤了，他的右腿伤了"，原型动结构式中结果补语"伤"显性表达在句法表层（例77-80）。与动词"杀"与"杀死"组成的动结构式在现代汉语中使用倾向（85/160）类似，动词"扭"与"扭伤"组成的动结构式实例分别为57/369，在现代汉语中结果补语具有显性表达的倾向性，体现了现代汉语单音节特点和双音化趋势的特点。

四 结果补语隐现动结构式的承继理据

(一) 语用理据

由于构式是语言系统中的基本单位，因此语言组织的相关心理原则都是根据构式的概念表达，所有这些原则都可以在不同的功能主义框架中找到直接的对应原则。根据最大理据性原则：如果构式 A 和构式 B 在句法上有联系，那么当构式 A 和构式 B 在语义上也存在一定程度的联系时，构式 A 系统的存在是有理据的（Haiman 1985，Lakoff 1987），这种理据是最大化的（Goldberg 1995）。如果把结果补语显性表达的动结构式看作原型构式，记作构式 1，结果补语隐含表达的动结式记作构式 2，如果构式 1 和构式 2 在句法上有联系，那么当构式 1 和构式 2 在语义上也存在一定程度的联系时，构式 1 是构式 2 存在的理据。最大理据性原则并没有否定两类动结构式间的承继连接。Goldberg（1995：67）提出功能主义的句法无同义原则：如果两个语句的句法相异，则它们在语义和语用上必定不同义，构式的语用方面包括信息结构，话题和焦点以及构式的文体特点，如语域。无同义原则规定"形式上没有联系的构式间不存在承继关系"。无同义原则包括两个推论，推论 A：如果两个构式在句法上不同但在语义上相同，那么它们在语用上必定不同；推论 B：如果两个构式在句法上不同但在语用上相同，那么它们在语义上必定不同。

根据无同义原则及其推论 A，结果补语隐现动结构式与原型动结构式虽然句法不同但语义相似，二者则存在着语用上的不同。由于语言交际和传递信息的需要，结果补语有时隐现，有时明示出来。当语言使用者凸显动作过程，便使用结果和过程融合的方式，用单一动词表示"动作+结果"的事件类型。当语言使用者需要凸显动作影响下的事件结果时，往往需要添加显性标志，如"（杀）死""（杀）掉"，把结果补语作为信息焦点，使用结果补语明示的方式显现出来，原型动结构式由于结果补语显现，结果补语作为焦点得到凸显。当句子出现结果补语的修饰语时，结果补语往往不能隐性表达（例81b，82b），必须出现在句法表层（例81a，82a），如：

81a）不幸的是在训练中，他的踝关节严重扭伤。（CCL）

81b）＊不幸的是在训练中，他的踝关节严重扭了。

82a）恰巧也是在那段时间，刘翔右膝在一次训练中轻微扭伤。（CCL）

82b）＊恰巧也是在那段时间，刘翔右膝在一次训练中轻微扭了。

结果补语隐性表达的动结构式没有表明事件结果程度的修饰语，这也从一定程度上说明原型动结构式把结果补语作为信息焦点，动作导致的结果得以凸显。

原型动结构式是结果补语隐现动结构式存在的理据，两个构式之间的焦点转移是构式承继的语用理据。汉语中这种功能变异的现象并不是个别现象，如"吃他一回大餐"这类表达方式属于现代汉语双及物构式的变异构式，虽然承继了"双及物"的结构形式，却虚化了与事（"他"）使得整个构式的话语功能发生了改变（顾鸣镝 2014）。

（二）认知理据

由于认知表达的需要，说话者把结果补语隐性表达，该表达式依然具有动结构式的"使因事件+使果事件"的双事件结构，在句法上部分地承继了原型动结构式的句法特征，即单动词谓语结构，如：

83）他的脚扭（伤）了。

84）他挂（断）了电话。

结果补语隐含动结构式（例83-84）中单动词"扭"和"挂"构成动结构式，表示动词事件"他扭脚"致使"脚伤"，"他挂电话"致使"电话断"的致使—结果事件。结果补语动结构式与原型动结构式的子部分连接是通过基于构式对名词物性结构的激活和名词对动词的转喻压制得以实现的。首先，构式激活与动词搭配的名词论元的物性结构中的某个（些）特定角色，根据生成词库理论，物性结构（qualia structure）（Pustejovsky 1995）能够反映与一个事物相关的特征、属性和事件信息。物性结构包含四种物性角色：构成角色（constitutive role）：

事物的内在结构；形式角色（formal role）：事物的物理特征；施事角色（agentive role）：关于事物的来源或产生，如创造者、通过何种方式创造出该物体；功能角色（telic role）：关于事物的用途（purpose）与功能（function），与名词有关的活动构成了名词的功能角色。如"他的脚扭了"中，与"扭"之搭配的受事论元多为表示身体部位的名词，如"踝骨、膝盖、手腕、四肢筋骨、关节、脚、腰部、韧带、骨骼"等，构式语义（表示受事在动作影响下发生了状态的改变）激活名词"脚"的物性角色中的构成角色和功能角色而得以凸显，即"脚"的内在结构"筋骨、韧带"等人体组织，功能角色是行、走、跑、跳等。其次，名词物性结构中的形式角色和功能角色压制动词的语义由动作"转动"转移为结果"脚受伤"，把动作"扭"转喻压制为结果"伤"，是动作代结果的转喻压制。Panther & Thornburg（2009）指出，转喻使转喻过程中的目标意义凸显，而同时使来源意义成为背景。从历时角度讲，来源意义最终减弱或消失，但在彻底消失前还是与目标意义并存的（刘琦 2014）。换言之，过程义最终消失前是必然与结果义同时存在的。动作过程"转动"转喻动作结果"伤"发生后，转喻后明示的动作过程暗含动作结果。

同样，"他挂了电话"，构式义（施事通过动作致使实体发生状态改变）激活了动词的客体论元"电话"的形式角色和功能角色，即电话的构成角色"听筒"和"通话"功能受到激活而得以凸显；其次，被激活的物性角色压制"挂"的语义从动作"借助绳索、钩子、钉子等使物体附着于高处或连到另一物体上"转移到结果"话筒拿掉了，通话功能中断"，实现了"动作代结果"的转喻。转喻后显性表达的动作过程隐含事件结果。这种"动作代结果"的转喻与英语动作构式中"结果代动作"（Panther & Thornburg 2000）的转喻相反，如英语动作构式 Know thyself, 静态动词 know 被压制为动作意义"做某事以便了解自身"，是"结果代动作"的转喻，这种"结果代动作"的转喻在其他语言中则受到限制，如德语中该类构式中的动词必须是动态的心理动词（Panther & Thornburg 2000）。

Langacker（2009）探讨了复合结构实体的凸显的转移及其语法后果，如 a flock of geese 中实体凸显的转移的语法后果是动词与后置的核心名词修饰语名词的复数形式保持一致,而不是与核心名词本身的数的形式保持一致,如 A flock of geese were flying overhead. 这是一个语法转喻,因为复合结构中的单个成员代表整个结构。如果动结式的规约性情景也被看作一个"动作+结果"的复合结构,那么,从一个复合结构的凸显转移到一个成员(动作)的凸显,也能够解释一个规约性情景,即动作代动结复合结构的语法转喻。

转喻是句法缩略手段,"动作代结果"的转喻使动结构式的结果补语隐性表达。转喻是用较少的语言,传达更多的信息,从这种意义上说,结果补语隐性表达体现了经济性原则,即语义蕴含上的兼容性和形式选用上的趋简性(邢福义 1997),这里的趋简性就是经济性原则,人们交流信息时倾向于践行简便省力原则。结果补语隐含动结构式与原型动结构式的子部分连接,与人们的认知机制,简便省力等经济性原则等不无关系。

第三节 余论

补语隐现的动结构式普遍存在于汉语表达中,如同语言中存在的类似多义词现象,补语隐现的动结构式可以看作原型动结构式的同构多义。原型动结构式必须在语义上包含两个事件(使因事件和使果使果事件),在句法上是复合动词 V1V2,结果补语隐现动结构式同原型动结构式具有相同的语义和事件结构,由于结果补语在句法表层的缺省表达。该构式成为动结构式的变异构式,与原型动结构式构成子部分承继。本章考察了两类隐含的结果 V2,无论是被动作 V1 "吸收合并" 还是由动作 V1 "内在包含",不但在句法上可以有 "动作 V1+结果 V2" 的原型动结构式,而且在语义上都可以表达 "动作+结果" 的意义,结果补语隐含表达的构式依然是动结构式。补语隐性表达动结构式是中心意义的扩展,通过 "行动代结果" 的转喻机制得以实现语义扩展。构式承继的语用理据是信息焦点的转移,结果补语显性表达动结构式凸显结果补语,结果补语成为信息焦点,结果补语隐含表达的动结构式把结果隐含在动词中,凸显动作和结果。由于现代汉语的单音节特点和双音化倾向,汉语动结构式倾向于把结果补语显性表达,即达到信息上的焦点化，两类结果补语隐现动结构式的使用频率可以部分说明这一倾向性。虽然汉语部分动词本身已经词汇化了"结果"的语义，但常常需要通过结果补语这个冗余附加语来达到结构上的平衡，韵律上的和谐（董秀芳1998），信息上的明晰。结果补语隐现动结式体现了经济性原则，即人们交流时的趋简性和省力原则。

现代汉语结果补语隐含动结构式中，动词包含了结果。对于这类包含结果的动词的跨语言特征，学界主要关注两个问题：一是与结果谓词同现时，这类动词的词汇特征对其是否有影响，学界提出此类动词的词汇语义特征因语言而异，在同一语言的相同语义场中则因动词而异；二是由于此类动词包含了结果，即施事心理上预期行为实施后受影响实体会发生状态改变，如果结果状态发生，就意味着施事的目的达成。在英语中，如 He killed his mother and was arrested.，句子本身已经表达了完成的意义，无法再添加附加语成分，kill 在泰米尔语（Tamil）中的基本意义并不表示使人或物失去生命，只是用于表示动作，而没有包含最终结果的实现状态（死），"整体代部分"的转喻允许泰米尔语者使用该动词表示事件的动作部分，而不允许与表示结果的谓词同现（Pederson 2008）。而汉语不同，现代汉语中包含结果的动词如"杀"允许与表示结果的动词或形容词同现，如"他杀（死）了人，被警察逮捕了"，则可以添加结果补语"死"，作为信息的焦点，包含结果的动词通过"动作代结果"的转喻实现了结果补语的隐含表达，这也体现了概念事件的普遍性与构式的语言独特性这一语言事实。

第五章

汉语非次范畴化宾语动结构式承继关系及其理据

在第四章研究的基础上，本章继续关注汉语动结构式的其他范畴成员非次范畴化宾语动结构式，从承继关系及其理据层面对构式的多义性进行考察和探究。如果说前面分析的两类动结构式范畴成员更多地体现为词汇致使的动结构式，那么本章考察的动结构式更多地体现为一种构式致使的动结构式多义范畴。由于探讨该类动结构式与原型动结构式的理据性承继，而范畴化在承继关系中发挥着重要作用，所以我们采用非次范畴化宾语动结构式这一术语，主要是针对原型动结构式的次范畴化宾语而言，该术语有助于对该类动结构式与原型动结构式的连接关系及其理据进行分析。

第一节 相关研究

学界对该类动结式进行了关注和探讨，研究主要从动结式带宾语的规律进行描述和说明（李小荣 1994，马真、陆俭明 1997c）。除了原型动结式如"他打碎了花瓶"带宾语的情况之外，动结式带宾语还包括以下三种情况：（一）动结式结果补语的语义指向人体器官或人体的某部分，如"他说哑了嗓子"，"她哭红了眼睛"；（二）由形容词充当的结果补语，其语义指向述语动词的行为动作所凭借的工具，如"他一连踢坏了两双鞋"，"他砍钝了三把刀"；（三）对于"他哭湿了枕头"之类的带宾动结式，马真、陆俭明（1997c）提出此类由形容词充当结果补语的动结式，其语义指向与述语动词相关的施事或受事所在的处所，李小荣（1994）则把这类宾语看作补语指向其他跟动作相关的名词性成分，说明它们受动作影响后的状态。上述三类动结式的结果补语都指向述语动词后的名词性成分，都是非次范畴化宾语动结式的实例构式。李小荣（1994）还指出补语指向施事的动结式带宾语的情况，所带宾语为施事宾语，如"累病了老张"等，这类动结式可以看作倒置动结式的实例构式，具有特定的句法和语义特征，我们将把这类动结式作为独立的构式进行专节探讨。由此可见带宾动结式内部语义复杂，宾语性质多样，从而形成同构多义现象，以上研究主要关注动结式带宾的规律、条件和功能，没有考虑各类构式的语义、语用特征，带宾动结式至少存在两类子构式，非次范畴化宾语动结构式和倒置动结构式，这两类动结构式应该作为两个独立的子构式进行分析，本节的研究对象是次范畴化宾语动结构式。

赵琪（2008）运用构式语法研究英汉语作用于自身的动结式的论元分布和实现机制，以及语义融合原则在该类动结式中的体现。根据该结构的语义特征，即动作带来的影响作用到了动作主体，作者把作用于自身的动结式分为三类：第一类是受动作影响发生状态改变的是动作主体的一部分，动结式中结果动词没有蕴含确定的身体部位，身体部位名词必须在宾语位置出现，如"他哭红了眼睛"，"小王踢断了腿"；第二类是动作影响的是动作主体整体，即变化主体与动作主体一体，由于汉语没有形态标记，反身代词隐含在语义中，如"他病倒了"，"她气晕了"，第三类如"小二走丢了"，"我读懂了这本书"。以上分类是基于动词与构式的语义融合，从语义出发探讨论元分布和实现机制，论元在句法表层的实分为带宾和不带宾两种情况；另外，赵琪的研究对象仅限于作用于自身的动结式，对其他如"跑丢了鞋""砍坏了斧头"之类非次范畴化宾语没有作为研究对象纳入其研究范围。基于形式—语义/功能的配对，本书的研究对象包括作用于自身的带宾动结构式以及其他非次范畴化宾语动结构式。

对于英语次范畴化宾语动结式，国外很多学者进行了研究（Simpson 1983，Carrier & Randall 1992，Jackendoff 1990，Goldberg 1995，Goldberg & Jackendoff 2004，Broccias 2007，Luzondo-Oyón 2014）。研究指出，英语动结式存在一种反身代词假宾语（Simpson 1983），这

类动结构式中述语动词后的论元不是由动词选择的（Goldberg & Jackendoff 2004），述语动词对其后 NP 没有语义选择关系，这类假宾语构式或非次范畴化宾语（non-subcategorized object）动结式，动后论元 NP 由构式单独提供（Goldberg 1995），这类结构中结果的语义总是指向宾语（host of the object），而不指向主语。Goldberg（1995）把英语动结构式特别是非次范畴化宾语动结构式作为基本论元构式之一（其余基本论元构式包括英语致使—移动构式、英语双及物构式、英语 way 构式），英语动结式具有独立的语义和句法特征，作者从（有生）发动者限制，体的限制，动转形容词限制分析英语动结构式的生成，用动词的参与者角色（如动词"哭"的参与者角色是〈哭者〉）与构式论元融合的观点说明为什么一个词项可以被允准与一个构式融合，但没有就动词和结果补语的融合及其词项与构式融合的动因做进一步说明。Goldberg & Jackendoff（2004）根据家族相似性（family resemblance）把英语动结构式看作一个构式家族，包括（致使）移动构式和动结构式，提出了构式语义的三个概括性特征：一是一个句子的句法论元特征可以从论元连接的普遍原则中得到预测；二是句子的体结构由构式次事件的体结构决定，构式次事件的体结构反过来可以从变化、扩展、运动、路径有关的事件结构的普遍原则中得到预测；三是动结式的语义和句法可以解释两个次事件之间存在的时间关系的可能性，以上三个概括性特征可以看作英语动结式的制约因素。Goldberg & Jackendoff（2004）没有就英语动结式的制约因素从认知理据上给予解释。Luzondo-Oyón（2014）运用词汇—构式模型对 Goldberg & Jackendoff（2004）提出的英语动结式家族的制约因素进行了分析，与 Goldberg & Jackendoff（2004）不同的是，她把英语动结构式分为运动结果构式和非运动结果构式两个范畴，其中每一个结构都可能与家族中的其他成员产生关联，作者指出，隐喻（和转喻）不仅可以解释英语中的动词与构式融合，如英语动结构式、英语致使—移动构式或英语 way 构式中动词与构式的融合，同时也决定了英语动结构式家族成员以何种方式相连。她对英语动结构式家族成员的关联从认知理据上进行了分析，由于人类认知的普遍性，该分析方法对汉语动结构式网络的构建以及认知理据的分析具有方法论上的启发意义。由于汉语语言系统自身的特点，汉语动结构式家族网络成员具有不同于英语的特点，汉语非范畴化宾语动结构式也具有不同于英语的表达方式。我们把非次范畴化宾语动结构式作为具有特有的语义和形式特征的独立的构式，探讨该构式的语义语用特征，与原型动结构式的承继关系及其构式承继的理据。

第二节　非次范畴化宾语动结构式的语义和语用特征分析

原型动结构式述语动词携带的两个论元是典型的施事和受事，即原型动结构式述语动词对其动后 NP 具有选择关系，NP 是述语动词的真正宾语或次范畴化宾语。相对于原型动结构式而言，非次范畴化宾语动结构式指述语动词与动后 NP 不具有选择关系，NP 不是述语动词的真宾语，受事论元由构式单独提供。

认知构式语法强调构式是形式和语义/功能的配对体，基于学界对该类构式的分类分析，我们将汉语非次范畴化宾语动结构式分为三类，并对三类动结构式的语义和语用特征进行分析。

第一类非范畴化宾语动结构式指事物受到动作的影响，受影响的实体是人或动物自身，人体器官或身体的一部分，如：

85）他小时候睡扁了脑袋。
86）奶奶笑疼了肚子。
87）贾大奇熬红了眼，跑肿了腿，喊哑了嗓子。（吕叔湘 1985）
88）你累死自己也没用。

这一类动结式中的主语和宾语具有领属关系，主语通常是有生的，宾语是主语身体的某一个部位，袁毓林（2001）称为一价部件名词，即表示人体或动物器官、器物构件等名称的名词。该类动结式表示发动者通过动作作用于自身的某一个身体部位。这类动结式的动词通常为非作格动词：一类是"哭笑"类动作动词（通常被认为是汉语典型的非作格动词），如"哭、笑、睡"等，还有一类是行动方式动词，如

"跑、跳、走"等，非作格动词本身表达完整的事件，句法上不能带宾语，即不能对事物的状态变化产生影响，致使—结果的语义是构式而不是述语动词赋予的。这类动结式常常表达动作的过量，夸张的极性程度的结果，如由于"他长时间固定不变的睡觉姿势"致使"他的脑袋扁"（例85），"奶奶长时间的笑"致使"奶奶的肚子疼"（例86），"贾大奇大量的熬夜，长时间的跑路和喊叫"致使"贾大奇的眼睛红，腿肿和嗓子哑"（例87）。反身代词作宾语的非次范畴化宾语动结构式（例88）在汉语中的使用频率很低，而人体器官或身体的一部分常常可以作为非次范畴化宾语出现，反身概念的范畴化差异具有类型学的意义。

第二类非次范畴化宾语动结构式指发动者通过动作致使其使用的工具、活动的处所发生状态改变，如：

89）妹妹哭湿了手帕。
90）孩子尿湿了床。
91）妹妹跑丢了鞋。

这类动结构式的主语和宾语没有领属关系，与第一类动结构式相同的是，这类动结构式的述语动词通常也是非作格动词，非作格动词不能带句法宾语，动结式中的宾语不是动词的受事论元，受事论元由动结构式指派。这类动结构式体现了日常生活中的规约性事件场景，是对致使—结果事件场景的编码，"妹妹哭"致使"手帕湿"（例89），"孩子尿"致使"床湿"（例90），"妹妹跑"致使"鞋丢"（例91）。这类动结构式常常表达非预期的非理想的结果，而非人们预期的理想的结果。

第三类非次范畴化宾语动结构式与第二类相似，指发动者通过动作致使其使用的工具、活动的处所发生状态改变，与第二类动结构式不同的是，这类动结式常常可以看作使因事件隐含的动结构式，如：

92）他砍坏了三把斧头。
93）他踢坏了三双鞋。

这类动结构式实际上是隐含了使因事件的动结构式，如"他砍柴或其他什么东西"致使"斧头坏","踢球或其他运动"致使"鞋坏",使因事件与使果事件构成间接因果关系,这种间接因果关系常常需要使因事件在语境中进行补充(例94-97),或明示使因事件,生成动词拷贝句(例98),如:

94) 他一连撬折了几根钢钎也没把井盖儿撬开。(李小荣1994)

95) 踢正步,别人训练踢坏一双训练鞋,他却踢坏三双。(CCL)

96) 甘肃女子走遍21省市寻找失踪儿子 穿破13双鞋。(黄河新闻网 2010-11-22)

97) 买温度计跑丢鞋。(作文网)

98) 踢球,踢球,一个月踢坏了三双鞋。(CCL)

因此这类动结构式独立成句性较弱,但由于这类事件场景在日常生活中经常出现,已经成为人类百科知识的一部分,因此这类动结构式已经固化成为一个具有特有形式和语义特征的构式而独立存在。这类动结构式表达的是动作的过量和非预期结果,是一种间接致使关系。

非次范畴化宾语动结构式常常表达"动作的过度,非预期结果"。这种附加义是构式特有的,具有不可分析性,不能从其组成部分严格预测出来,从这个意义上说,非次范畴化宾语动结式是典型的构式句。另外,从结果指向的客体或对象类型来看,汉语非次范畴化宾语动结构式也构成了一个原型层级:自身整体受影响→自身部分受影响→事件间接参与者受影响。根据"自我中心性"(ego-centered)的认知原则,受影响的对象或客体从自我向外部延伸,"自身或自身的一部分受影响"的动结构式可以看做该类动结构式的原型构式。

第三节 非次范畴化宾语动结构式与原型动结构式的承继关系

构式是一个范畴,动结式是一个由若干相互关联又互有区别的构式组成的构式网络，通过范畴化构成一个承继网络。范畴结构中最核心的两个特征是多义性和原型—扩展结构，多义连接是构式连接的一种类型，即构式的次结构与该构式句法相同而语义不同。多义连接最重要的特征是其中一种意义作为中心的原型意义，即一个构式具有中心意义，另一个构式是中心意义的扩展，如双及物构式［Subj. V. Obj. Obj.］具有拥有物转移的中心意义，其他意义是从原型意义的扩展。句法上统一的构式有若干语义变体（Goldberg 1995：38），原型意义的扩展句从原型句中承继了句法构式图式。非次范畴化宾语动结构式，与原型动结构式具有相同的句法特征［Subj. VR Obj.］和构式框架［NP1 V1V2 NP2］，这两类动结构式与动结图式构式均构成实例连接，这两类实例构式由于具有相同的句法框架和不同的语义而构成多义连接［Polysemy (I_P) Links］。非次范畴化宾语动结构式从原型动结构式中承继句法和语义特征，并形成自身特有的语义和语用特征，次范畴化宾语动结构式的承继连接如图 12 所示。

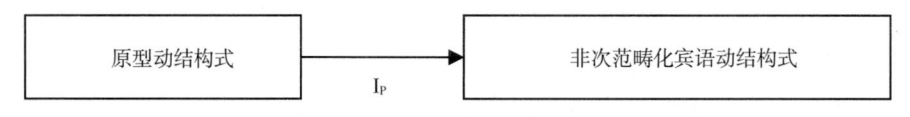

图 12 非次范畴化宾语动结构式的多义连接

构式组成了一个由承继连接的构式网络，这些承继关系是具体构式的许多特征存在的理据。原型动结式的中心意义是"施事或发动者通过动作致使事物发生状态改变"，受事是动作直接影响的客体或对象，是一种直接致使的语义关系。首先，非次范畴化宾语动结构式承继了原型动结构式的句法框架和"致使—结果"的语义，致使范畴的原型特征之一是能量的传递（Lakoff & Johnson 1980），原型动结式是致使范畴的一个子类，能量从施事传递到受事，致使受事发生状态变化。原型动结式的句法结构为［Subj. V1V2 Obj.］，动结式中复合动词短语 V1V2 范畴和宾语 Obj. 范畴是个多义范畴，由于该范畴的多义性而形成了非次范畴化宾语动结构式。下面从复合动词范畴及其宾语范畴的多义性分析其承继关系。

非次范畴化宾语动结构式的述语动词通常是非作格动词，这类动词通常不能出现在"V+NP"结构，如可以说"他笑了"，而不能说"笑了他"。该类动结构式中的非作格动词主要有两类：一类是"哭笑"类动作动词（通常被认为是汉语典型的非作格动词），如"哭、笑、睡"等，还有一类是行动方式动词，如"跑、跳、走"等，这类述语动词不具有原型动结式的语义特征，即不能对事物的状态变化产生直接的影响，是非影响类动词，如"哭瞎了眼睛""跑丢了鞋"中，"哭""跑"没有对客体或对象"眼睛"和"鞋"产生直接的影响。

承继构式的宾语范畴具有多义性，即非次范畴化宾语不是动词选择的论元，Goldberg（1995）提出语义一致原则和对应原则来解释参与者角色和构式角色的融合。

> 语义一致原则（The Semantic Coherence Principle）：
> 只有语义一致的角色可以融合。如果一个语义角色 r_1 可以被识解为（construed）另一个语义角色 r_2 的一个实例，或者语义角色 r_2 可以被识解为 r_1 的一个实例，那么两个语义角色 r_1 和 r_2 在语义上一致。一个语义角色能否被识解为另一个语义角色的实例，由普遍范畴化原则决定。
>
> 对应原则（The Correspondence Principle）：
> 每一个词汇上侧重并表达的参与者角色必须与构式中被侧重的一个论元角色融合。如果动词有三个被侧重的参与者角色，那么其中之一可以与构式中未被侧显的一个论元角色融合。（Goldberg 1995：50）

根据语义一致原则，"奶奶哭瞎了眼睛"中动词"哭"的参与者角色与构式的施事论元融合，受事论元"眼睛"由构式单独提供，结果论元实现为"瞎"。语义一致原则提出普遍范畴化原则决定语义角色的融合，但对范畴化的认知操作没有给出具体的分析。范畴化在构式语法中体现为语法结构的网络关系，即构式与构式之间的承继连接（Goldberg 1995：96）。下节对非次范畴化宾语动结构式与原型动结式的承继理据从语用层面和认知层面加以分析。

第四节　非次范畴化宾语动结构式的承继理据

一　语用理据

非次范畴化宾语动结构式的生成具有现实的理据，该构式编码了现实生活中存在的致使—结果的规约性事件场景，如"哭"致使"眼睛红或眼睛瞎"，"跑"致使"鞋丢"，"踢球"致使"鞋坏"，"砍东西"致使"（工具）斧头坏"等，正是由于日常生活中存在着类似的事件场景，出于人们交流和传达信息的需要，人们需要表达这样的事件场景，这就是构式产生的语用理据。

由于含有反身代词的假宾语（fake reflexive）的动结构式——在该构式中，形容词结果短语与主语同指的一个论元进行述谓——是最常见的（按照 Visser 的调查），最典型的例子，并且对某些讲话者来说是唯一合乎语法的例子，因此我们认为该构式的形成源于人们希望对施事论元或发动者论元的状态变化进行述谓（an expressive desire to predicate a change of state of an agent or instigator argument）的表达需要。为动词的内在论元结构增加受事论元的构式允许结果短语适用于受事论元，并且允许受事论元和施事论元同指。Goldberg（1995：192）

以上论述说明英语假宾语动结构式存在的理据，是出于人们对结果短语与主语同指的一个论元进行述谓的表达需求。该论述还表明，含有反身代词的假宾语是英语中最常见的，最典型的实例。而汉语对反身概念的概念化方式不同，反身宾语的使用并不是很常见，通过对反身代词"自己"在 CCL 中使用情况的考察，反身代词宾语动结式的使用频率很低，大多的实例来自研究者内省的语料，如"哭病了自己"，"哭醒了自己"，"哭死自己也没用"等。汉语动结式动后 NP 体现为身体部位名词的使用情况最常见，最典型，如"哭瞎了眼睛"，"累弯了腰"，"笑疼了肚子"等。反身宾语的不同体现方式，反映了英汉语反身的概念化差异。虽然英汉语反身的概念化存在差异，以上论述也可以看作汉语非次范畴化宾语动结构式产生的语用理据，即出于对施事论元或发动者论元的状态变化进行述谓的表达需求。

如前所述，非次范畴化宾语动结构式存在着原型与非原型之分，作用于自身的动结式是非次范畴化宾语动结构式的原型构式，对施事论元或发动者论元的状态变化进行述谓的表达需求是非次范畴化宾语动结式生成的语用理据。原型动结构式表示发动者通过动作对实体产生作用，该实体在动作的影响下发生状态改变，原型动结式的主语和宾语是典型的施事和受事论元，描述的是受事论元的状态变化，而非次范畴化宾语动结构式的原型构式表达的是施事论元或发动者论元的状态变化。原型扩展的原因之一是来自表达的压力，即"怎样使一个规约单位的有限集能够适应需要语言表达的无尽的、时刻变化的环境"（Langacker 1991：295），原型动结构式到非次范畴化宾语动结构式的语义扩展，就是出于这种语用的需求和表达的压力，在有限的规约单位中寻求表达的最大化以适应不断变化的、新的无尽的语境。汉语中同指的施事论元和受事论元常常可以合并，除非说话人特别关注受影响的实体，汉语倾向于关注受动作影响的具体的身体部位，如"（哭红了）眼，（累弯了）腰，（笑疼了）肚子"中具体的身体器官，这些具体的身体器官范畴化为句法宾语，是汉语非次范畴化宾语动结构式的典型实例。

二　认知理据

认知理据指的是人们通过范畴、框架、思维空间以及相关的认知活动来创造或者提取知识的能力（Radden & Panther 2004）。述语动词的多义范畴是讨论原型动结构式与非次范畴化宾语动结构式承继理据的关键，原型动结构式中的述语动词多是影响类动词（effectual verb），而非次范畴化宾语动结构式中的动词为非宾格动词，为了允准非影响类动词进入该构式，我们需要对其进行再范畴化，把它看作具有影响性的动词。Goldberg（1995）用动词的参与者角色（如动词"哭"的参与者角色是<哭者>）与构式论元融合来解释动词与构式的融合，而没有就词项与构式融合的动因进行说明。动结式体现的是因果关系，说话人观察到的动作对事物越具有影响性，越容易被允准与动结构式融合。词项被允准与构式融合,受到隐喻机制的允准,隐喻是非次范畴化宾语动结式承继关系的认知理据。

范畴化就是把若干个具有一定相似性的事物概括为概念的过程,语言范畴是多层次和多方位的,大到词类、句类的划分,小到某一语素或者某种特殊句法格式的内部类型分析(Taylor 1995)。原型构式与非原型构式表示的认知域具有一定的相似性或类比性,这是其建立联系并且隐喻机制得以运作的基础。语法隐喻相当于从一个构式类型到另一个构式类型的转换,隐喻涉及源域和目标域的多重对应(映射),源域和目标域的关系可以看作相似的(同构的):在大多数情况下,目标域意义以与源域相同的方式进行概念组织(Panther & Thornburg 2009)。从原型动结构式到非次范畴化宾语动结构式的语义扩展,是构式类型的转换,是源域到目标域的映射,可以看作相似的同构关系,原型动结构式到非次范畴化宾语动结构式的类型转换受到语法隐喻的允准。

"他哭瞎了眼睛"的承继理据

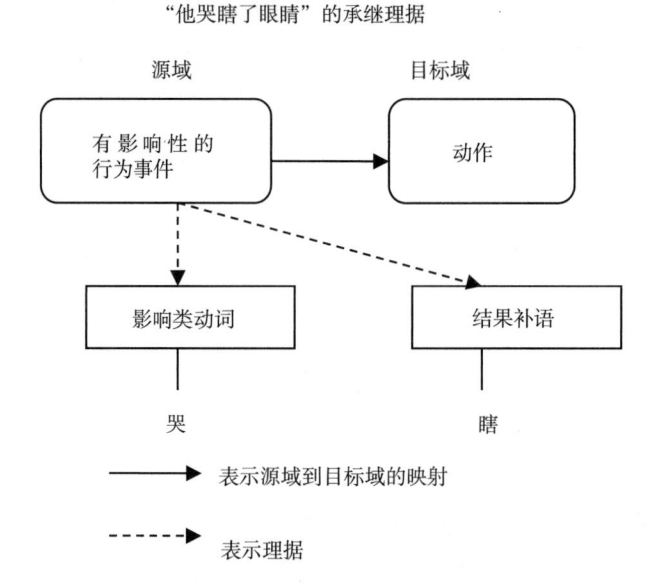

图 13 "动作是有影响力的行为事件"的隐喻与结果补语的融合

原型动结构式如"他打碎了玻璃杯",向次范畴化宾语动结构式如"他哭瞎了眼睛"的语义扩展,可以看作源域向目标域的概念映射。首先,从概念层面,源域表达的是"有影响力的行为事件",他通过"打"玻璃杯致使玻璃杯"碎",玻璃杯的状态变化是"打"的动作行为直接造成的，具有强影响性，是一个"有影响性的行为事件"；而目标域表达的是一个动作行为"哭"，不及物动词的语义原型是"动作的作用和影响无需由发出者向别的人或事物传递就已经完结"。动词不接宾语，就能保持语义上的完整性。

由于人们倾向于对没有影响力的动作看成具有影响力的事件，即"动作是有影响的行为"的高层隐喻（Ruiz de Mendoza & Mairal Usón 2007，Luzondo-Oyón 2014），使得源域概念与目标域概念的映射成为可能。"动作是有影响的行为事件"的隐喻包括两个概念，动作概念和结果概念，在句法层面，目标域中的动作动词"哭"被范畴化为"影响类动词"，即"哭"致使事物产生状态变化，隐喻允准结果补语"瞎"与动词"哭"融合成为一个"动作—结果"的动结表达式。源域中的动作和结果概念分别在句法表层得到实现，成为原型动结构式到非次范畴化宾语动结构式语义扩展的理据，这也验证了 Panther & Thornburg（2009：16）关于语法隐喻的假设："影响词汇语法结构的相关因素通常是隐喻的源域意义。"

从原型动结构式如"他打碎了玻璃杯"，到非次范畴化宾语动结构式如"他哭瞎了眼睛"的类型转换，前者包括影响者"他"，影响行为"打"，受影响者"玻璃杯"，后者涉及行为者"他"，行为"哭"，体验者"眼睛"，从原型动结式到非次范畴化宾语动结式的类型转换，是构式类型的多重对应或映射："影响者—行为者"，"受影响者—体验者"，"影响—行为"的类型映射（Ruiz de Mendoza & Mairal 2008：380）。构式承继关系实质上是一种范畴化关系（Langacker 1987，1991），范畴化关系通过隐喻隐射，把非次范畴化宾语动结构式中的述语动词范畴化为影响类动词，行为者被概念化为具有影响的实体，体验者被概念化影响的实体。由于非次范畴化宾语动结构式表达的是隐喻的致使结果事件，即述语动词对宾语具有直接影响，该事件类型要求凸显动作行为致使宾语的状态发生的改变，以及凸显受影响的实体，把宾语置于句末，成为尾焦点。

从原型动结构式到非次范畴化宾语动结构式的语义扩展，就是通过对原型动结构式中述语动词的替换，通过隐喻机制，新的表达式遵循与原型动结构式相似的概念组织方式，隐喻机制允准不符合原型动结构式语义特征的词项获得新的语义特征,并与原型动结构式的句法语义特征进行融合,特别是允准与结果补语的融合,从而促使原型动结构式向非次范畴化宾语动结构式的语义扩展,创造出新的非次范畴化宾语动结构式。

另外,"他哭瞎了眼睛"中发动者及其自身的一部分具有领属关系,领有者"他"和"领有物"分别置于主语和宾语位置,体现了语言结构与概念结构的象似性理据,即"一个表达式在语言上的分离对应于事物或事物表征的事件概念的独立"(Haimann 1983:814),领有者和领有物在句法上的分离,对应于它们所表征的使因事件"他哭"和使果事件"眼睛瞎",从而使"眼睛"作为使果事件中的受影响者而出现在句法表层。

英语中反身代词与施事分离,实现为非次范畴化宾语,体现了"自我的分裂"(the self-divided)(Talmy 2000a:431),人类都有把自我分裂为两个自我的倾向,即"自我的分裂隐喻"(Divided-Person Metaphor)(Lakoff 1996:102),身体可以看作两个不同的实体,即施事和受事,主语对自身加以控制,Boas(2003:242-243)提出,"分裂的自我"的隐喻在英语动结构式中,施事可以被识解为一个有意识的自我,身体可以被识解为施事引发的经历状态变化的受事论元,为了传达一个特定的视点,受事必须被明确地提及。

第五节 "她哭瞎了眼睛"与"她的眼睛哭瞎了"承继关系及其理据

以上论述说明,非次范畴化宾语动结构式承继原型构式的句法结构[NP1 V1V2 NP2]和"致使—结果"的语义,并生成了不同于原型构式的语义,这种多义承继通过隐喻的范畴化机制得以实现。另外,在非次范畴化宾语动结构式内部,还存在三种子构式,其中一种构式的语义是"动作作用于自身,受影响的实体是发动者身体的一部分",对于这类动结式而言,由于发动者实体和受影响的实体具有领属关系,因此与自致使义动结构式具有语义相似性,如:

99）她哭瞎了眼睛。

100）她的眼睛哭瞎了。

上述两组句子具有变换关系（李临定 1984），例 99 是致使义动结式，例 100 是自致使义动结式，顾鸣镝（2013：138-140）从述语整合的角度探讨上述两类构式的承继关系，"NP+V"（她哭）与"Vi+NP"〔（她）瞎了眼睛〕通过动结式（VR）的整合，构成了"NP1+VR（Vi+NP2）"形式，由于 NP1 和 NP2 具有领属关系，例 99 可以变换为例 100，因此例 99 与例 100 具有承继关系，例 100 是原型构式的实例，句法框架为〔NP+VR〕。"她哭瞎了眼睛"，"哭"和"瞎"分别表示施事的行为动作和客体的状态变化，前者构成"非作格句"，后者属于"非宾格句"，并指出这种区别为构式及其变体提供了句法语义方面的理据，也是该变式得以成立的基础。

那么"他哭瞎了眼睛"之类的非次范畴化宾语动结构式存在的理据，即构式承继的究竟是原型及物动结构式还是自致使义不及物构式呢？一方面，该构式通过隐喻、象似性等认知机制与及物动结构式构成了承继连接；另一方面，该构式与自致使义动结构式也具有承继关系。根据构式的概念表达，我们从语言组织的相关心理原则来看该构式与自致使义动结构式的承继关系。根据构式的最大理据性化原则，如果 A 构式和 B 构式在句法上有联系，那么当 A 构式和 B 构式在语义上也存在一定程度的联系时，构式 A 系统的存在是有理据的。从构式的最大理据性原则看，"奶奶哭瞎了双眼"与"他打碎了玻璃杯"都是及物动结构式，具有句法上的相似性〔NP1 V1V2 NP2〕；语义上也具有一定的联系，即构式赋予的"致使结果"的语义，因此说"奶奶哭瞎了眼睛"与"他打碎了玻璃杯"具有承继关系，原型及物动结式是非次范畴化宾语动结式存在的理据，这体现了构式的最大理据性原则。

再看"奶奶哭瞎了眼睛"与"奶奶的眼睛哭瞎了"构式之间的关系。两个构式之间虽然在句法上不同，前者句法框架为〔NP1V1V2 NP2〕，后者句法框架为〔NP1 V1V2〕，但二者在语义上存在一定程度的联系，前者为隐喻性的致使及物动结构式，后者为自致使义动结构式，两个构式之间通过分享相似的语义得以承继，这就是构式承继的无同义原则的推论B，即如果两个构式在句法上不同但在语义上相同，那么它们在语用上必定不同（Goldberg 1995：67）。根据无同义原则的推论B，"他哭瞎了眼睛"和"他的眼睛哭瞎了"句法上不同但在语义上相同，二者在语用上必然不同。那么，这两类动结构式在语用上存在哪些差异呢？

二者的语用差异在于焦点的不同，而焦点的差异是由于对同一事件不同的认知识解，对事件场景的不同识解，对同一语义内容的不同凸显，是这两类动结构式语用差异的认知理据。"从语义内容与识解的关系看，概念结构由识解支配"（Croft 2004：3）。对词义、句义的理解在很大程度上取决于人们对事物的认知和解释的方法（Langacker 1990，1991），面对同样的事件和现象，认知视点（perspective point）的差异会形成不同的心理意象，从而产生不同的表达方式。

"他哭瞎了眼睛"和"他的眼睛哭瞎了"表达的事件场景是相同的，而说话人对同一事件形成不同的认知识解，表达的是两种不同的意象，如"他哭瞎了眼睛"。说话人把"他"作为认知视点，并以此为参照描述整个事件：发动者把能量传递到事件参与者"眼睛"，致使"眼睛"发生状态变化"瞎"，由于发动者自身的一部分被概念化为受影响的对象而成为信息焦点，非次范畴化宾语动结构式凸显受影响的对象。

"他的眼睛哭瞎了"，说话人以"他的眼睛"为参照点，说话人关注眼睛的状态变化，由于"哭"而变"瞎"。前者事件场景概念化为一个使动事件，后者事件场景概念化为一个自动事件（宋文辉2003）。

同一个事件场景可以概念化为使动事件和自动事件，关键在于说话人是否把发动者自身或自身的一部分识解为受影响的对象，如果说话人把自身或自身的一部分识解为受影响的对象，就会得到凸显被概念化为句法宾语，如"他哭瞎了眼睛"；如果说话人忽视自身或自身的一部分受到的影响，而只关注事物最终的状态变化，就会将事件概念化为一个自动事件，如"他的眼睛哭瞎了"。

另外，"他哭瞎了眼睛"中主语和宾语构成参照点关系，如前所述，该构式中动词意义"哭"被构式意义范畴化为具有影响力的动词，主语形成话题，宾语成为信息焦点，其构式意义还决定了该构式与"他的眼睛哭瞎了"在结构成分上的差异。

构式的最大理据性原则和无同义原则对于跨构式的系统概括具有同等重要的意义，没有主次先后之分。"奶奶哭瞎了眼睛"与"他打碎了玻璃杯"通过构式的最大理据性原则得以承继，"奶奶哭瞎了眼睛"和"奶奶的眼睛哭瞎了"通过构式无同义原则的推论 B 得以承继。语言组织的相关心理原则可以使我们关注相关构式的不同方面，如最大理据性原则可以使我们关注相关构式的句法和语义特征，而构式无同义原则可以对相关构式的语用信息得以关注，如信息结构，包括话题和焦点以及构式的文体特点，信息结构是构式意义的一部分（Goldberg 1995，Croft 2001，Langacker 1987，1991）。

非次范畴化宾语动结构式与原型动结构式构成多义连接，从原型动结构式到承继句的语义扩展体现了人们的范畴化能力。为了能够适应表达新的无尽的事件场景，人们被赋予在相关的现存概念中感知相似性的能力。原型动结构式是人们最先掌握的表达，如"他打碎了玻璃杯"，人们对现有构式的成分用不同范畴的成分进行替换，通过"动作是有影响的行为"的隐喻的范畴化操作，以及与结果补语的融合，将"他哭瞎了眼睛"之类的非次范畴化宾语动结构式纳入该构式中，成为其范畴成员；领有者和领有物在句法上的分离（分别实现为句法主语和宾语），使得它们所表征的事件"他哭"和"眼睛瞎"作为两个独立的事件而存在，语言结构与概念结构的这种象似性理据，使得说话人把使果事件中的参与者"眼睛"概念化为受影响的实体。

另外，一个构式可以与多个构式具有承继关系，根据无同义原则的推论 B，"他哭瞎了眼睛"和"他的眼睛哭瞎了"具有承继关系，即句法不同但语义相同，两类构式的语用差异体现为焦点的不同，这是由于人们对同一事件场景的不同识解造成的。构式生成还具有现实理据和语用理据，现实理据即发动者通过动作致使事物发生状态改变的事件场景，而"对施事者或者发动者的状态变化进行述谓"是该构式产生的语用理据。除了承继原型动结构式的"致使—结果"的语义，非范畴化宾语动结构式还附加了更丰富的语义和语用信息，如"动作的极量，间接的因果关系，受影响者的凸显"，用相同的形式承载更多的信息，从这个意义上说，转喻机制在语义扩展中也发挥着重要作用。

第六章

倒置动结构式的承继关系及其理据

倒置动结构式（Inverted Resultative Construction）具有不依赖于部分的整体意义，这种附加义是构式特有的，具有不可分析性，不能从其组成部分严格预测出来，作为一个独立的构式而存在。由于对同一事件中不同事件成分的凸显，倒置动结构式形成了不同于典型动结构式的附加意义和语用特征。本章基于实际语料，探讨倒置动结构式的语义和语用特征，在此基础上分析与原型动结构式的理据性承继。

第一节 相关研究

生成语法和认知功能语法大都把倒置动结式看作多义动结式的一种解读方式或特殊形式（Li 1995，Li 2009，熊仲儒 2004，熊仲儒、刘丽萍 2006，任鹰 2001，沈家煊 2004，宋文辉 2003，2006，2007，赵琪 2009，施春宏 2007，2008b）。也有研究认为倒置动结式是认知构式，是具有特定语义和功能的表达形式（张翼 2009，2013，熊学亮、魏薇 2014a，2014b）。

Li（1995）用致使层级（causative roles）解释倒置致使，提出致使层级优先于题元层级（causative hierarchy override thematic hierarchy），明确指出致使者的等级高于受使者（Affectee），等级高的致使者指派给主语，等级低的受使者指派给宾语。另外，还加了一个条件：只有主语不从补语接受题元时，才能接受动结式的致使者角色。致使层级可以解释部分施受颠倒结构①，但致使层级没有关注到句首论元的多样性选择，也没有注意到使因事件在句法实现上的作用。Grimshaw（1990）提出影响论元位置的因素首先是语义角色的相对显著性，如英语心理动词 frighten 就可以投射为题元颠倒的句式，如：

101) The sound frightened me.

上述例句中的论元分布就与这种显著性有关，状态变化事件由行为和状态两个次事件构成，活动是事件的使因，是致使者，活动比状态凸显，因此与活动事件相连接的客体（sound）就比经验者（me）凸显，这就是客体题元实现为句法主语的动因。用语义角色的相对凸显性解释题元颠倒现象，对英语词汇致使结构来说是适用的，但汉语倒置动结式的"致使—结果"义不是词汇本身具有的，而是构式赋予的，是一种形式—语义配对的动结构式。Li（2009）提出英语 scare 类词汇致使句，即惊吓解读（scare reading），与汉语倒置动结式在释义和论元实现上有很多共通之处，如在论元实现上，致事实现为主语而役事实现为宾语；在释义上，都是主语致事的某个特征而非某种行为导致宾语役事的变化。如：

102) 那包衣服洗累了张三。
103) 那瓶酒喝醉了张三。
104) 那本书写白了张三的头发。
105) The tiger scared the child.
106) The boy's behavior shocked his mother.（Li 2009）

Li（2009）所说的释义上的共通之处是"主语致事的某个特征而非某种行为导致宾语役事的变化"的说法，对于倒置动结式来说是不适用

---

① 致使层级能够解释句子如"衣服洗白了姐姐"的不合格的原因："衣服"是动词"洗"指派的常规对象，但主语也从补语接受题元，即也是补语"白"的经历者，因此"衣服"不能接受动结式的致使者角色。对致使层级的评述可参见沈家煊（2004），宋文辉（2003，2006，2007），施春宏（2008），张翼（2009），此处不再赘述。

的，因为倒置动结式表达一个使因事件致使一个使果事件的发生，如"那包衣服洗累了张三"中，"张三"既是使因事件（张三洗衣服）的施动者，又是使果事件（张三累）的体验者，而英语 The tiger scared the child 中，宾语役事 the child 只是在某种行为影响下发生变化的实体，与致事 the tiger 不产生任何事件关联，英语致使结构体现的是单纯的论元关系，而汉语倒置动结式体现的是事件关系，因此"惊吓解读"不适用于汉语倒置动结构式。另外，英语致使结构中的"致使"义是心理动词 scare，shock 本身具有的，是一种词汇致使结构，而汉语倒置动结构式的"致使—结果"义不是词汇本身具有的，是构式赋予的。

动结式包含两个事件，使因事件和结果事件，使因事件在前，结果事件在后，学界普遍认为致使者本质上是使因事件，用事件结构中的参与者（如施事、受事）来转喻事件本身（宋文辉2003，熊仲儒2004，吴淑琼2013）的解释是合理的，从句法联系上看，从受事提升上来的致使者实际都有而且必须有相应的动词拷贝形式（施春宏2008a）。"凸显的事件参与者代使因事件"的转喻（吴淑琼2013）对句首 NP 的句法实现提供了认知理据，动结式表达的是使因事件和使果事件，转喻说还必须对结果补语的实现进行进一步说明，所以对语义扩展的转喻机制还有进一步探讨的必要。宋文辉（2018）提出汉语"倒置动结式"属于动结式构成的有标记致使结构，其核心特征是致使者往往无意愿性，且其生命度低于或至多等于受使者，句子具有较强的主观性。

以上研究都是把倒置动结式作为多义动结式的一种解读方式或特殊形式，倒置动结式作为一种独立的构式，具有特有的语义和语用特征，需要进行独立的研究，也有研究认为倒置动结式是认知构式，是具有特定语义和功能的表达形式。张翼（2009）指出倒置动结式的原型形式［NP1+V1+V2+NP2］，以及该形式的多种变体，并运用构式意义和普遍认知能力来解释原型形式及其变体的形式特征。张翼（2013）运用构式融合解释汉语致使性动结式复合动词的论元表达，研究指出动结式的论元表达来源于及物构式和复合动词构式的融合。熊学亮、魏薇（2014b）以英语动结式为参照，从致使关系的角度对汉语倒置动结式的句法语义特征即构式的致使义，及物致使与不及物致使等问题进行探讨。上述研究把倒置动结式看作独立的构式，并对构式语义、句法特征以及融合机制进行看了分析,为倒置动结式的认知构式语法研究提供了借鉴。由于研究目的的不同,把倒置动结构式作为动结式范畴成员,对构式之间的承继关系及其理据的分析还有待进一步拓展和深化。

第二节 倒置动结构式的语义及其特征分析

倒置动结构式作为论元非常规实现的特异现象,一直受到学界的关注,如袁毓林(2001)在对动结式配价进行控制—还原分析时,列举了"酒喝醉了他"和"农活累病了爷爷",作为配价分析的实例,该文不是专门对倒置动结式的分类分析。张翼(2009)首次把倒置动结式作为独立的构式进行认知构式语法的分析,其研究对象是句法框架为[XP V1V2 NP2]的倒置动结式及其变体,倒置动结式既包括实现为NP的"感冒药吃死老陈"的施受颠倒动结式,还包括句首实现为PP的"小区里跑出了野猪",还有句首实现为VP和S(句子)的倒置动结式,如"抓错一味药吃死三患者",研究对象可以看作广义的倒置动结式。本书的研究对象是狭义的倒置动结式,即句法框架为[NP1 V1V2 NP2]的倒置动结式。熊学亮、魏薇(2014b)从致使语义分类,按照致使构式的句法和语义特征把倒置动结式分为构式致使和词汇致使,词汇致使动结式如"诸葛亮气死了周瑜",根据述语动词的及物性把构式致使的倒置动结式分为两类,及物倒置动结式与不及物倒置动结式:一类是动词为及物动词,主语和宾语为动词的两个论元,主语是动词的施事,宾语是动词的施事,如"精湛演技看哭了琼瑶";第二类是动词为不及物动词,与主语致事不发生直接语义关系,致事论元由构式单独提供,如"田间活累病了爷爷"。本书的倒置动结构式只包括构式致使的倒置动结构式,句法框架为[NP1 V1V2 NP2]。

动结式是一个由原型构式及其变式组成的构式网络,具有原型与非原型之分,倒置动结构式内部也可区分为原型倒置动结构式与非原型倒置动结构式。基于以上研究对倒置动结式的分类分析,本书从构式的原型特征入手,兼顾形式与意义的匹配,把倒置动结构式分为原型倒置动结构式(主语名词、宾语名词与动词具有论元关系)以及非原型倒置动结构式(主语名词与动词没有论元关系)。由于原型动结构式的主语和宾语是典型的施事和受事，施受关系是动结式的典型语义关系，施事和受事分别被投射为句法主语和宾语；从使用频率上来说，本书收集的50例语料中，大多数是属于施受类倒置动结构式。因此我们把施受论元颠倒类动结式作为倒置动结构式的原型形式，如：

107) 过期猪肉脯吃坏消费者　（常州晚报2007-11-14）
108) 帕切特最爱金曲唱湿球迷眼窝（乐视网）
109) 一场马拉松跑死三个人
110) 盘点全球马拉松猝死事件　16分钟跑死3个人（搜狐视频）
111) 一碗刀削面吃飞25万（北京晚报2010-11-3）

倒置动结式的典型特征是述语动词的施事、客体或经事出现在句子的宾语位置，而受事/客体出现在主语位置。例107中"过期猪肉脯吃坏消费者"处于句子主语和宾语位置的名词（短语）分别是动词"吃"的受事和施事，两个论元出现的位置与其典型的句法位置正好相反，此句是施受论元颠倒，使因事件"消费者吃过期猪肉脯"致使使果事件"消费者（肚子）坏"，涉及"整体（消费者）代部分（肚子）"的转喻。例108使因事件"球迷唱帕切特最爱金曲"致使使果事件"球迷的眼窝湿"，处于宾语位置的"球迷眼窝"是动词"唱"的客体论元，如"眼窝（湿）"，使因事件的施事"球迷"与使果事件的客体"眼窝"没有共指关系，两者是领属关系。例109中使因事件"三个人跑马拉松"致使使果事件"三个人死"，例110中使因事件"3个人跑马拉松跑了16分钟"致使使果事件"3个人死"，主语实现为时间名词，可以作为动词的时间论元，句首名词既可以是实体性名词，也可以是时间名词，如"16分钟"。例111中使因事件"一个人吃一碗刀削面"致使使果事件"25万飞"，施事论元"某人"隐现，"人"与"25万"是领属关系，是"部分代整体"的转喻。

第二类倒置动结构式中动词与主语名词没有论元关系，如：

112) 一瓶酒醉倒三个人

113) 趣味消防运动会乐晕老外 洋选手意犹未尽（青岛新闻网 2005-11-6）

114) "小升初"累病了北京的妈妈（中国青年报 2009-8-5）

115) 四川蜡像丑哭网友（搜狗影视）

"酒"让人"醉"（例112），"运动会"致人"乐"（例113），"考试"致人"累"（例114），"（丑）蜡像"致人"哭"（例115），其中有些是致使动词，如"酒醉人"，"考试累人"，但有些动词并没有类似用法，如不能说"运动会乐人"，"蜡像馆丑人"。动结复合词内部也包含了因果事件，如"老外乐"致使"老外晕"，"妈妈累"致使"妈妈病"，"人醉"致使"人倒"，动结复合词内部包含的因果关系是一种自致使义，如"他站累了"，"他站"致使"他累"，而倒置动结构式表示的因果事件关系，是一种使因事件和使果事件之间的致使语义关系，所以上述例句中体现的是使因事件和使果事件的关系，动结复合词内部包含的自致使义可以作为一个复合词看待，如例112中使因事件"三个人喝一瓶酒"致使使果事件"三个人醉倒了"，例113中使因事件"老外参加趣味运动会"致使使果事件"老外乐晕了"，例114中使因事件"妈妈参与（孩子的）'小升初'（考试）"致使使果事件"妈妈累病了"，例115中使因事件"网友看丑蜡像"致使使果事件"网友哭"，使因事件中的"蜡像"的内在属性"丑"被投射到句子的述语动词上，可以看做是"属性代行为动作"的转喻。句法宾语同时是使因事件和使果事件的参与者，结果补语指向句法宾语，表达动后 NP 发生的状态改变。我们收集的倒置动结构式语料中，大部分实例常常表达非预期的非理想的结果，这与张翼（2009）的观察大体一致，倒置动结构式常常表达"出乎意料的负面的语义"。由于倒置动结构式常常用于网络、报纸等新闻标题，构式本身"夸张的非预期的结果"的语义比起原型动结构式表达的中心意义来说，更能吸引观众或听众的注意力。

第三节 倒置动结构式与原型动结构式的承继关系

图式动结式编码一个使因事件和一个使果事件，是对同类具体场景或经验的抽象。倒置动结式的句法框架是［NP1 V1V2 NP2］和"致使结果"的语义，倒置动结式在形式上和语义上都符合该图式构式的要求，与图式动结式构成实例连接，是动结图式构式的承继构式。同时，倒置动结构式与原型动结构式拥有相同的句法框架［NP1 V1V2 NP2］，表达非预期的、意料之外的致使结果的语义，具有比原型动结构式更丰富的语义和语用信息，由于原型动结式及其变式句法相同而语义不同，二者构成了多义连接（Polysemy（I_P）Links），倒置动结式的承继关系如图 14 所示。

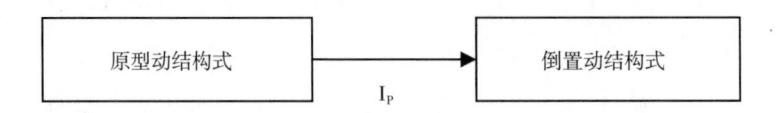

图 14　倒置动结构式与原型动结构式的多义连接

如图 14 所示，倒置动结构式与原型动结构式作为图式动结构式的实例，承继了图式动结构式的抽象图式。原型动结式表达的是动结构式的中心意义，"施动者致使事物发生状态改变"，倒置动结式是以该意义为基础的引申意义，常常表达"负面的预料之外的致使结果"，倒置动结构式与原型动结构式构成多义连接，倒置动结构式是构式多义性的一个实例：同一个形式对应着不同的但却相互关联的意义。

倒置动结构式从原型动结构式中承继了与自身不矛盾的句法和语义特征。原型动结构式的句法框架［NP1 V1V2 NP2］中的 NP1 和 NP2 分别是典型的施事和受事，施事通过动作直接作用与受事，致使受事发生状态改变，施事通常为有生的发动者，实现为有生名词，如"他打碎了玻璃杯"。倒置动结构式表达一个使因事件致使一个使果事件的发生，NP1 不是典型的施事，但能出现在句法表层，实现为句法主语，是承继了原型动结式的句法框架。语义上，倒置动结构式承继了原型动结构式的"致使—结果"的语义，并形成了自身的附加语义和语用信息，附加义的产生与倒置动结构式特有的构造方式和事件类型有关，即非施事NP 在句法上实现为句首主语的构造方式，一个使因事件致使一个使果事件发生的事件类型。倒置动结构式与原型动结构式的差异在于句首NP 范畴的多义性，厘清句首 NP 的语义和实现方式是解析其多义连接的关键。下节对倒置动结构式句首 NP 的实现方式及其该构式与原型动结构式的承继理据进行分析。

第四节　倒置动结构式的承继理据分析

与非范畴化宾语动结构式一样，倒置动结构式与原型动结构式构成了多义连接，但两个子构式最大的区别是范畴的多义性，非次范畴化宾语动结构式体现了述语动词范畴的多义性，使得非次范畴化宾语动结构式通过隐喻机制获得语义扩展。倒置动结构式体现在句首 NP 范畴的多义性，即句首 NP 不是典型的施事或发动者。如果说非次范畴化宾语动结构式体现的是词汇范畴的多义性以及事件参与者成分的替换，那么倒置动结构式体现的是事件之间的关系，是使因事件和使果事件的关联，句首 NP 的实现理据是探讨承继理据的关键。宋文辉（2018）指出，倒置动结式形成的认知机制是说话人对相关动结式基本用法所表达事件的重新概念化，其关键是说话人对新的使因的认定和强调。吴淑琼（2011）指出句首 NP 的实现理据是"凸显的事件参与者代使因事件"的转喻，转喻说具有一定概括性和解释力，说明了倒置动结构式包含使因事件和使果事件，句首 NP 是凸显的使因事件参与者，该文没有对使因事件和使果事件的语义关系及其句法实现进行详尽描述和解释。由于意义存在于语言使用者的大脑中，百科知识或世界知识在意义建构中发挥着重要的作用，倒置动结构式的句法实现同样离不开百科知识或世界知识（彭芳、秦洪武 2017）。另外，转喻机制在句法实现中的操作还有待进一步探讨。我们以 4 个倒置动结构式为例，探讨转喻在语义扩展中的操作及其百科知识在句法实现中的作用。

116）三瓶酒喝醉了老王

使因事件"老王喝酒"致使使果事件"老王醉"，使因事件参与者"三瓶酒"代使因事件"老王喝酒"，是"凸显的事件参与者（受事）代使因事件"的转喻。凸显的事件参与者作为认知参照点具有心理可及性（Langacker 1987，1991），在"喝酒"的事件框架中，"酒"是可以观察到的，心理上是可及的，因此对喝酒的人具有影响性，即致使喝酒的人醉。"在语法转喻中，影响词汇语法结构的相关因素通常是转喻的目标域意义"（Panther & Thornburg 2009：17），如果把原型动结式看作源域概念，倒置动结式就是目标域概念，倒置动结构式的结构形式则由本身的意义决定，使因事件与使果事件的语义关系是决定倒置动结构式生成的语义因素。"三杯酒喝醉了老王"的语义扩展如图 15 所示。

"三杯酒喝醉了老王"

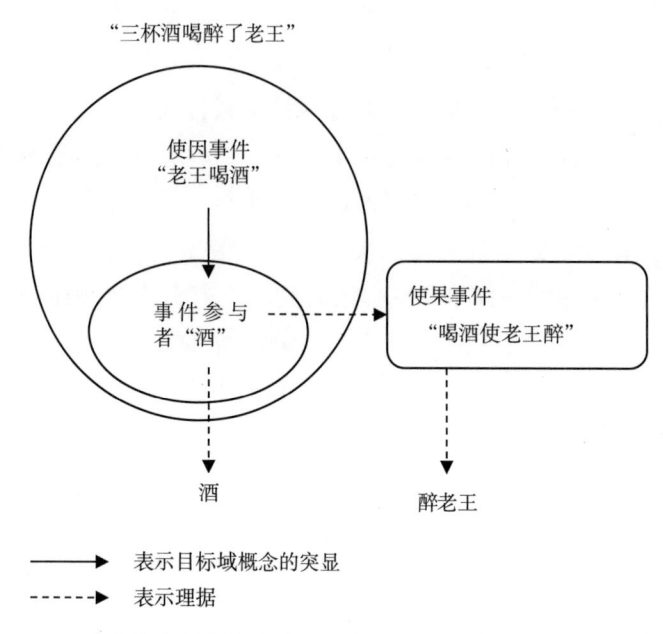

```
           使因事件
           "老王喝酒"

    事件参与         使果事件
    者"酒"    ---→  "喝酒使老王醉"

       ↓                ↓
       酒              醉老王
```

──→ 表示目标域概念的突显
----→ 表示理据

图 15　"凸显的事件参与者代使因事件"的转喻与结果补语的融合

如图 15 所示，"喝酒使人醉"这一世界知识在意义建构中发挥着重要的作用：在概念层面，目标域中凸显参与者"酒"，与"喝酒使人醉"的世界知识，共同决定了语法结构的体现；在句法层面，"酒"作为使因事件的凸显参与者，实现为句法主语，"喝酒使人醉"的世界知识影响了结果概念在句法层面的实现，转喻允准了使因事件的参与者成分与结果补语的"醉"的融合，生成"三瓶酒喝醉了老王"的倒置动结构式。复合动词结果补语在范畴化过程中处于凸显地位（沈家煊 2004，宋文辉 2007），而动词不处于凸显地位，因此该认知机制也可以解释"三瓶酒醉倒了老王"这类的倒置动结式。

117) 马拉松跑死三个人

第六章　倒置动结构式的承继关系及其理据　　111

"马拉松"作为事件参与者，是具体的可观察到的，具有心理可及性，转喻"人跑马拉松"这一使因事件，是"凸显的事件参与者代使因事件"的转喻，由于"跑马拉松使人累"这一世界知识，"马拉松"被识解为一个具有影响性的事件，形成"致使结果"的构式语义。在句法层面，转喻允准凸显的事件参与者"马拉松"与结果补语"死"融合，生成"马拉松跑死三个人"的倒置动结构式。目标域的"致使结果"的意义影响了倒置动结构式的生成，句法主语被目标域赋予"致使结果"的语义，转喻在"马拉松跑死了三个人"的语义扩展的操作如图 16 所示。

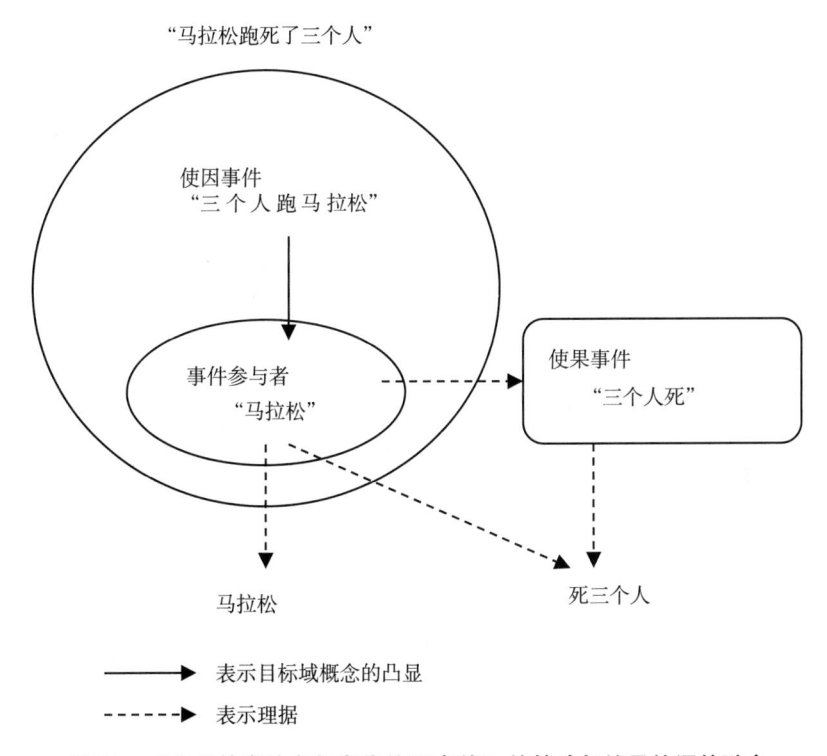

图 16　"凸显的事件参与者代使因事件"的转喻与结果补语的融合

118）四川蜡像丑哭网友

"凸显的事件参与者代使因事件"的转喻操作，在"四川蜡像丑哭网友"中，略有不同，可以看作目标域中多个概念的凸显，首先，使因事件中"网友看蜡像"中，凸显的事件参与者"蜡像"转喻整个使因事件，其次，在"蜡像"这个次目标域中，蜡像的"丑"的特征和属性得到凸显，而"观看丑的事物使人痛苦"的世界知识参与了意义的建构，在转喻和世界知识的共同作用下，"蜡像"被赋予了"致使结果"的语义。在句法层面，"蜡像"被概念化为句法主语，转喻允准"蜡像"与结果补语"哭"融合，生成"四川蜡像馆'丑哭'网友"的倒置动结式，转喻在"四川最丑蜡像丑哭网友"的语义扩展中的操作如图17所示。

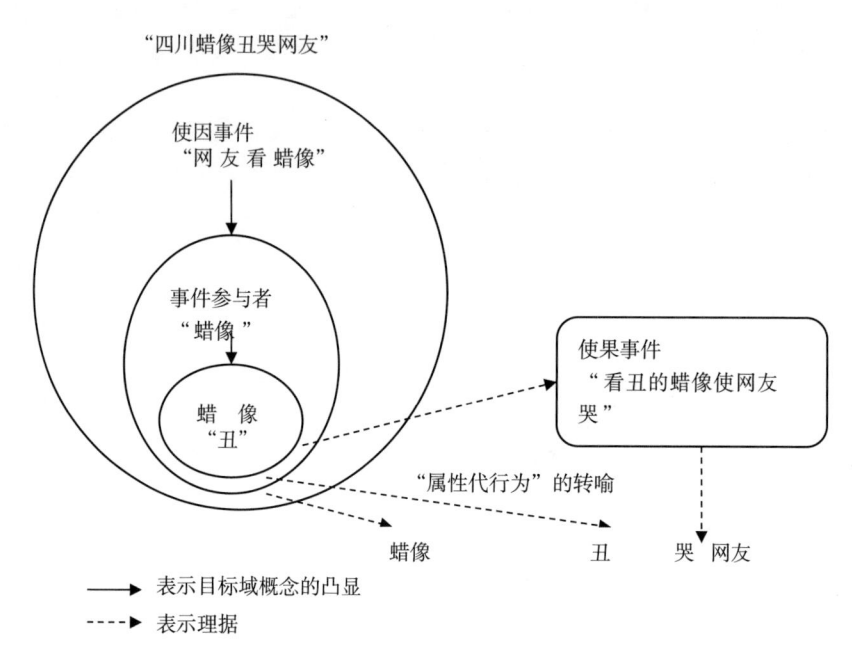

图 17 "凸显的事件参与者代使因事件"的转喻与结果补语的融合

熊学亮、魏薇（2014b）提出倒置动结构式中，当动词为不及物动词时，其"致使"义来自构式的［致V性］特征，与主语的语义关系是间接的，这种分析与我们的分析是一致的。"丑"作为不及物动词，在这类不及物致使句中，认知域中凸显的"蜡像丑"在句法表层得到隐射，与结果补语融合，实现为动结式"丑哭"，构式的［致V性］特征可以理解为目标域中的双重凸显，"蜡像"在使因事件"人看蜡像"中凸显，而"蜡像丑"在"蜡像"概念中凸显，并映射到句法表层，即事物的属性转喻到动作行为，是"事物代行为"的转喻。"网友哭"

不是因为"蜡像",而是因为蜡像内在的某个属性和特征(丑),因此这种"致使—结果"义与主语的语义关系是间接的。复合动词短语在范畴化过程中均得到凸显。

倒置动结构式常常表达"出乎意料的负面的语义",在收集的倒置动结构式实例中,还有一类表达式编码的不是约定俗成的事件场景,而是一种临时的偶发事件,如:

119)一碗刀削面吃飞25万(北京晚报2010-11-3)

在现实生活中,"吃一碗刀削面"不会致使"25万"不翼而飞,这种事件场景不是日常出现的规约性场景,可以看作偶发的临时性的事件:一个人在吃刀削面的时候,汽车后备厢里的25万元现金被窃贼盗走,例119是该事件场景的编码。该例是"凸显的事件参与者代使因事件"的转喻操作的结果,在句法层面,转喻操作使"一碗刀削面"与结果补语"飞"融合,但这类融合不涉及世界知识的参与,因为在现实世界中,"吃一碗刀削面使人蒙受重大损失"不是世界知识的一部分,可以看作一个偶发的事件,在现实生活中是可能发生的,在特定语境中是现实的,具有现实理据性,现实理据性和转喻操作使得语义扩展成为可能,转喻在"一碗刀削面吃飞25万"语义扩展中的认知操作如图18所示。

为什么"凸显的事件参与者代使因事件"的转喻操作能够参与到倒置动结构式句首NP的意义建构,这与句首名词的物性结构有关。物性结构是转喻建构的概念基础,实体名词的物性结构使"凸显的事件参与者代使因事件"的转喻得以建构。根据生成词库理论,物性结构能够反映与一个事物相关的特征、属性和事件信息,物性结构包含四种物性角色,即构成角色、形式角色、施事角色和功能角色(Pustejovsky 1995)。

120)这本书写白了他的头。
121)这本书看哭了无数的读者。

上例中实体名词"书"的功能角色是"读书"或"写书",其物性

"一碗刀削面吃飞25万"

使因事件
"人吃刀削面"

事件参与者
"刀削面"

使果事件
"25万不翼而飞"

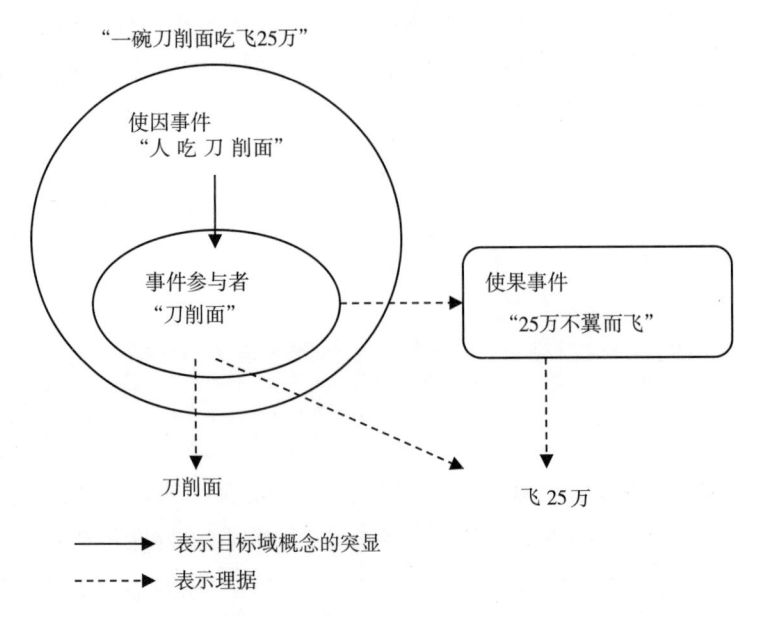

刀削面

飞25万

⟶ 表示目标域概念的突显
⇢ 表示理据

图 18　"凸显的事件参与者代使因事件"的转喻与结果补语的融合

结构中功能角色使目标概念得以企及,"凸显的事件参与者代使因事件"转喻得以建构,世界知识"写书使人累"和"看书使人产生某种情感"和转喻的认知操作共同赋予"书"具有"致使—结果"的语义,在句法层面,使因事件"写书"(使人累以至于使人头发白)、"看书"(使人哭)中的"书"被概念化为句法主语,分别与结果补语"白"与"哭"融合,使因事件和使果事件中的共同参与者"他"和"无数的读者"被概念化为句法宾语,生成上述的倒置动结构式。当物性角色没有被构式激活,如"买书"或"装订书籍",就要使使因事件充分赋值,出现在句法表层,如:

122)装订这些书累坏了工人们。

倒置动结构式中的实体名词有些本身就是事件名词,可以表达一个事件,但就倒置动结构式而言,我们倾向于把它们看作使因事件的参与者,如例114,113,110,重写如下:

123)"小升初"累病了北京的妈妈(中国青年报 2009-8-5)

124）趣味消防运动会乐晕老外　洋选手意犹未尽（青岛新闻网 2005-11-6）

125）盘点全球马拉松猝死事件　16 分钟跑死 3 个人（搜狐视频）

上述例句中，实体名词"小升初"（例 123），"趣味消防运动会"（例 124）本身就是事件名词，可以表达一个事件，但由于倒置动结构式编码了一个使因事件和使果事件，句法宾语实体必须同时是使因事件和使果事件的参与者，因此上述各例的使因事件分别是"妈妈参与'小升初'，老外参加趣味运动会"。例 125 中，"16 分钟"是使因事件"3 个人跑马拉松 16 分钟"的时间参与者，不是纯粹意义上的实体名词，不涉及物性结构，构式的生成是"凸显的事件参与者代使因事件"的转喻。通过以上的讨论可以看出，实体名词的物性结构可以适用于大多数的倒置动结构式的句首名词。因此可以说，与实体名词或物体有关的物性结构使转喻机制得以建构（Ruiz de Mendoza & Pérez 2001，Ziegeler 2007），百科知识在语言成分的组合和语法建构中起着重要作用，名词的物性结构其实就涉及百科信息。

倒置动结构式句首 NP 通过基于物性结构的转喻机制得以语义扩展，以上讨论是基于句首实体名词的物性结构和"凸显的事件参与者代使因事件"的转喻，没有考虑倒置动结式句首 NP 成分的复杂性。学界（施春宏 2008，张翼 2009，吴淑琼 2013，熊学亮、魏薇 2014）普遍认为，实体性名词修饰成分的复杂性，具体性和直接性等因素影响句法表达的可接受程度，我们收集的语料也反映了句首 NP 修饰成分的复杂性。

构式来源于对日常生活场景或经验的描述，倒置动结构式来源于对某种负面的或意外结果的事件描述，由于人们的归因性认知倾向，致使使因凸显置于句首，倒置动结构式常常表达负面的意外的致使语义，该致使语义要求句子实体性名词是具体的，直接的，定指的，因为事件参与者作为参照点，心理上通达这个事件，因此参照点必须是有定的，这也就解释了倒置动结构式主语名词短语的有定性，语料中鲜有光杆名词作主语的句子，如：

126)1000封感恩信读哭百名老师（重庆时报 2007-9-9）
127)"怀念系爱情故事"看哭观众（金陵晚报 2013-8-23）
128)9种排毒食品吃掉小肚腩（看看新闻网 2013-8-24）

实体名词越具体，致使力越大，效果越明显，凸显度越高，越容易成为认知参照点转喻整个使因事件（吴淑琼 2013），句首 NP 的复杂性也体现了数量象似性理据，数量象似性原则指语言数量越多，所表达的概念量越多（Haimann 1985，Givon 1990，Lakoff 1980），名词修饰成分的增加，必然导致信息量的增加，以及使因概念的量的增加，使因性越凸显，倒置动结构式的能产性越强。

原型构式到非原型构式的语义扩展，由于表达能力最大化原则（为了达到交际目的，构式的数量是最大化的）和最大经济性原则（不同构式的数量应尽可能最小化）的彼此制约（Goldberg：1995），当最大经济性原则占主导地位时，就形成了构式的多义性。倒置动结构式与原型动结构式由于句法框架相同而语义不同，构成多义连接，两个构式之间是一种同构多义，因此倒置动结构式具有最大经济性原则的认知理据。

最大经济性原则与表达能力最大化原则之间的冲突也可以看作经济动因和语言同构性或象似性的竞争（Haimann1985，Croft 1990），解决经济性与同构性冲突的办法有三种：一是经济性动因占主导，形成多义性，就词汇而言，经济原则需要最小的词汇量，同构原则需要给每一个不同的概念设定一个不同的词；二是同构性或象似性占主导，形成一个概念一个词项；三是把转喻作为解决经济性与同构性冲突的方法，如 Langacker（1993，2000）的参照点构式（Radden & Panther 2004）。显然，倒置动结构式与原型动结构式构成一个多义范畴，是经济性原则或最大经济性原则胜出的结果，其中，"凸显的事件参与者代使因事件"的转喻是解决冲突的关键。倒置动结构式编码的是使因事件和使果事件，是人们生活中基本的事件场景，一方面，人们要求表达精确，要保证听话人能够将注意力关注到目标上，这就是表达能力最大化，表达能力最大化原则要求构式的数量是尽可能大的，即对每一种事件场景都贴上不同的标签，如下面例 129-132 中的 a 句。

129a) 老王喝酒，结果老王醉了。

129b) 一杯酒喝醉了老王。

130a) 三个人跑马拉松，结果三个人累死了。

130b) 马拉松跑死了三个人。

131a) 网友看四川蜡像，由于蜡像太丑，致使网友痛哭。

131b) 四川蜡像丑哭网友。

132a) 一个人吃了一碗面，在吃面的过程中，汽车后备厢里的 25 万现金不翼而飞。

132b) 一碗面吃飞 25 万。

上述各例中的 a 句是对同一事件场景的精确描述，是表达能力最大化原则的体现。另一方面，人们有一种认知倾向，认知上最凸显的实体更能引起人们的兴趣和关注，上述各例中"一杯酒""马拉松""四川蜡像""一碗面"作为使因事件的参与者成分，对人们来说，是具有最大凸显度的实体，能够作为一种参照点，激活整个使因事件，在句法上实现为句首实体名词作主语，形成上述各例中的 b 句，因此倒置动结构式体现了最大经济性原则。

转喻有效地协调了人们对精确表达的需要以及人们倾向于聚焦具有最大认知凸显性实体的冲突，转喻是一种参照点现象，"参照点能力允许我们二者兼顾：一是通过凸显我们感兴趣的以及我们关注的凸显实体；二是通过把该实体作为参照点激发相应的激活区（由普遍的知识和语境框架所唤起），这样一来，对精确的需求也得到了满足"。（Langacker 1993：444）倒置动结构式可以看作一种参照点构式，用认知上凸显的实体 NP1 作为一个参照点，为唤起使因事件提供心理可及性，句法上实现为［NP1 V1V2 NP2］，同时通过简洁的结构形式，有效地实现其交际功能。"转喻的普遍存在是因为我们寻找参照点的能力与生俱来，无处不在。它在第一时间发生，因为它具备有效的认知和交际功能。"（Langacker 1999：199）

构式承继本质上是一种范畴化关系，人们的范畴化能力促使人们参照原有的熟悉的现存构式，并寻求新构式和现存构式之间句法和语义的相似性，由于倒置动结构式与原型动结构式的共同特征是表达一个规约性场景，一个使因事件致使一个使果事件的发生，相同的事件类型是构式承继的语义基础。由于转喻的机制，使倒置动结构式承继了原型动结构式的句法框架［NP1 V1V2 NP2］和"致使结果"的语义，并在承继关系中生成了自身独特的语义和语用信息，表达"非预期的，出乎预料的，常常是负面的结果"，并凸显使因，从而使倒置动结构式与原型动结构式的多义连接得以实现。

倒置动结构式是动结式家族中的一个范畴成员，具有［NP1 V1V2 NP2］的句法框架，常常表达非预期的非理想的结果。施—受事颠倒的动结式是倒置动结构式的原型形式，事件框架为［NP2 V2 NP1］致使［NP2 V2］，倒置动结构式的扩展形式是动词与句法主语没有论元关系，体现的是使因事件和使果事件的关系，无论是原型形式还是扩展形式，NP2需要同时关联使因事件和使果事件。倒置动结构式与原型动结构式由于具有相同的句法框架和不同的语义特征而构成多义连接。构式的多义连接是基于"凸显的事件参与者代使因事件"的转喻机制，这种转喻机制是基于句首名词的物性结构的一个或多个角色的凸显。倒置动结构式句首名词的复杂性，使其成为具有最大凸显度的实体，能够作为一种参照点激活整个使因事件，在句法上实现为句首主语。转喻机制是解决最大经济性原则和表达能力最大化原则冲突的关键，转喻机制体现了最大经济性原则。人们的范畴化能力促使人们参照原有的熟悉的现存构式，去寻求新构式和现存构式之间句法和语义的相似性。

第七章

"VA 了"动结构式的承继关系及其理据

"VA 了"动结构式是指由形容词充当结果补语的动结式,句法框架为[NP V A 了],其中 NP 代表名词（短语），为句法主语，V 代表述语动词，A 代表形容词，作结果补语，"了"是句法框架中的必有成分。作为原型动结式的承继构式，"VA 了"动结构式承继了原型动结构式的部分句法和语义特征，同时具有自身特有的句法框架和语义特征，具有独立构式的地位。由于动词语义和形容词结果补语的语义内部缺乏同一性，导致"VA 了"动结式的构式多义。本章在考察"VA 了"动结式的语义特征基础上，对该类动结式与原型动结式的理据性承继，以及"VA 了"若干子构式之间的理据性承继进行分析和探讨。

第一节 相关研究

最早使用"VA 了"这一术语，并对形容词作结果补语所形成的述补结构的语法意义进行深入研究的是陆俭明（1990），"VA 了"指"动词+形容词+了"述补结构，"VA 了"述补结构所表示的语法意义可分为两类：一是"结果的实现"，如"晾干了"；二是"结果的偏离"，如"挖浅了"。在"结果的实现"里，又分为两种情况："理想结果的实现"，如"洗干净了"和"非理想结果的实现"，如"洗脏了"。同一句法结构具有不同的内部构造层次，"晾干了"与"挖浅了"具有不同的内部构造层次，前者为"晾干|了"，后者为"挖|浅了"，而"挖深了"，则具有内部歧义，当表示自然结果的实现时，构造层次与"晾干了"相同，当表示预期结果的偏离时，构造层次等同于"挖浅了"。

"VA 了"表示哪一种句式语义,取决于以下三方面的因素:一是 A 的性质;二是"VA 了"里 A 的语义指向;三是"VA 了"里 V 对 A 的制约作用,并对这三个制约进行了详尽的分析。作者分析了影响"VA 了"动结式的语义意义的因素,如 A 的性质,考察并逐个检验了 944 个常用形容词,发现能用于"VA 了"动结式形容词 144 个,并根据词项所伴随的感情色彩把目标形容词分为褒义形容词,贬义形容词和中性形容词,并考察了包含不同感情色彩的形容词在表示不同语法意义的"VA 了"动结式中的分布。V 所表示的行为动作对与之相关的事物(V 的施事或受事)所具有的性质具有不同的制约作用,如"买、卖"类动词所表示的行为动作对与之相关的事物所具有的性质不起制约作用,第二类是"挖"类动词,具有单向的制约作用;第三类动词如"写",制约作用是双向的,顺向的。

陆俭明(1990)对"VA 了"的语法意义及其影响因素的深入研究,使学界开始对这一类结构进行关注并将研究进一步深化。关于该类动结式的语法意义,李小荣(1994)把由形容词充任的结果补语所表示的语法意义分为三种:一是表示预期结果,述语动词表示的都是针对特定目标实施希望产生某种结果的行为,补语成分则表示动作的预期的目的或结果,如"煮熟一锅饭","花生米炸脆了";二是表示预期结果偏离,述语动词表示为实现某种结果而实施的动作,补语表示与所要实现的相反的结果或偏离的某种预期标准的结果,如"你把我的白毛衣洗脏了","这件衣服买贵了","坑儿挖浅了";三是表示一般自然结果,述语动词大多表示现实生活中各种非人控制的动作,补语成分则表示这些运动过程的自然结果,如"黎明染白了窗子","火锅熏红了每个人的脸"。对形容词作结果补语现象进行系统研究的是马真、陆俭明(1997a,1997b,1997c)的题为"形容词作结果补语情况考察"的系列文章,文章考察了以下四个相关问题:形容词作结果补语的情况;由形容词充任的结果补语的语义指向;形容词作结果补语所形成的述补结构的语法意义;形容词作结果补语所形成的述补结构带宾语的情况,其中与"VA 了"动结式有关的是形容词作结果补语所形成的述补结构的语法意义,结合陆俭明(1990)、李小荣(1994)对该结构语法意义的研究,马真、陆俭明(1997b)把"VA 了"述补结构的语法意义概括为四种：一是预期结果的实现，如"晾干了、洗干净了"；二是非理想结果的出现，如"洗破了、搞坏了"；三是自然结果的出现，如"长高了、变红了"；四是预期结果的偏离，如"挖浅了、买贵了"。应当指出的是，李小荣（1994）和马真、陆俭明（1997b）的研究对象是形容词作结果补语所形成的述补结构，不仅仅限于陆俭明（1990）的"VA了"，如"衣服洗干净了"，还包括该结构可能出现的其他句法结构，如"把她画美了"，"成天关在家里，把我都关闷了"等。由于我们的研究对象仅限于句法框架为［NP1 V A 了］动结式，因此对于目标构式的构式意义及其分类还需进一步细化。

对于偏离类动结式，除了李小荣（1994）和马真、陆俭明（1997b）的研究之外，学界（刘月华等1983，王红旗1996，李斌玉1999）也讨论过什么样的形容词可以形成偏离义动结式以及如何分化歧义的"VA了"动结式，如某些形容词如"大、小、快、慢、轻、重"等作补语时往往表示不合某一标准（刘月华等1983），结果偏离的补语被称作评价补语，所构成的动结式被称作"评价式述补结构"，如"今天起晚了"，表示动作的速度或与动作有关的时间的评价，如"裁肥了，还得改一下"，"菜卖贱了，少卖百十块"，表示对动作或动作受事、结果的评价（王红旗1996）。彭国珍（2006）分析了偏离类动结式的句法特性。针对陆俭明（1990）提出的"中性形容词作补语能表示结果偏离义"，沈阳、彭国珍（2010）根据Wechsler（2005）对开放等级形容词和封闭等级形容词的划分，分析其原因是结果偏离类的"VA了"中的A是"开放等级形容词"，开放等级形容词没有一个内在的标准，必须依靠外在的语境才能取得一定的标准，当这个标准取说话者期望值的时候，就会呈现出偏离义；另外，作者还指出，"VA了"中的V分为影响类动词和创造类动词，前一类动词用于"预期结果的实现""VA了"，后一类动词用于"偏离结果""VA了"，通过分析结果偏离类"VA了"的三个条件以及句法形成过程，解释了结果偏离类"VA了"结构的句法和语义成因。沈阳、彭国珍（2010）对"VA了"中的A和V的语义特征的分析，有助于厘清"VA了"的构式意义及其构式意义与其组成成分的互动关系。本书中的"VA了"动结式是指由名词短语加上动词和形容词结果补语再加上"了"所组成的动结式

[NP VA 了]。

第二节 "VA 了"动结构式的语义及其特征分析

学界对形容词充当结果补语所形成的动结式进行的分类是基于该结构的语法意义,有陆俭明(1990)的二分法,李小荣(1994)的三分法和马真、陆俭明(1997b)的四分法。首先,以上的分类对于"预期结果的实现"具有较大的一致性,指述语动词表示的都是针对特定目标实施希望产生某种结果的行为,补语成分则表示动作的预期的目的或结果,如"衣服洗干净了","花生米炸脆了"。其次,"预期结果的偏离"(李小荣1994)体现为"结果的偏离"(陆俭明1990,马真、陆俭明1997)和"非理想结果的实现"(陆俭明1990),"结果的偏离"是指与某种标准(特别是主观标准)的偏离,这种偏离没有好坏之分,可以看作一种认知类主观评价,如"沟挖深了","东西买贵了";而"非理想结果的实现",可以看作与预期结果相反或偏离预期结果的实现,是一种客观陈述,如"衣服洗破了","饭熬糊了",这两种语义是不同认知范畴的概念,应该单独分列为好。另外,"自然结果的出现"动结式,述语动词大多表示现实生活中各种非人为控制的动作,补语成分则表示这些运动过程的自然结果,如"黎明染白了窗子","火锅熏红了每个人的脸"(李小荣1994),"长高了","变红了"(马真、陆俭明1997b)。

以上的研究是从语义出发,较少考虑语义与形式的匹配,也就是说,形容词充当结果补语所形成的动结式可以出现在任何可能的句法环境中,如"把"字句,"被"字句,动词拷贝动结式等。而本书的研究则从形式出发,兼顾形式与意义/功能的匹配,因此在探讨构式语义及其相关问题前,需要明确研究对象的形式特征,即能够进入[NP V A 了]句法框架的"VA 了"动结式,NP 代表名词(短语),V 代表述语动词,A 代表形容词结果补语,"了"作为必有成分出现在句末。在[NP V A 了]句法框架中,还有一类如"他站累了","他看烦了",这类自致使义"VA 了"与表示自然结果的"VA 了"(如"他长高了","天变暗了")的语义存在明显的区别,因此我们把这两类构式作为

"VA了"动结式的两个子构式加以区分。

基于以上学者对"VA了"语法意义的分析和分类,我们把"VA了"动结构式分为五类:一是预期结果的实现,如"粮食晾干了";二是非理想结果的实现,如"球踢扁了";三是自然结果的出现,如"他长高了";四是非预期的过量结果的出现,如"他站累了";五是预期结果的偏离,如"沟挖浅了","东西买贵了"。下面对"VA了"的构式意义及其特征进行分析。

第一类表示预期结果的实现,述语动词表示为实现预期目的或结果而实施的行为,补语成分则明示这个动作的预期目的或结果的实现,如:

133) 衣服洗干净了。
134) 饭煮熟了。
135) 床铺终于弄平了。

预期结果的实现,有些是与述语动词本身对结果概念的语义蕴含有关的,动词"洗"蕴含着预期的结果或目的"用水去掉污垢",形容词"干净"表示的就是预期的结果,"衣服洗干净了"(例133);动词"煮"蕴含着把东西放在水里,使东西熟,形容词"熟"表示的是预期结果,"饭煮熟了"(例134);有些动词如"弄,搞"等傀儡动词或称泛义动词,不表示具体的行为动作,更没有蕴含任何预期的目的或结果,这类动词构成的"VA了"如"床铺终于弄平了"(例135)具有的预期结果的实现义,显然不是动词赋予的,也不仅是充当结果补语的形容词的语义赋予的,更多的是人们百科知识的参与,人们通过针对特定目标实施某种行为并希望产生某种结果,这种预期的结果常常是好的积极的结果,是一种理想的结果。该类动结式中的动词多具有影响性,形容词为封闭等级形容词。

第二类表示非理想结果的实现,是相对于第一类预期结果的实现而言,无论述语动词是否具有为实现某种目的或结果而实施的行为,补语表示由于述语动词而导致的负面的非理想结果,如:

136）衣服洗脏了。

137）饭煮糊了。

138）一不小心，饭盒掉在台阶上磕瘪了。

述语动词既包括表示为实现某种结果而实施的动作，如"洗、煮、染"，还包括本身没有蕴含某种目的或结果的动作动词，如"打、踢、撬"。非理想结果的实现指预期（理想）结果的反实现，如"衣服洗脏了"（例136），超额实现或欠额实现，如"饭煮糊了"（例137），或继发事件，如"饭盒磕瘪了"（例138）（Talmy 2000b）。陆俭明（1990）把第一、二类动结式归为一类为"结果的实现"，包括"理想结果的实现"和"非理想结果的实现"，并具体阐述了这种分类的原因（参见陆俭明2001），两类动结式归为一类是由于二者形式上的一致性，如构造形式均为〔VA｜了〕，两类动结式中间都不能插入"得"。我们认为这两类构式语义上具有明显区别：不同的结果在句法上的适用度不同，如"预期结果的实现"常常用于原型动结式中，而"非理想结果的实现"倾向于用于动词拷贝动结式（在相关章节会对这一现象进行详细说明），因此，我们把这两类结构作为不同的构式加以区分。

第三类表示自然结果的出现，这种结果不是述语动词本身导致的，而是实体本身自然产生的一种结果，如：

139）一年不见，这孩子长高了。

140）春天一到，树都变绿了。

141）一来暖气，房间瞬间变暖和了。

这类动结式，常常表示实体本身自然生长带来的变化或产生的结果，不是通过某个具体的行为动作实现的，"孩子长高了"（例139），或由于季节交替，"树变绿了"（例140），或自然条件的改善产生的某种结果，"暖气让房间变暖和了"（例141）。这类动结式的动词是"变、长"等自变类动词，形容词与其他类形容词类似，包括封闭等级形容词如"暖和、漂亮"和开放等级形容词如"高、矮"等。

第四类是非预期的过量结果的出现，指由于述语动词自身实施的过

量行为导致自身产生某种结果,如:

142) 躺了一天,都躺累了。
143) 副厂长王生有以厂长为榜样,日夜坚守在工地,眼睛熬红了,嗓子喊哑了,孩子病了也全然不顾。(CCL)
144) 她因病三个月没出屋子,脸都闷白了。(王砚农1987)

此类结构又称作"自致使义"动结式,吴为善(2010)指出在致使范畴中存在"他致使义"和"自致使义",后者指致使者通过某种行为动作使自身发生某种状态的改变,该结构属于"弱致使义"范畴,是一种具有特定构式义及话语功能的"构式"。"他站累了"中,"他"由于长时间的"站"使自身"累",主体NP通常指能实施自主行为的生命体,述语动词多为单音节不及物动词,如"哭,笑,站,跑,跳",结果补语表示主体出现的某种状态变化,是施事自身运动变化的结果,结果补语多为单音节性质形容词,如"累、烦、晕"等。此类结构中一定有表示"过量"的语境信息,是一种消极义的过量后果,是非预期的(吴为善2010,鸣镝2013)。我们收集的语料与上述学者对该构式语义的概括是一致的,如"他长时间的躺"(如"躺了一天")致使"他累了"(例142),"日夜坚守在工地"致使"眼睛熬红了,嗓子喊哑了"(例143),"因病三个月没出屋子"导致"脸闷白了"(例144)。述语动词指没有任何行为目的而实施的行为,补语表示一种负面的过量的结果,可以看作一种隐喻的结果(参见非次范畴化宾语动结式承继理据的分析),这种结果常常是负面的,非理想的结果。

该类动结式中的补语都是指向主语的,补语指向主语的动结式一般是不带宾语的,但汉语中出现一类补语指向主语的带宾动结式如"他吃饱了饭""他喝醉了酒"等,由于高频率共现的结果导致惯用语化以及进而词汇化(石毓智2000),"饭""酒"为形式宾语(黄晓琴2006),宾语的语义在一定程度上是冗余的,因为补语的语义已基本或常规地蕴含了其语义,"醉"已包含了"酒"的语义,"醉"包含了"饭"的语义(董秀芳2011)。

过量的动作导致通常是非预期的负面结果的实现,这类结果与第二类"非理想结果的出现"语义具有相似之处,指消极的负面的非理想的结果,除了二者在形式上的区别外,两类构式在语义上的区别在于"非理想结果的实现"是相对于"预期结果的实现"而言是负面的非理想的,而"过量动作导致的负面的结果"是由于述语动词表示的行为的过量产生的。

第五类是"结果的偏离",指偏离说话者预期的结果,如:

145) 今天早晨我醒早了,天不亮就醒了。
146) 衣服裁肥了,还得改一下。
147) 菜卖贱了,少卖百十块。(王红旗 1996)
148) 这条花边钩长了,再拆掉点儿吧!(王砚农等 1987)
149) 褥子垫薄了,睡觉不舒服。
150) 因为尺寸量长了,所以衣服做得不合适。

结果偏离动结式又称作评述类动结式(王红旗 1996,施春宏 2008),表示通过对动作对象的评述来间接评述动作行为,从本质上说,这里的结果是述语动作的一种伴随的结果,非动作本身的结果。上述动结式实例(例 145—150)中"醒早了,裁肥了,卖贱了,钩长了,垫薄了,量长了"表示由于动作的不适当而使动作的结果偏离了预期,从而使"来的时间比预期的晚,所裁剪的东西比预期要裁的东西肥,所卖的东西比预期要卖的东西贵,所钩的花边比预期要钩的长,所垫的褥子比预期要垫的薄,量的尺寸比预期要量的长"。

这类构式中的 A 为开放等级形容词而 V 是制作类动词(彭国珍 2006,2011,沈阳、彭国珍 2010),开放等级形容词如"大、小、高、矮、深、浅"等,开放等级形容词没有一个内在的标准,必须依靠外在的语境才能取得一定的标准,当这个标准取说话者期望值的时候,就会呈现出偏离义。制作类动词如"挖、盖、做"等的结果可以产生新的事物,影响类动词不会产生新的状态,只是对已经存在的事物进行影响,使事物出现新的状态,比如"洗、煮、打"等,只有制作类动词与开放类等级形容词组合时,才能形成偏离义。"结果偏离"动结式中,除了制作类动词外,还有放置类动词如"挂、放、举",买卖类动词，如"买、卖"，还有其他类动词。偏离结果"VA 了"动结式中的动词类型及其与形容词搭配情况如下①。

表 17　偏离结果"VA 了"动结构式制作类动词及其与形容词搭配

熬1（稠、稀、浓、软），拌（多、少、稠、稀），编₁（大、小），擦3（细、粗），冲²1（用开水等浇）（稀、稠），搭1（大、小、高、矮），打9（编织）（大、小、肥、瘦），打10（涂抹、画）（直、斜），打11（揭、凿）（浅、深），对8（掺和，多指液体）（稀、稠），缝（高、矮、错、大、小、粗、细），盖1（高、矮、大、小），耕（细），钩（长、短），滚3（缝纫方法）（直、歪、对、错），糊（平、齐、斜、歪、正、厚、薄），画¹（清楚、齐、满、坏、错、扁、高、矮、粗、细、大、小），和 huó（粘、匀、硬、软），和 huò（匀、稀、稠），掘（深、浅），抠2（雕刻［花纹］）（大、小），烙（厚、薄、大、小），垒（高、矮），摞（高、矮），描1（粗、细），沏（浓、淡），砌（歪、斜、直、正、齐、高、矮），摊2（薄、厚、大、小），调（稀、稠），挖（深、浅），凿（高、低），腌（咸、淡），炸 zhá（脆、焦、酥、糊），蒸（软、烂），织2（长、短、平、薄、厚、错、大、小），做1（快、慢、高、矮、厚、薄、长、短、稠、稀），绣（大、小）等

表 18　偏离结果"VA 了"动结构式放置类动词及其与形容词搭配

打12（举，提）（歪、斜），垫1（矮、薄），发1（对、错、早、晚），放10（平、稳、斜、歪、错、高、低），放11（多、少、咸、淡），挂1（高、低、矮、正、歪），举（高、低、直、歪），铺（厚、薄），扔1（高、低、远、近），上7（结实、紧、正、歪、斜），拴（紧、结实、高、矮），挑 tiǎo1（高），坐3（把锅等放在炉火上）（热、正、歪、稳）等

表 19　偏离结果"VA 了"动结构式买卖类动词及其与形容词搭配

买（对、错、大、小、贵、便宜、贱），卖（便宜，贵），租（贵、贱、便宜）等

表 20　偏离结果"VA 了"动结构式其他类动词及其与形容词搭配

裁1（大、小、肥、瘦、长、短），缠（紧、松），刨 bào（厚、薄），垫1（高、矮、平、薄、厚），拐¹（大、小、急、慢、对、错），剪（长、短、薄、厚），叫¹3（早、晚），锯（薄、厚、长、短、大、小），拉 lá（深、浅、大、小），量（长、短），碾（细、粗），磨 mò1（粗、细），切（薄、厚、长、短、粗、细、大、小），锄（粗、细）等

---

① 本书对偏离结果"VA 了"动结式中的动词类型及其与形容词搭配情况的统计主要依据《动词用法词典》（孟琮等 1987）和《汉语动词—形容词搭配词典》（王砚农等 1987），此外还有小说、报纸及现实口语和 CCL 中的语料。

我们把"VA 了"动结式的构式语义概括为以上五类，并按构式语义对"VA 了"动结式进行分类，这种分类是基于以下两点考虑：一是怎样让类与类之间具有明显的形式上的区别（陆俭明 2001），如"衣服洗干净了"与"坑挖浅了"具有明显的形式上的区分；二是怎样更好地区分各类"VA 了"构式语义上的差异，如"他变坏了"与"他躺累了"具有明显的构式语义的区别。在探讨"VA 了"的构式语义及其分类的基础上，下节将对该构式之间承继关系及其与原型动结式的承继关系及其理据进行分析和讨论。

第三节　"VA 了"动结构式的承继关系

一　预期结果的实现"VA 了"与原型动结构式的承继关系

原型动结构式体现的是典型的"致使—结果"范畴，凸显的是动作和结果之间的自然的因果关系，如"他打碎了玻璃杯"，发动者"他"通过"打"这一动作作用于"玻璃杯"，导致玻璃杯"碎"这一结果。"VA 了"动结式虽然享有同一的句法框架［NP1 V A 了］，但内部构造层次不一，构式意义多样，具有同构多义性。从原型动结式的承继关系看，我们把"预期结果实现"的"VA 了"动结式作为该类动结式的中心意义，因为"预期结果的实现"体现的是施动者通过动作导致某种结果的出现，聚焦实体状态变化的结果；"VA 了"动结式与原型动结式的承继关系如图 19 所示。

```
        ┌──────────────────┐
        │   原型动结构式    │
        └────────┬─────────┘
                 │ 子部分联接
                 ▼
        ┌──────────────────────────┐
        │ 预期结果实现"VA了" "饭煮熟了" │
        └──────────────────────────┘
```

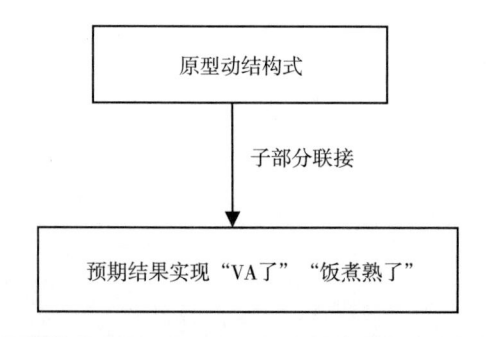

图 19　预期结果实现"VA 了"与原型动结构式的子部分连接

二 "VA 了"动结构式之间的承继关系

如前所述，"VA 了"动结式的语义分为五类，预期结果的实现，非理想结果的实现，自然结果的出现，非预期的过量结果的出现及其预期结果的偏离，其中"预期结果的实现"是该类动结式的中心意义，其他意义是以原型语义为中心的语义扩展。下面对"VA 了"动结式之间的承继关系进行逐一分析。

首先，"非理想结果的实现"承继了"预期结果的实现"的句法框架，由于二者具有相同的句法框架和不同的语义，二者构成了多义连接。承继句与统领句共享相同的句法构造层次，如"洗脏｜了"和"洗干净｜了"，及其承继的"致使结果"的语义，二者可用于"被"字句，"把"字句，中间不能插入"得"，如：

151a) 他把衣服洗干净了。
151b) 他把衣服洗脏了。
152a) 衣服被洗干净了。
152b) 衣服被洗脏了。
153a) *衣服洗得干净。
153b) *衣服洗得脏。

由于两类构式不同的构式语义，造成两类构式在原型动结式句法框架 [NP1 V1V2 NP2] 中的适用度存在差异，如：

154a) 他洗干净了衣服。
154b) *他洗脏了衣服。

"非理想结果的实现"的构式义在原型动结式句法框架中的适用度远远低于"预期结果的实现"动结式，为了验证这一语义差异在句法上的适用性，我们用"洗脏""擦脏"作为关键词在 CCL、百度和 Google 及其词典中进行搜索，得到的实例如下：

155a) 这些你知道吗？内衣机洗更易洗脏。（网易数码）
155b) 衣服机洗会洗"脏"？（百度）
155c) 跪式洗头 洗脏了谁的头？（百度）
155d) 你用脏抹布擦玻璃，不但擦不干净反而会擦脏的。（王砚农 1987）

以上实例中"洗脏，擦脏"构成的动结式实例可用于中动构式（例155a），动词拷贝构式（例155b，155c），隐含"把"字构式（例155d），几乎没有发现可用于句法框架［NP1 V1V2 NP2］的动结式实例。由于不同的句法适用性，把这两类构式作为不同的构式处理，也是基于不同的构式意义。这两类构式具有句法上的最大相似性和不同的构式意义而构成了多义连接。

另外，"自身致使结果的出现"表示由于述语动词自身实施的过量行为导致自身产生某种结果，这类"VA 了"承继了原型"VA 了"动结式的"结果"的语义，这类动结式具有"弱致使"的语义，该类动结式具有过量的非预期结果的语义，由于与原型"VA 了"动结式具有相同的句法框架和不同的语义，二者构成了多义连接。与原型"VA 了"相同的是，该类动结式能用于"把"字句（例156b，157b），不能插入"得"（例156c，157c），不同于原型"VA 了"的是，这类"VA 了"不能用于"被"字句（例157d），如：

156a) 衣服洗干净了。
156b) 他把衣服洗干净了。
156c) *衣服洗得干净了。
156d) 衣服被洗干净了。
157a) 他看烦了。
157b) 干巴巴、紧绷绷的电影把他看烦了。
157c) *他看得烦了。
157d) *他被电影看烦了。

其次，"结果的偏离"与中心意义"预期结果的实现"动结式之间，共享"结果"的语义，"预期结果的实现"中述语动词表示为实现预期目的或结果而实施的行为，补语成分则明示这个动作的预期目的或结果的实现，而"结果的偏离"是相对于说话人预期结果的偏离，体现了说话人对结果的主观评价，二者具有不同的构造层次，"衣服洗干净｜了"，"沟挖｜浅了，东西卖｜贱了"，由于承继了"结果"的语义和本身对结果的主观评价义，"结果偏离""VA 了"可以用于"把"字句（例 158a，159a，159b），中间可以插入"得"（159c，159d），而"预期结果的偏离"中间不能插入"得"（158b），如：

158a) 他把衣服洗干净了。
158b) *衣服洗得干净了。
159a) 他把沟挖深了。
159b) 他把东西卖贱了。
159c) 沟挖得深了。
159d) 东西卖得贱了。

"结果的偏离"是说话人对结果的主观评价，指偏离于说话人预期的结果，该构式可以用于"把"字句，也说明了"把"字句的致使性语义（叶向阳 2004，邵敬敏、赵春利 2005，周红 2008）。"结果的偏离""VA 了"一部分可用于"被"字句，另一部分不能用于或很少用于"被字句"，这也与"被"字句的强受影响义有关，如：

160a) 沟被挖深了。
160b) 木板被锯薄了。
160c) 炉子被坐歪了。
160d) *东西被卖贱了。

"结果的偏离""VA 了"中由于动词类型的不同，对于"被"字句中的适用度也存在差异，制作义动词和放置动词对客体的结果状态变化具有一定的影响性，因此可以用于"被"字句（例 160a-c），而买卖类动词对客体的结果变化没有影响性，因此不能用于"被"字句（例

160d)。一方面，两类构式享有相同的句法框架［NP V A 了］和不同的构式意义，可以看作同构多义；另一方面，由于句法框架成分的不同组构而形成了两种不同的语义框架：［NP VA｜了］和［NP V｜A 了］（陆俭明 1990），前者表示"致使结果"的构式语义，后者表示"结果+评价"的构式语义，因为"V 得 C"组合式动补结构表达对事物的状态和程度的描述。根据认知构式语法的形式—意义或形式—功能的配对以及最大理据性原则，二者构成了特殊的多义连接，即同构多义和同形异构。另一方面，"结果偏离"义动结式只表达"结果"的语义，而没有"致使"的语义，即"结果偏离"动结式承继了原型"VA 了"动结式的部分语义，与原型动结式构成了子部分连接。

最后，"自然结果的出现""VA 了"表示结果不是述语动词本身导致的，而是实体本身自然产生的一种结果，承继了"预期结果的实现""VA 了"动结式的"结果"的语义，而没有承继"致使"的语义，与原型"VA 了"动结式构成了子部分连接，该类动结式中不能插入"得"（例 161b），不能用于"把"字句（例 161c），"被"字句（例 161d），如：

  161a）他长高了。
  161b）＊他长得高了。
  161c）＊把他长高了。
  161d）＊他被长高了。

"VA 了"构式之间的承继关系如图 20 所示。

如图 20 所示，"VA 了"动结式由于共享相似的句法框架［NP V A 了］和五种不同的构式意义，形成了同构多义，其中心意义是"预期结果的实现"，该类动结式作为原型"VA 了"动结式与其扩展句之间形成了语义连接。首先，"非理想结果的实现"承继了中心意义"预期结果的实现"的句法框架［NP VA 了］，和"致使结果"的语义特征，由于二者具有相同的句法框架和不同的语义（"非理想结果的实现"与"预期结果的实现"），二者构成了多义连接。其次，"过量的非预期结果""VA 了"承继了原型"VA 了"动结式的"结果"的语义，

第七章　"VA了"动结构式的承继关系及其理据　　133

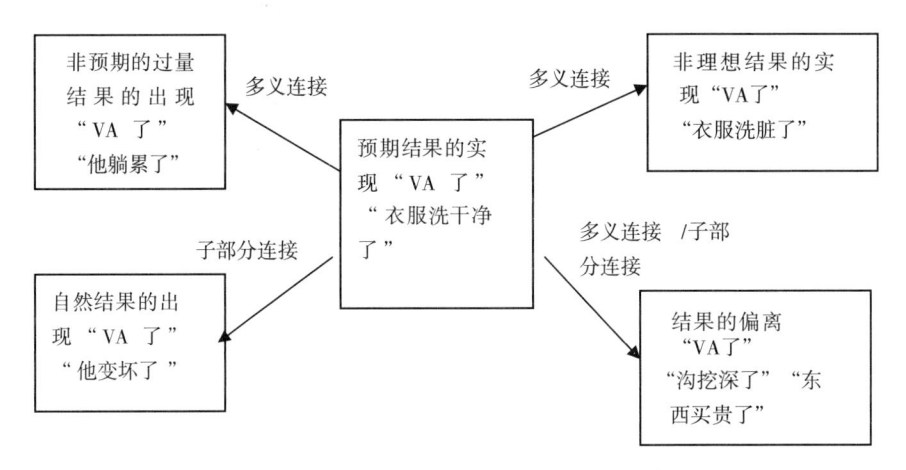

```
┌──────────────┐                              ┌──────────────┐
│非预期的过量  │        多义连接              │非理想结果的实│
│结  果  的 出 │←─────────          ─────────→│现"VA了"      │
│现            │        多义连接              │"衣服洗脏了"  │
│"VA 了"       │         ┌──────────┐         │              │
│"他躺累了"    │         │预期结果的实│       │              │
└──────────────┘         │现"VA了"    │       └──────────────┘
                         │"衣服洗干净 │
         子部分连接      │了"         │      多义连接/子部
         ←──────         │            │      分连接
                         └──────────┘         
┌──────────────┐              ↓               ┌──────────────┐
│自然结果的出  │                              │结果的偏离    │
│现"VA 了"     │                              │"VA了"        │
│"他变坏了"    │                              │"沟挖深了""东 │
│              │                              │西买贵了"     │
└──────────────┘                              └──────────────┘
```

图 20　"VA了"动结构式之间的承继连接

"（弱）致使"的语义，由于与原型"VA了"动结式具有相同的句法框架和不同的语义，二者构成了多义连接。再次，"结果的偏离"与原型"VA了"享有相同的句法框架［NP V A 了］和不同的构式意义，可以看作同构多义。另外，由于句法框架不同的组构层次而形成了两种不同的语义框架［NP VA｜了］和［NP V｜A 了］，从而形成不同的语义，二者构成了特殊的多义连接，即同构多义和同形异构；"结果的偏离""VA了"承继了统领句的部分句法和语义特征，与原型"VA了"构成了子部分连接，"结果的偏离"与其他四类"VA了"动结式的语义具有本质的区别，"结果的偏离"是说话人对结果的主观评价，而其他四类"VA了"表示对"（致使）结果"的客观陈述。最后，"自然结果的出现""VA了"，作为承继句，承继了统领句的部分句法和语义特征，即承继了［NP VA 了］的句法特征和"结果"的语义特征，与中心意义"预期结果的实现"构成了子部分连接。

第四节　"VA了"动结构式承继理据分析

作为原型动结式的一个子构式，"VA了"动结式承继了原型动结构式的部分句法和语义特征，与原型动结式构成了子部分连接。同时"VA了"动结式内部具有若干子构式，这些子构式形成了以原型构式为中心的向非原型构式的语义扩展，通过多义连接和子部分连接使中心构式与非中心构式之间形成了由语义不同但又相互关联的构式组成的一个构式网络。构式与构式之间的承继连接受到了语义，语用和认知因素的促发。本节对"VA了"动结式与原型动结式的承继理据，及其"VA了"动结式内部的承继理据进行分析。

一方面，"预期结果实现"的动结式作为"VA了"动结式的原型构式，承继了原型动结式［NP1 V1V2 NP2］的部分句法特征和语义特征，即承继了"致使"的语义和［NP2 VA了］的句法框架，与原型动结式构成子部分连接。在致使结果事件框架中，原型动结式编码了一个完整的使因事件和使果事件，如"他打玻璃杯"致使"玻璃杯碎"，而在"预期结果实现"的"VA了"中，"玻璃杯打碎了"只编码了一个使果事件"玻璃杯碎"和致使动词"打"，因此二者之间的子部分承继理据是基于"致使结果代致使行为"的转喻。

另一方面，"VA了"内部子构式与原型"VA了"构成了承继连接关系。"非理想结果的实现"承继了原型"VA了"动结式的句法框架，二者由于句法相同而语义不同构成了多义连接。构式是对现实事件场景的编码，在现实世界中，"衣服洗破了"，"衣服干净了"，分别对应于"预期结果"和"非理想结果"，从社会规约性的认知心理看，"预期结果"和"非理想结果"表达的是动作—结果的自然因果关系，是一种规约性的客观结果，"非理想结果"表示的是动作—结果的非常规因果关系，是一种偏离于预期的客观结果。意义形成于人们的认知体验，具有涉身性，通常情况下，人们倾向于把理想的好的结果看作预期的，非理想的负面的结果看作意料之外的，是偏离于预期的结果，从这个意义说，这两类动结式的承继理据可以看作"非理想结果是偏离预期的结果"的隐喻。

"自然结果的实现"承继了原型"VA了"动结式的"结果"语义和［NP1 ViA了］的句法框架，Vi为非致使动词，如"变、长"等，与"预期结果的出现""VA了"构成子部分连接，如"他变坏了"，"衣服洗干净了"，二者之间承继的理据是"结果代自身变化行为"的转喻。

"非预期的过量结果的出现"与"预期结果的出现""VA了"由于

共享相同的句法框架和不同的语义而构成子部分连接，"承继了"原型"VA 了"动结式的"结果"语义和［NP1 ViA 了］的句法框架，Vi 为非致使动词，如"站、躺、跳"等，"他站累了"，"衣服洗干净了"。原型"VA 了"动结式表达的是行为和结果之间的影响关系，即致使者和受使者之间的影响关系，"洗衣服"致使"衣服干净"，结果是外力驱动产生的，是典型的致使结果关系；而"他站累了"中，"他站"致使"他自身累"，结果事件是由于自身驱动行为产生的，因此二者之间的子部分连接的承继理据可以看作"状态变化代自身驱动行为"的转喻（Luzondo-Oyón 2014）。

"结果偏离""VA 了"与"预期结果实现"的语义不同，句法框架也存在差异，前者为［NP V｜A 了］，后者为［NP VA｜了］，语用功能也存在差异。由于最大理据性原则，即如果构式 A 和构式 B 在句法上有联系，那么当构式 A 和构式 B 在语义上也存在一定程度的联系时，构式 A 的存在是有理据的，两类构式在句法上存在一定程度的联系，即 V 和 A 构成动结复合动词，语义上也存在一定程度的联系，即表示结果的实现，因此"预期结果的实现""VA 了"是"结果偏离""VA 了"承继的理据。下面从语义、语用功能和认知机制三个方面分析其承继理据。

从述语动词与补语的语义相关性来看，"预期结果的实现"中的动词 V 与结果 A 的语义密切。根据 Bybee（1985）对世界上五十多种语言的调查，语义上与动词相关性越大的语素越容易与动词融合或依附于动词。结果与动作在认知上非常接近，概念距离的接近促进了结果与动词的黏合，V 动词和结果之间往往不能插入"得"，如"衣服洗干净了"。而"结果偏离"中的 A 是程度补语，程度是一个相对主观的概念，因人的感觉而异，V 和 A 的概念距离较大，所以中间往往可以插入"得"，构成组合式补语。董秀芳（2011）从述补短语的类型与词汇化的可能性方面，也谈到结果补语与动词的词汇化的可能性要大于程度补语与动词词汇化的可能性。

从语用功能上看，［衣服洗干净｜了］，动词 V 和形容词 A 构成一个动结复合动词［VA］，然后与"了"结合，信息焦点是在动作直接影响下发生的状态改变，"了"表示事件的完成，从社会规约性的认知

心理看,"预期结果的实现""VA 了"表达的是动作—结果的自然因果关系,是一种规约性关系。[沟挖|深了],形容词 A 先与"了"结合,然后再与动词 V 结合,由于"结果偏离""VA 了"中的 A 多为开放等级形容词,缺乏内在的标准点,必须依靠外在的标准,而 [A 了] 组合中,"了"表示一种虚拟,一种主观变化状态的实现,不是一个实际状态变化过程(彭国珍 2011),该类动结式信息焦点在结果补语上,是因为偏离结果的补语凸显程度高,独立性增强,因此要求独立占据一个句法位置,这就使得它可以和"了"直接结合起来,然后再与述语构成直接成分的关系(宋文辉 2006)。当说话人主观上对结果补语进行强调时,往往表示与说话人的预期偏离的结果,信息焦点的变化造成了语用功能的改变,从而造成语块组合的改变,表层形式相同的构式,如果相应的语块语义不能够完全一致,那么两个同形构式的语用功能就会存在差异(顾鸣镝、汤京鹏 2013)。语用上的"主观性"对构式的语义扩展造成了影响,因此信息焦点的转移是"VA 了"动结式中"预期结果的实现"到"结果偏离"语义扩展的语用理据。

从社会规约性的认知心理看,"预期结果的实现""VA 了"表达的是动作—结果的自然因果关系,是一种客观结果,倾向于一种客观陈述。"偏离结果"指偏离说话人预期的结果,这种结果是说话人的主观评价,从认知机制上看,"预期结果的实现""VA 了"与"偏离结果""VA 了"表达的认知域具有一定的相似性或类比性,从原型成员向非原型成员的语义扩展,就是基于相似性的判断和感知,这是人类认知能力之一,即从主观域到客观域的隐喻映射。吴淑琼(2011)指出现实性动结式到评价性动结式是行域映射到知域的隐喻过程,现实性动结式所表述的结果事件为认识类动结式的评价事件提供了表述对象,是一种语法转喻,认识性动结式的成因是语法隐喻和语法转喻共同作用的结果。"偏离结果""VA 了"的动词类型多样,我们从动词类型分析"偏离结果""VA 了"内部的承继理据。

如前所述,"偏离义"动结式中的动词多为制作类动词,还有放置类动词,买卖类动词和其他类动词,如"衣服买大了""画挂高了""头发剪短了""衣服量长了"等。创造类动词和放置类动词分别构成了创造构式与致使移动构式,创造构式与致使移动构式之间的承继是依靠高层隐喻"致使状态变化"是"致使状态变化是方位的变化"的高层隐喻（Luzondo-Oyón 2014）。致使状态变化是隐喻的致使空间位移，放置类动词，制作类动词与买卖类动词用于"VA 了"动结式的认知理据是隐喻机制，即"致使状态变化是致使空间位移"，这种状态变化包括使事物从无到有的状态变化（如制作类动词），也包括所有权的致使转移（买卖类动词），还包括其他状态变化如切割类动词和度量类动词等涉及的事物状态变化。"VA 了"动结式的承继理据见图 21。

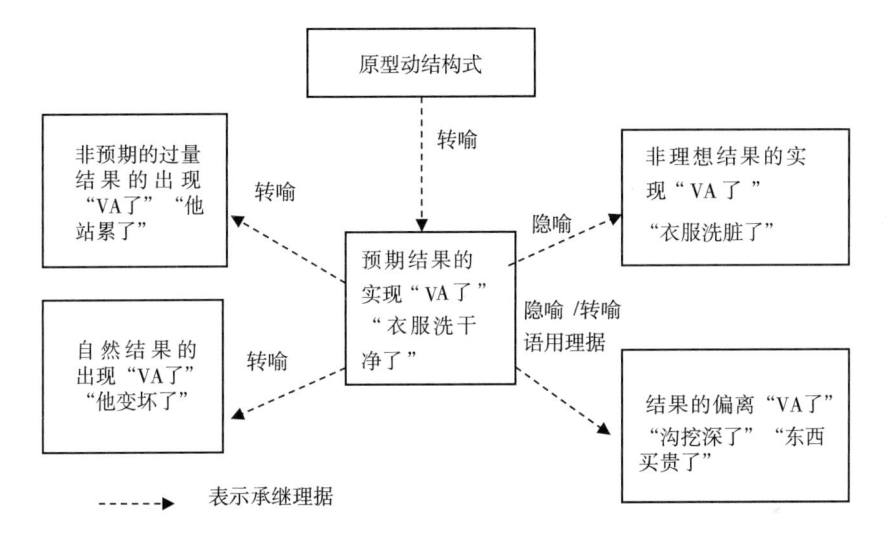

图 21 "VA 了"动结构式的承继理据

如图 21 所示，一方面，原型"VA 了"（预期结果的实现）与原型动结式通过转喻理据实现了子部分连接。另一方面，原型"VA 了"与其子构式"非理想结果的实现"通过隐喻实现多义连接，分别与子构式"非预期的过量结果的实现"和"自然结果的出现"通过转喻机制实现了子部分连接，与子构式"结果的偏离"通过隐喻和转喻的认知机制以及语用理据实现了多义连接和子部分连接。

"VA 了"动结式是具有认知构式语法意义上的独立构式，具有自身句法和语义/语用特征，形成了 [NP VA｜了] 和 [NP V｜A 了] 的句法框架和"预期结果实现"的中心语义。"VA 了"动结式与原型动结式的子部分连接，以及"VA 了"动结式内部以原型语义为核心的多义连接，具有隐喻、转喻等的认知理据及其语用理据。"VA 了"动结式与原型动结式构成了子部分连接，是"结果代致使行为"的转喻。由于构式的能产性，"VA了"动结式形成了以原型意义为核心的多义扩展，原型"VA了"及其子构式由于具有一定程度上的句法联系以及一定程度上的语义和语用联系，而成为子构式承继的理据。"VA了"动结式中的"自然结果的出现"与原型意义"预期结果的实现"通过"致使结果代致使行为"的转喻而形成子部分连接，"非理想结果的实现"通过"非理想结果是偏离预期的结果"的隐喻而实现多义连接，"非预期的过量结果的出现"与原型构式通过"状态变化代自身驱动行为"的转喻而实现多义连接，"结果偏离"义与原型意义"预期结果的实现"具有句法、语义和语用功能上的差异，前者的语块组合为［NP V｜A 了］，后者的语块组合为［NP VA｜了］，语块组合的差异动因在于信息焦点的变化，前者说话人主观上强调结果补语，信息焦点在结果补语上，结果补语凸显，而后者表示的是动词 V 表示的动作行为造成了结果 A，信息焦点是动作直接影响下产生的状态变化，因此形成［VA｜了］的语块组合，信息焦点的转移是语义扩展的语用理据；另外，"预期结果的实现"是客观结果，而"偏离结果"是偏离说话人预期的结果，是一种主观评价，从主观评价到客观陈述是知域到行域的隐喻隐射，"偏离结果"是述语动作的一种伴随的结果，非动作本身的结果，表示通过对动作对象的评述来间接评述动作行为，即"动作对象代动作行为"的转喻，"偏离结果""VA了"中的动词多为制作类动词、放置类动词、买卖类动词及其他类动词，体现了"致使状态变化是致使方位变化"的隐喻。

第八章

动词拷贝动结构式的承继关系及其理据

动词拷贝动结构式（verb-copying construction）由"动宾构式"和"动结构式"两个结构式组成，动词拷贝动结构式具有独立的句法、语义和语用特征，是具有独立构式地位的一种结构式。本章在探讨动词拷贝动结构式的语义及其分类基础上，分析承继句与统制句式的多重承继关系，以及认知层面的理据。

第一节 相关研究

动词拷贝构式是一种在同一句中重复使用谓语动词的语法现象，前一个动词带宾语，后一个动词带补语，因此很多学者称为"拷贝构式"。较早注意动词重复现象的是王力（1944：196），"及物动词目的位后面复一个及物动词"，即"叙述词复说"，赵元任（1968：134）也指出，"V-O-V-R，有时候为了经常连着说，或者有一个成分是黏着形式，V-O 和 V-R 都拒不分开，那就只好把动词重复一下"，并举出实例如"吃饭吃完了①"，"赌钱赌输了"。动词拷贝句又称作重动句，对于该类动结式的研究，主要包括动结式的句法分布和句式转换，补语的语义指向，具有歧义的"VA 了"动结式在该类结构中的语义消歧现象

---

① "吃饭吃完了"，"卖报纸卖完了"，学界对"吃完、卖完"这类动结式能否用于动词拷贝句存在差异，如赵元任（1968）的实例"吃饭吃完了"是可接受的；王红旗（2001）则指出"卖报纸卖完了"不能用于动词拷贝句。我们认为这类完结类动结式不能用于动词拷贝动结式，其否定形式"吃饭没吃完""卖报纸没卖完"则可以用于动词拷贝动结式。

的关注及其解释，以及动词拷贝句的语义、表达功能及其理据。

从句式变化的角度分析动词拷贝句，李临定在这方面用力最多，他在一系列文章中都论述了重动句的句式变换及其特点，当动词的宾语、补语和动词共现一句时，除可以使用重动句外，还可以使用话题句、把/被句、主—动补—宾等，在一定条件下这些句式能够互相变换，能否变换取决于多种因素，其中最主要的受制于补语的语义指向。王红旗（2001）注意到动结式在不同句式中的分布存在差异，如"他卖报纸卖烦了"，"他吃饭吃撑了"，"他买衣服买贵了"，有的动结式能够用在动词拷贝句中，有的不能用在动词拷贝句中，只能用在"把"字句和"被"字句中，如"他把报纸卖完了"，"报纸被他卖完了"，"＊他卖报纸卖完了"，作者指出动结式的分布差异，是由补语的语义指向造成的，即补语的语义指向为施事时，用动词拷贝句，指向动词时，不能用于动词拷贝句，可用把字句和被字句。范晓（2009）探讨了动词拷贝句式与其他句式如"被"字句，"把"字句的转换关系，还探讨了动词拷贝句的语义指向，但是范文没有解释补语具有不同语义指向的原因。

对于开放等级形容词充当结果补语构成的"VA了"句式，既可以表示预期结果的实现，也可以表示偏离预期的结果（陆俭明1990），最早注意到这类具有歧义的动结式在动词拷贝句中可以消歧现象的是项开喜（1997），当"VA了"句式进入动词拷贝句后，歧义消失，只能表示预期结果的偏离，对于进入该句式的"VA了"的歧义消失现象，文章没有做出过多的解释。沈阳、彭国珍（2010）也注意到结果实现类"VA了"补语指向谓语动词的受事时，动词无法重复而构成动词拷贝句，而结果偏离类"VA了"补语指向谓语动词的受事时却可以，有歧义的结果实现类"VA了"中的"剪短、挖深"，一旦进入结果补语动词拷贝句，则歧义消失，只能表示结果偏离义，如"她剪头发剪短了"，"他挖坑挖深了"。为了解释动词拷贝句中此类"VA了"动结式的消歧现象，沈阳、彭国珍（2010）运用"补语小句"理论，提出结果实现类"VA了"和结果偏离类"VA了"在上述句法上的区别是由于二者各自不同的句法生成机制所致。偏离类动结式"VA了"中V1是制作类动词，V2是开放等级式形容词，这类动结式中结果补语小句的谓语是个空谓词，V2是一个附加语（彭国珍2006），从而解释了产生上述区别的原因。学界从句法结构的生成机制上对语义消歧现象进行了解读，具有一定的解释力。通过以上的讨论，可以看出两类结果补语动词拷贝构式的合法性在很大程度上取决于该构式的结构项 V1V2 的语义和事件类型，这也是该类构式进行语义分类的基础。

学界从动词拷贝句的语义、功能及其理据进行研究。Tsao（1987）提出 V1 已经去动词化了，动宾结构（V1+NP2）具有次话题功能，动词拷贝句是话题表达方式。赵新（2002）提出重动句在结构、语义和修辞效果三个方面的功能。项开喜（1997）从表达功能角度对重动句式及其结构项的语义特征和句法表现进行了考察，并对动词重复现象进行了解释，文章提出了一些很有价值的观点：动词拷贝句由两个结构项组成（VP1+VP2），VP1 是无界的，VP2 是有界的，VP2 表示动作行为的超常结果，VP1 在功能上为表示超常结果的 VP2 提供常量参照，文章提出该类句式中补语表示的结果对于动作行为来说，是非预期结果，超常结果，不代表行为主体的意愿，如"他卖报纸卖烦了"，"他吃饭吃撑了"，而表示预期性结果，目的性结果的补语不能进入该句式，如"*吃饭吃饱了"，"*煮饭煮熟了"等。王天翼（2012）结合事件域认知模式与构式语法的多重传承模型，提出"事件域多重传承模型"，解释汉语拷贝句的形成机制，研究对象是普通意义上的动词拷贝式，而不是针对动词拷贝动结式。谢福、王培光（2014）对补语为计量成分的重动构式进行了全面考察，阐述了该构式各构件以及构式的多义性及其主观性，并对若干子构式的功能及其构式理据进行了分析。戴浩一（1990）用认知功能语法关于语言的临摹性原则对动词拷贝句进行解释，认为动词重复是由语义决定的，动词重复具有表述事件自身重复的符号象征功能，动词重复与动词短语所表述事件自身的延续性和重复性有关，如果动词短语表示的是一种瞬时的变化，那么这一短语中的动词就不允许重复。戴耀晶（1998）引入邻接原则（proximity）分析说话人的心理因素，指出语法关系中最密切的两个成分必须邻接。王天翼（2011）分析了动词拷贝式生成的象似性机制。Liu（1995）则讨论了该句式在表达背景、前景信息时的语用和话语因素。聂仁发（2001）认为动词拷贝句来自"背景—目的"的语篇结构，动宾结构引入背景事件，动补结构说明语用目的，是小句的焦点，重动句的语用价值在于引入动补结构。动词拷贝句式具有远距离因果关系动因（张旺熹2002），具有原因解释功能（魏扬秀2001），语用功能就是突出强调动作行为的超常性和非预期结果（项开喜1997），动词拷贝句的结构动因是该句式在结构化过程中对底层的语义结构关系没有特殊的限制，因此可以表示多种意义（施春宏2010）。

上述研究对动词拷贝式的语义和结构动因从语义、语用和认知层面进行了分析，就动词拷贝动结式的语义还有待进一步细化。如果把"突出强调动作行为的超常性和非预期结果"看作动词拷贝动结构式的中心意义的话，由于该构式内部语义缺乏同一性，动词拷贝动结构式还包括若干子构式，子构式与中心构式构成了一个多义网络，动词拷贝动结构式形成了同构多义。由于动词拷贝动结构式是由"动宾构式"［VN］和"动结构式"［V1V2］组成的具有句法、语义和语用特征的独立的构式，对于动词拷贝动结构式的承继关系以及理据尚需进一步探讨。我们从动词拷贝动结构式的多义性入手，探讨构式之间的承继关系及其构式生成的理据，以期对汉语动结构式多义网络的构建提供构式承继及其理据分析的实例。

第二节　动词拷贝动结构式的语义及其特征分析

动词拷贝动结构式句法框架为［NP1 V1NP2 V1V2（NP3）］，其中，NP1为句法主语，V1为谓语动词，NP2为句法宾语，V2为结果补语，NP3为动结构式的宾语，动词拷贝动结式可概括为［V1NP2 V1V2］结构，该构式最大的特点是谓语动词被重复使用两次，句法宾语和结果补语两个信息同时出现在一个结构式中。从形式上看，动词拷贝动结式是由"动宾构式"和"动结构式"两个构式组成的复合构式。从构式承继关系看，该构式承继了"动宾构式"和"动结构式"的句法和语义特征，构成多重承继关系。动词拷贝动结式承继了"动宾构式"和"动结构式"的互相不产生矛盾的句法和语义特征，同时构式本身对这种承继关系具有主动的选择性，选择那些与构式语义自身没有矛盾的统领句的语义特征，摈弃那些与自身构式语义不相容的语义特征，承继句又形成了不同于统制句的构式语义和语用特征。

学界根据不同的研究目的对动词拷贝式进行分类，如唐翠菊（2001）根据句式变换（是否能变换为"把"字句）以及VP1和VP2的语义联系，把重动句分成"致使性重动句"和"非致使性重动句"，研究对象包括黏合式述补结构，也包括组合式述补结构（即补语为"得"字结构）。与唐翠菊（2001）的分类类似，刘培玉（2012）根据述语构件和补语构件是否具有致使关系，将动结式重动句结构分为致使性动结式重动句和非致使性动结式重动句两类。李江（2002）按内部语义关系和表述关系将该句式分为两大类：因果关系和评说关系。以上分类把动词拷贝式分为"致使性"和"非致使性"两大类，其中"因果关系"和"评说关系"分别对应于"致使性"关系和"非致使性"关系。我们的研究对象是动词拷贝动结构式，"致使性"和"非致使性"是该类动结构式语义分类的重要依据。如前所述，结果实现类"VA了"补语指向述语动词的受事时，动词无法重复而构成动词拷贝句，而结果偏离类"VA了"则可以用于动词拷贝动结式（王红旗2001，项开喜1997，沈阳、彭国珍2010），构式义明确表达施事者持续执行或者重复某一动作，从而使受影响者经历变化。结果补语动词拷贝构式的中心意义在于事件的结果义，由于不同类型的结果补语的语义，动词拷贝动结式从而衍生出多种语义。基于认知构式语法的形—义/功能配对的主张，我们把动词拷贝动结构式的语义概括为五类：超量的非预期结果的实现，非预期结果的出现，偏离结果的出现，说话人对结果的主观强调，还有一类是动词拷贝动结构式的带宾形式，这类动结构式的语义可以概括为间接致使结果的出现。

第一类语义是"超量的非预期结果的实现"，表示由于动作行为的超常量对施事造成的非预期结果的出现，如：

162）他天天吃快餐都吃腻了。

163）你一定是那天洗冷水澡洗病的。

164）我躺在床上看了一上午的小说，头都躺晕了。（王砚农等1987）

165）老王想问题想呆了，别人跟她说话，他都没听见。

该类构式的补语语义指向主语,说明施事主语在动作事件作用下发生的状态变化,学界普遍认为,当补语语义指向主语时,可以使用动词拷贝句(李纳、石毓智1997,王红旗2001)。上述实例(例162-165)中,使因事件分别是"他天天吃快餐","你洗冷水澡","我躺在床上看小说","老王想问题",使果事件分别为"他腻了","你病了","我晕了","老王呆了",使因事件与使果事件具有致使关系,结果补语"腻、病、晕、呆"语义指向分别是使因事件的施事论元"你、我、老王"。例162和例163中的宾语均为受事宾语,例164中的宾语可以看作施事活动的处所宾语,例165中的宾语是客体宾语。动词拷贝动结构式的结果补语常常为状态变化动词如"烦、够、腻、怵、胖、瘦、美、呆、丑、怕、累、病、急、糊涂"等,表示施事或发动者的心理活动、状态或感觉。述语动词从语义上可分为动作动词和心理动词两类,主要是动作动词如"看、读、买、写、洗"等和少数心理动词如"想"等。

李纳、石毓智(1997)指出动词拷贝式的使用,有时是选择性的,有时是强制性的。选择性用法是动词拷贝式引进受事宾语的方式之一,还可以将受事名词置于主语前后而话题化,或者将受事名词置于整个动补结构之后。与此相反,强制性用法则是动词拷贝式引进受事宾语的唯一方法。动词拷贝式是选择性用法还是强制性用法主要取决于宾语或者补语的特征。如"看书看病了","吃肉吃胖了",补语"病"和"胖"的语义指向都是主语,而且也都是不及物的,它们与宾语"书"和"肉"既没有语义联系,也没有句法上的关系,动词拷贝动结式是引进受事宾语的唯一方法,该类动词拷贝句无法将受事名词置于主语前后而话题化,或者将受事名词置于整个动补结构之后,如*他书看病了,*书他看病了,*他看病了书,*他肉吃胖了,*肉他吃胖了,*他吃胖了肉。在例162和例163中,动宾构式"吃快餐"和"洗冷水澡"中的"快餐"和"冷水澡"分别是受事宾语,例163中结果补语"病"与宾语"冷水澡"没有任何语义或句法上的关联,可以看作动词拷贝动结式的强制性用例。而例162中的受事宾语还可以进行如上方式的处理,形成如"他快餐吃腻了,快餐他吃腻了,他吃腻了快餐",结果补语"腻"与受事宾语"快餐"具有及物性关系,因此例162是动词拷贝动结式的选择性用例。

结果补语指向施事的动词拷贝动结式倾向于是一种强制性现象。由于动词的持续性和重复性造成动作的过量，动作的过量影响了施事的状态变化，该语义可以看作动词拷贝动结式的中心语义，具有该类语义的动词拷贝动结构式是其原型构式。

第二类构式语义是"非预期结果的实现"，补语表示预期结果的偏离，即施事通过有意识的动作希望产生预期结果，但事实上偏离了预期结果，由于动作行为对实体造成的结果是非预期的，因此常常表达非理想的负面的结果，如：

166）他煮饭煮糊了。
167）他染布染花了。
168）你用脏抹布擦桌子，擦不干净反而擦脏了。

该类动结式的结果补语语义指向宾语，描述宾语名词在动作影响下发生的状态改变。由于人们期待的结果往往是理想的积极的，如"煮饭"的预期结果是"饭熟了"，"染布"的预期结果是"布上色了"，如"染红了"，"擦桌子"的预期结果是"桌子干净了"，而上述实例中的事件结果是非预期的，与预期结果不符，"饭糊了"（例166），"布花了"（例167），"桌子脏了"（例168）。从社会规约性看，"预期结果"表示约定俗成的动作—结果关系，是自然的因果致使关系，而"非预期结果的实现"与此相对，指动作—结果之间的关系不是约定俗成的，超出、低于或与约定俗成的结果相反的事件结果。

第三类构式语义是"偏离结果的实现"，指述语动词表示的动作行为引起的结果偏离了说话人的预期，如：

169）他炒菜炒咸了。
170）你挖坑挖深了。
171）他买菜买多了，可以分一半给你。
172）今天孩子们放学放晚了，平时这时候早已经回来了。（王砚农等 1987）

结果偏离类"VA 了"可以用于动词拷贝动结式（王红旗 2001，项开喜 1997，沈阳、彭国珍 2010），与结果偏离类"VA 了"的语义性质相似，结果偏离类动词拷贝动结式包括致使性（例 169 和例 170）与非致使性（例 171 和例 172）两类，在"炒菜"，"挖坑"这一动作事件中，菜炒得比说话人预期要炒得咸，坑挖得要比说话人预期要挖得深，在"买菜"和"学英语"这一动作事件中，菜买得比说话人预期要买的多，学英语要比说话人预期要学的早。

由于动词的重复，结果偏离类动词拷贝动结式中的使因事件在句法表层明示出来，这类结构中的动词通常为制作类动词，结果补语为开放等级形容词。

第四类构式语义是说话人对结果的主观强调，指事件结果是对动作行为本身的描述，说话人主观上对这种结果进行强调，如：

173）他受罪受够了。
174）崔满仓娶这三霞娶对了。
175）我拿着票找你找错了。（李临定 1986）

该类动结式中的结果补语既不指向主语，也不指向宾语，而是对动作事件本身的描述，结果补语"够、对、错"是对动作事件"受罪"，"娶三霞"，"找你"的说明（例 173-175），这类动结式中的句法构造层次可以看作 [NP1 V1NP2 V1 | V2 了]，由于说话人主观上强调结果补语，结果补语成为语用焦点得以凸显，比较该类动结式的变换式"他受够了罪"，"他娶对了人"，"你找错了人"，结果补语处于次焦点位置，当说话人对这种结果进行主观强调时，需要将结果补语置于句尾自然焦点位置，构成动词拷贝动结构式。

还有一类动词拷贝动结构式，动结构式之后另有宾语，[V1V2 NP] 是"动—补—宾"形式。根据认知构式语法形式—语义/功能的配对，这类动结式可作为一个子构式纳入动词拷贝动结构式的多义网络中进行分析，这类子构式的语义可以概括为间接致使结果的出现，如：

176）公交洗车洗湿了车内座位。（海峡都市报 2009-5-14）

177) 修车匠写诗成瘾写破两块黑板。（楚天都市报 2010-10-5）
178) 他玩牌玩忘了一件重要的事。
179) 他扫地扫弯了腰。

该类构式的结果补语语义可以指向宾语（例 176-178），也可以指向主语的一部分（例 179），构式语义也缺乏同一性，既可以表达过量的非预期的结果（例 177，179），也可以表达偶发的间接致使的结果（例 176，179），既可以表示他致使义（例 176-178），也可以表示自致使义（例 179），作为自致使义动词拷贝动结式，"他扫地扫弯了腰"中的非次范畴化宾语可以看作隐喻的真宾语动结式，不再单独列为一类，而是作为带宾动词拷贝动结式的子构式一并加以分析。由于动词拷贝动结式大多表示他致使义，因此该类动结式的语义可以概括为间接致使结果的出现，即使因事件与使果事件的致使关系是间接的，如"洗车"致使"（车）的座位湿"，"写诗"致使"黑板破"，"他玩牌"致使"他忘了一件事"，"他扫地"致使"他的腰弯"。动词拷贝句陈述的是同一事件密切相关的两个方面，换句话说，表述的是单一事件发生的不同阶段——过程和结果（戴耀晶 1998）。

第三节 动词拷贝动结构式的承继关系

动词拷贝动结构式由"动宾构式"和"动结构式"两个构式组成，从承继关系看，一个下位构式存在两个独立的上位构式，并从两个独立存在的构式中承继信息，下位构式与上位构式构成了多重承继。根据认知构式语法的理念，下位构式承继的不是上位构式的全部特征值，而是承继与上位构式相互不矛盾的主要特征。当上位构式与下位构式的特征相矛盾时，下位构式具有能动的选择和决定作用，只有符合下位构式意义的构式特征，才被允准进入该构式，除了承继上位构式的特征外，下位构式还具有自身的构式意义和语用功能。从句法上看，动词拷贝动结式可分为带宾语和不带宾语两类，根据认知构式语法的无同义原则（形式不同则语义不同），以及最大理据性原则（构式之间的理据是最大化的），这两类动结构式属于动词拷贝动结构式的范畴成员，具有不同但又相互关联的语义和语用功能，因此其承继关系也具有相同和不同的方面。动词拷贝动结构式的承继连接见图22。

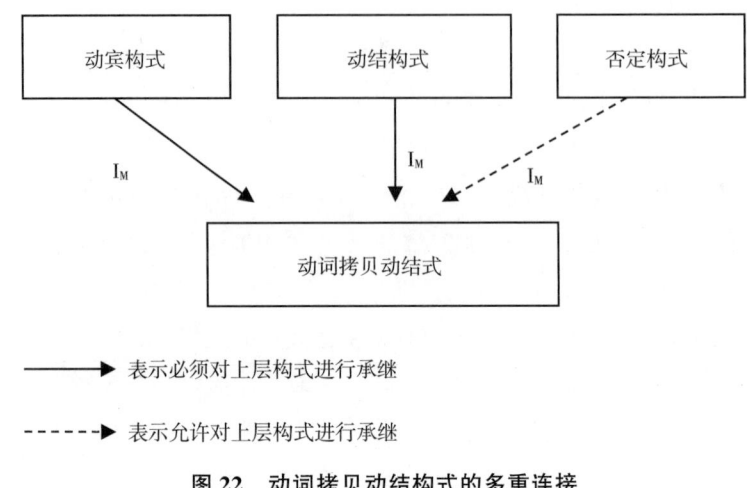

```
┌─────────┐      ┌─────────┐      ┌─────────┐
│ 动宾构式 │      │ 动结构式 │      │ 否定构式 │
└────┬────┘      └────┬────┘      └────┬────┘
     │ I_M            │ I_M            ┊ I_M
     ▼                ▼                ▼
            ┌──────────────────┐
            │   动词拷贝动结式   │
            └──────────────────┘
```

——▶ 表示必须对上层构式进行承继

----▶ 表示允许对上层构式进行承继

图22　动词拷贝动结构式的多重连接

如图22所示，动结式动词拷贝构式，作为下位构式，承继了上位构式"动宾构式"和"动结构式"的主要特征，动词拷贝动结式没有承继上层构式的全部语义和句法特征，而是对其中相互一致的信息进行承继，而排除了若干相互矛盾的信息，在承继过程中，下位构式具有能动的选择和决定作用，下位构式对上位构式的多重承继，不是全部承继，而是一种选择性承继。"在语法知识系统的关系网络模式中，一个构式可以同时和多个构式发生范畴化关系"（Goldberg 1995：63-72）。下面分别从动词拷贝动结构式与"动宾构式"与"动结构式"的承继关系探讨构式之间的这种范畴化关系。

一　对动宾构式的选择性承继

动词拷贝动结构式作为下一级构式，对上一级构式"动宾构式"进行选择性承继。动宾构式作为一种独立的构式，具有［VN］的句法框架，动宾构式是一种及物性结构，首先从 Hopper & Thompson（1980）的及物性等级参数（表21）来分析动宾构式的选择性承继。

表 21　　　　　　　及物性等级（Hopper & Thompson 1980）

	高及物性	低及物性
参与者	两个或更多	一个
行为（kinesis）	行为	非行为
体（aspect）	有界（telic）	无界（atelic）
瞬时性（punctuality）	瞬时性	非瞬时性
肯定性（affirmation）	肯定	否定
语气（mode）	现实的	非现实的
自主性（volitionality）	自主	非自主
施动性（agency）	强	弱
宾语受影响程度（affectedness of the object）	完全受影响	不受影响
宾语个体化程度（individuality）	高度个体化	无个体化

关于动宾构式中有界和无界特征的承继，从终点看，一个有界的行为是指一个行为被有效地传递到一个受事，比如 I ate it up（我吃完了），活动被看作完成的，传递得以完整地实现，是一个有界行为（Hopper & Thompson 1980），副词 up 作为附加语表示无界事件 "eat it" 的完成（Talmy 2000b）。而在 I'm eating it（我在吃）中，传递只是部分地完成，因此是一个无界行为。动词拷贝动结构式承继的上一级构式 "动宾构式"，如 "读书，洗衣服，挖坑" 表示传递到受事的动作只是部分地完成，是一个无界行为（项开喜 1997）。动宾构式的无界特征被承继到动词拷贝动结构式中。

非瞬时性和瞬时性可以看作在开始（inception）和完成之间没有明显的过渡阶段，由于动词拷贝构式的动词需要具有可重复性，使因事件需要具备延续性和重复性，动宾构式的非瞬时性特征被下一级构式承继。

"自主性" 与 "非自主性" 是指对受事的影响，动词的自主性越强，对受事的影响性就越明显，当施事是有目的的行事时，自主性就增强，如 I wrote your name 是自主的，而 I forgot your name 是非自主性的，前者对受事的影响比后者明显。由于动词拷贝动结构式具有 "致使—结果" 的意义，"动宾构式" 中的动词必须是自主的，对受事具有影响性。

"宾语的受影响性" 指一个行为传递到受事的程度，即受事的受影响程度，完全受影响指受事受影响的程度是完全的彻底的，如 I drank up the milk（我喝光了牛奶）与 I drank some of the milk（我喝了一些牛奶），milk 在前句中的受影响程度高于后句。"动宾构式"中宾语的受动作行为的影响程度不能太高，动词拷贝动结构式中由于使果事件的前景化，"动宾构式"的宾语的受影响程度要低于"动结构式"中受动作影响发生状态变化的实体，受影响程度高的宾语不适合出现在动词拷贝动结构式中凸显程度低的句法宾语位置（宋文辉 2006），如：

180）＊他坐灯坐灭了。

李临定（1986：185—186）指出动词拷贝动结式中（原文称作"动补"格句型及其句式变换），动宾结构可以省略的情况，"动$_1$+名$_受$"在两种情况下可以省去，一是常见的组合（例181），二是名$_受$是虚设的（例182），如：

181）他（喝酒）喝醉了。
182）他（走路）走累了。

动宾结构可以省略的情况也间接说明"动宾构式"表示的事件是背景事件，当背景事件是可预测的或不言而喻的，"动宾构式"就可以省略而生成不及物动结构式。

"宾语个体化程度"指包括高度个体化和无个体化，指称个体化程度高的名词包括专有名词、人和生命体、具体、单数、可数、指称的和定指的；非个体化指称的名词包括普通名词、非生命体、抽象、复数、集合名词、非指称的。李纳、石毓智（1997）指出拷贝构式宾语通常为"类属词"而不能是"定指词"，动宾结构是类结构，我们收集的一部分语料也说明了这一点，如"等车等腻了，打扑克打腻了，管账管腻了，养花养腻了，逛商店逛累了，搬家搬累了，擦地擦累了，吵架吵累了"等。但也存在一小部分动词拷贝动结构式实例，宾语不仅限于"类属词"，还有个体化程度高的专有名词、定指词（例183—184），还有表示程度的时间修饰成分（例185—186），如：

183）老是唱那几首歌我都唱腻了。
184）每天爬六层楼我都爬腻了。
185）打了两个多钟头的篮球，实在打累了。
186）他拔了一天草拔累了，不愿再动一动。

关于动宾构式的肯定与否定，学界普遍认为动词拷贝动结构式中的"动宾构式"没有否定形式（项开喜1997，王天翼2012），即无法对使因事件进行否定（例187—188），如：

187）*他没煎鱼煎糊了，都不能吃了。
188）*他没买菜买晚了，好菜都没了。

从以上讨论可以看出，作为承继连接的上位构式，"动宾构式"必须是一种具有高及物倾向的语义结构，即具有一些高及物性特征，即"两个参与者，非瞬时性行为，肯定的现实语气，自主性和强施动性，宾语完全受影响性"，这些特征被下位构式有选择地进行了承继。

二 对动结构式的选择性承继

如前所述，动词拷贝动结式表示的是事件的终结性，其中动结构式的多义性是该构式多义性衍生的基础。"动结构式"作为独立存在的一类构式，具有多义性，由于动词拷贝动结式的有选择的承继，"动结构式"的一部分语义特征被承继下来。

首先，结果实现类动结式，当述语动词的补语指向受事时，不能被下层构式得以承继，如：

189）*他打玻璃打碎了。（沈阳、彭国珍2010）
190）*他骑自行车骑坏了。（施春宏2010）

使因事件"骑自行车"和使果事件"自行车坏"之间的联系可预测性高，不需要把使因事件明示出来，因此不需要用动词拷贝句，用一般动结式表达即可，如"他打碎了玻璃杯"，或"他把玻璃杯打破了"，

"他骑坏了自行车"或"他把自行车骑坏了"。从社会规约性看,"预期结果"表示约定俗成的动作—结果关系,是自然的因果致使关系,而"非预期结果的实现"与此相对,指动作—结果之间的关系不是约定俗成的、超出、低于或与约定俗成的结果相反的事件结果。另外,"非预期结果的实现"不同于"继发结果的实现","继发结果的实现"指在动作直接影响下实体发生的状态改变,一个动作事件可以引发若干不同的继发结果,因此"继发结果的实现"动结式不能用于动词拷贝动结构式(例189—190)。

"结果的达成"动结构式由于表示事件的完结语义,也不能进入动词拷贝动结构式(例191),如:

191)＊他卖报纸卖完了。(王红旗 2001)

其次,否定构式允许作为上层构式得到承继,由于动结构式作为句尾焦点,是焦点信息,因此,否定构式允准对动结构式添加否定标记(例192),如:

192)选他当代表没选错,他是一个非常能干的人。(王砚农等 1987)

结果实现类动结式和完结类动结式的肯定式不能被下一级构式承继,如果对该类动结式进行否定,就允许进入动词拷贝句(项开喜 1997),其否定式可以被下一级构式承继(例193—196),如:

193)他敲门没敲开。(＊他敲门敲开了。)
194)他卖报纸没卖完。(＊他卖报纸卖完了。)
195)他洗衣服没洗干净。(＊他洗衣服洗干净了。)
196)我给你打了一上午电话也没打通。(王砚农等 1987)

结果实现类动结式能够进入到动词拷贝构式的否定式,可以理解为对结果实现义的否定就是对预期结果的肯定。

最后，动词拷贝动结构式与"把"字动结式，"被"字动结式一样，都不是一个基本层次意义上的构式，而是一个基本范畴内的下一层构式，是构式与构式之间多重承继连接的结果，动结构式分别与其他构式（动宾构式，把字句，被字句）一起作为上一层构式，通过构式承继，生成下一级构式，如动词拷贝动结式，"把"字动结式，"被"字动结式。作为下一级构式的承继构式具有的整体性语义，对上一级构式的承继具有能动性和选择性。

带宾语动词拷贝动结式承继连接与不带宾语动词拷贝动结式类似，承继了"动宾构式"，"动结构式"，允准承继"否定构式"，带宾语动词拷贝动结构式有时可以允许把字构式，如：

197）孩子们踢球把人家的玻璃踢碎了。
198）他剁馅把手都剁酸了。
199）他砸核桃用力过猛，把核桃皮砸崩了。

把字句动结式绝大多数情况下都是焦点，"宾语论元放在'把'的宾语和受事主语句的主语位置上，补语就处于句尾了，这样的语序安排与焦点后置原则是一致的"（郭锐 1995：180）；间接致使义动结式可以用于动词拷贝动结式与把字句具有兼容性、表示非预期结果，偏离结果的动结式也可以与把字句兼容（例200），如：

200）他天天心不在焉，炒菜把菜炒咸了，煮饭把饭煮糊了。

动结构式作为上一级构式，其部分语义和句法形式被下一级构式得以承继，如过量的非预期结果的实现，非预期结果的实现，偏离结果的实现，主观强调结果的出现，间接致使结果的出现，以及上述动结构式的否定形式以及预期结果实现和完结类动结式的否定形式，允许承继把字句，通常表示间接致使结果。同时，承继句对预期结果的实现和完结语义进行排斥，这与承继句的语义有关。

第四节　动词拷贝动结构式多重承继的理据

动词拷贝动结构式与"动宾构式"与"动结构式"构成多重承继关系，承继句与统制句式的多重承继关系具有人类认知的动因。

动词拷贝动结构式体现了图形—背景的概念化方式，使因事件背景化，凸显结果事件。人们对图形—背景的感知（perception of figure-ground）（Talmy1978，2000a）以凸显原则为基础，语言结构中信息的选择与安排是由信息的凸显程度决定的，当人们在观察环境中的某个物体时，通常把这个物体作为知觉上凸显的图形，把环境作为背景，可见图形—背景的分离是由于不同的感知与识解方式。语言中的图形—背景可以表征为空间方位事件或空间运动事件中两个相关实体，也可以是时间关系事件或其他关系的两个相关事件。"图形"与"背景"从空间物体的相对位置延伸至时间事件的相对位置，即空间—时间具有同源性（Talmy：1978）。"图形是一个时间上可以变化的事件，我们关心的是事件在时间上的这些变量。背景是一个参照的事件，在参照框架（通常指一维时间轴）内有静止的背景，通过这一背景，图形事件的时间定位得以描述"。（Talmy 2000a：320）如：

201a）She slept until he arrived.
201b）We stayed at home because he had arrived.
（Talmy 2000a：326）
201c）他按下了按钮，汽车爆炸了。
201d）汽车爆炸前，他按下了按钮。
201e）正说着，门被推开了。

上述时间事件（例201a-e）中，从句 until he arrived 被感知为背景事件，作为一个不变的已知参照点，为图形事件 he arrived 提供了时间参照，凸显图形事件。背景事件"按下按钮"作为一个不变的已知参照点，为图形事件"汽车爆炸"提供了时间参照，凸显图形事件，图形事件实现为主句，背景事件实现为从句，体现了图形优先于背景的概念化原则，具有语言共性。主句"门被推开了"被识解为图形事件，从句"正说着"被识解为背景事件，意外发生的事件（门被推开了）打断了正在进行的动作或持续的某种状态；一个事件在句中所涉及的一段时间之内发生，用"着"表示正在进行的动作，重要的信息在主句，"其位置必定定位于句末，表示叙述的信息达到高潮"。(Quirk et al, 1998: 1498)"门被推开了"是瞬间发生的有界事件，"正说着"是正在发生的持续的动作，是无界事件（彭芳 2013）。

　　动词拷贝动结式体现了时间事件中图形—背景的概念化方式。如"他读书读累了"，动宾构式"读书"是一个持续的过程事件，是在时间轴上的一个时段发生的无界事件，被识解为背景事件，动结构式"读累了"在一维的时间轴上是一个节点，是一个瞬间的有界事件，有界性是图形的一个重要特征，"读累了"被识解为一个图形事件。动词拷贝动结构式是一个过程—结果事件，背景事件作为认知参照点，为图形事件提供认知参照，并凸显结果事件"读累了"。有界的事件包含在无界的事件之中，图形倾向于包含在背景之中。图形—背景的概念化方式，即以先事发生的时间为时间参照，来观察后事发生的时间，也就是"以一事为另一事的时间背景，就是说拿甲事来指乙事发生的时间"（吕叔湘 1982: 370），动词拷贝句用来引进背景知识（徐枢 1985，李临定 1980）。

　　动词拷贝动结构式中动宾构式作为背景事件，没有得到凸显，背景事件是一个过程事件，具有可重复性，因此宾语位置上的信息凸显是不允许的。本节运用图形—背景的概念化对上述动词拷贝动结构式实例进行解释。

　　首先，由于背景事件的非凸显性，动宾构式宾语受影响程度不能太高，这也就解释了"*他坐电灯坐灭了"（宋文辉 2006）的不可接受性，因为背景事件不能是一个凸显事件，这跟"他骑自行车骑破了"（施春宏 2010）的不可接受性具有相似之处。"坐电灯"虽然具有重复性，但由于使因事件的非凸显性，不能用于动词拷贝句，可用于把字句，如"他把电灯坐灭了"，这与把字句的致使性语义有关。

　　背景事件的重复性和过程性，如"*跳河跳累了"（王天翼 2011），由于背景事件"跳河"是瞬间事件，缺乏持续性、过程性，因此不可接受。

其次，图形事件是有界事件，背景事件是无界事件，二者具有包容关系，以下实例的可接受性均与该特征有关。首先，结果实现类动结式无法被动词拷贝动结式承继，"＊他打玻璃杯打碎了（例189），＊他洗衣服洗干净了"，因为该类动结式表示的是预期结果的实现或继发结果的实现，从社会规约性上看，是一种约定俗成的自然的因果关系，而只有非预期的、与规约性结果相悖的事件结果才值得说，值得凸显，因此只有"过量的结果"、"非预期的结果"、"偏离说话人预期的结果"、"说话人主观强调的结果"、"间接致使结果"动结构式才被动词拷贝动结式承继（例162—179）。

表示完结类动结式也无法被动词拷贝动结式承继，也是出于同样的原因，如"＊他卖报纸卖完了"（例191），虚化结果补语"完"本身就是对一个无界事件的完结，是一个过程事件中的一个节点，事件的完结性通过结果补语"完"就得到了凸显。

另外，预期结果实现动结构式和完结类动结式的否定式，可以被下层构式得以承继。否定是一种有标记形式（沈家煊1999b），预期结果实现动结构式与完结类动结式的否定式，是对图形事件提供的预设信息进行否定，通过对预设信息的否定，实现对图形事件的凸显，如"洗干净"、"打碎"、"读完"、"打通"分别是"洗衣服"、"打玻璃"、"读书"、"打电话"的一个预设信息，由于动词拷贝动结式中的图形事件必须得到凸显，而这类预设信息无法得到凸显，因此无法实现为图形事件；而"没洗干净"、"没打碎"、"没读完"、"没打通"是对以上预设信息的否定，否定式作为一种有标记形式得以凸显，从而实现为图形事件（例193—196）。

由于使因事件是背景事件，使果事件是图形事件，动宾构式宾语的个体化程度不能过高，介于高度个体化和无个体化之间的程度，如果宾语个体化程度过高，使因性就增强，个体化程度高的名词本身就可以充当使因，当使因得以凸显时，倾向于使用倒置动结构式（例202—203），如：

202）周立波透视装看哭了网友

203）3D 电影看坏了眼睛

　　动词拷贝动结构式承继的认知动因还包括象似性原则，如邻接原则（戴耀晶 1998），即语法关系中最密切的两个成分必须邻接，通过重复使用动词，动作与受事、动作与结果两种语义关系密切的概念用动宾、动补两个显性句法形式紧凑地表现出来。由于动宾结构在前，动补结构在后，动词拷贝动结构式还体现了"时间顺序"原则：句法结构中的先后次序由这些成分所代表的事物在概念结构中的时间序列上的先后决定（Tai 1985：49-72）。这些原则对汉语词序的线性排列组合有很强的制约作用。汉语中这种先后的自然顺序是无法反驳或取消的，汉语中已经把这一认知视角给语法化了（高增霞 2005）。动词的重复使用使得动宾构式具有过程性和重复性，体现了数量象似性原则，即形式越多，意义越多（Haimann 1980）。

　　动词拷贝动结构式的生成还体现了表达能力最大化原则与最大经济性原则的竞争关系。一方面，动词拷贝构式通过动宾构式和动结构式的组合，既表达了动作的过程，又表达了动作的结果，避免了用两个分句传递等量概念，体现了最大经济化原则；另一方面，表达能力最大化原则要求语言中存在更多不同的形式，语言形式与现实世界具有同构性，这就是语言的同构理据，即象似性理据，动词拷贝动结式的使因事件（动宾构式）为使果事件（动结构式）提供了背景事件，使因事件和结果事件在语言表层得以显性表达，体现了概念语义与语言形式的同构，具有同构动因。

　　动词拷贝动结式由动宾构式和动结构式组合而成，语义上密切相关的动作—受事，动作—结果的语义关系得以显性表达（动宾构式和动结构式）。动词拷贝动结式具有独立的构式地位，动词拷贝动结式表示的是事件的终结性，根据与此事件终结性一致的不同类型的补语语义，动词拷贝动结式具有多种衍生义，如超量结果的实现，非预期结果的出现，偏离结果的出现，说话人对结果的主观强调，间接致使结果的出现（主要指动词拷贝动结式的带宾形式），其中，超量结果的出现是该构式的中心意义。动词拷贝动结式作为下层构式与上层构式即动宾构式和动结构式构成了多重承继，下层构式对上层构式的承继是能动的，是一种选择性承继，承继了与自身语义不相矛盾的特征值。动宾构式是一种具有高及物倾向的语义结构，具有一些高及物性特征，即"两个参与者，非瞬时性行为，肯定的现实语气，自主性和强施动性，宾语完全受影响性"，这些特征被下位构式有选择地进行了承继。对动结构式语义特征的承继，排除了预期结果，继发结果，完结类动结式。多重承继关系具有认知理据，动词拷贝动结构式是对同一事件发展的不同阶段（过程和结果）进行了分解式详述，动宾构式和动结构式分别被概念化为背景事件和图形事件，图形事件是有界事件，是凸显事件，背景事件是无界事件，作为背景知识而存在，被包含在背景事件中。图形事件和背景事件的概念化对多重承继关系进行了合理的解释，如动宾构式动词的非瞬时性特征，动宾构式否定式的排斥，宾语的完全受影响性等，动结构式中对某些语义特征的承继而对另一些语义特征的排斥，如对预期结果动结式的否定形式的承继，是因为否定是一种有标记性，可以看作对预设信息的否定，预期结果动结式的否定式使得预期结果变得凸显，从而得以被下层构式承继。动词拷贝动结式具有象似性理据，如动宾构式与动结构式在句法上的连续表达，体现了语义上密切相关的概念在形式上必须邻近的邻近原则；事件顺序对应于小句的序列顺序的顺序原则；动词的重复使用表示事件过程的可重复性，则体现了数量原则，即形式越多，意义越多。动词拷贝动结式的生成还体现了表达能力最大化原则与最大经济性原则的竞争关系，一方面，动词拷贝构式通过动宾构式和动结构式的组合，既表达了动作的过程，又表达了动作的结果，避免了用两个分句传递等量概念，体现了最大经济化原则；另一方面，表达能力最大化原则要求语言中存在更多不同的形式，动词拷贝动结式的使因事件（动宾构式）为使果事件（动结构式）提供了背景事件，使因事件和结果事件在语言表层得以显性表达，体现了概念语义与语言形式的同构，具有同构动因。一个最佳的表达系统就是语言使用者所处的世界中的每一个不同的事物都有一个不同的标签，这两条原则相辅相成，彼此限制（Goldberg 1995），动词拷贝动结构式是最佳表达系统中的一个实例。

第九章

汉英语动结构式的承继
关系及其理据对比

构式来源于对事件场景的描述，不同的事件场景可以编码为不同的事件类型，同一事件场景由于不同的语用因素和认知因素，形成句法相似而语义不同的构式，从而形成以原型构式为中心的构式网络，构式与构式之间具有层性级。在第四章至第八章对于汉语原型动结构式及其若干子构式承继关系及其理据分析的基础上，本章首先对汉语动结构式承继网络及其承继理据进行梳理，然后对英语动结构式网络及其理据性承继进行考察。由于同一事件场景在不同的语言中可以存在相似或相异的构式类型及其构式承继关系，因此对英语动结构式的多义性，承继网络及其理据的分析，可以发现同一事件场景在不同语言中的编码及其理据性承继的相同和相异之处，为构式跨语言的概括性和构式的语言独特性提供实例验证。

第一节　汉语动结构式承继网络

汉语动结式是一个以原型动结式为中心的多义网络，汉语动结式呈现［NP V1V2 NP2］和［NP V1V2］的基本句法框架，从句法功能上看，前者为带宾语动结式，后者为不带宾语动结式。由于对不同事件成分的识解和凸显，前者形成了原型动结式，结果补语隐现动结式，非次范畴化宾语动结式，倒置动结式，动词拷贝动结式等多义构式，后者形成了"VA 了"动结式。由于认知构式语法的最大理据性原则，汉语原型动结式及其子构式形成了一个多义范畴网络，其中若干子构式以不同方式在不同维度上与原型动结式形成连接,从而构成多种构式连接类型。

一　隐喻连接

隐喻连接是一种意义映射的方式,指一个构式与另一个构式通过一个隐喻映射实现连接。非次范畴化宾语动结式与原型动结式构成了隐喻连接,即两个构式的连接通过隐喻隐射得以实现。原型动结式的中心意义是"施事或发动者通过动作致使事物发生状态改变",受事是动作直接影响的客体或对象,是一种直接致使的语义关系,原型动结式的语法结构为[Subj. V1V2 Obj.],如"他打碎了玻璃杯"。非次范畴化动结式承继了原型动结式的句法框架,如"他哭瞎了眼睛",而致使结果的语义是通过隐喻隐射得以实现的。具体来说,动结式中复合动词短语V1V2范畴和宾语Obj.范畴是个多义范畴,原型动结式中的V1通常是影响类动词,而非次范畴化宾语动结式中的动词为非宾格动词,非宾格动词不能对事物的状态变化产生直接的影响,是非影响类动词,为了允准非影响类动词进入该构式,我们需要对其进行再范畴化,把它看作具有影响性的动词。从原型动结式到非次范畴化宾语动结式的语义扩展,是构式类型的转换,是源域到目标域的映射,原型动结式到非次范畴化宾语动结式的类型转换,受到语法隐喻的允准。由于人们倾向于对没有影响力的动作看成具有影响力的事件,即"动作是有影响的行为"的隐喻,使得源域概念与目标域概念的映射成为可能。"动作是有影响的行为事件"的隐喻包括两个概念,动作概念和结果概念,在句法层面,目标域中的动作动词"哭"被范畴化为"影响类动词",即"哭"致使事物产生状态变化,隐喻允准结果补语"瞎"与动词"哭"融合成为一个"动作—结果"的动结表达式,如"他哭瞎了眼睛"。源域中的动作和结果概念分别在句法表层得到实现,成为原型动结式到非次范畴化宾语动结式语义扩展的理据。另外,非次范畴化动结式作为独立的构式,具有自身的语义和语用信息,非次范畴化宾语动结式由于凸显尾焦点,事件的结果得以凸显,所以常常可以表达结果的非预期和负面的语义,这种附加义是构式特有的,具有不可分析性,不能从其组成部分严格预测出来。

二 子部分连接

子部分连接指一个构式是另一个构式固有的一部分，并且独立存在，这两个构式就构成了子部分连接。结果补语隐现动结式是原型动结式固有的一部分，并且独立存在，因此这两个动结式构成了子部分连接。具体来说，结果补语隐含的动结式承继了原型动结式的部分句法和语义特征，即单动词结构和致使结果的语义。原型动结式指结果补语显性表达的动结式，如"武松杀死了老虎"，与结果补语隐性表达的动结式，如"武松杀了老虎"，形成了句法分布上的不对称性，通过对单动词"杀"和"扭"构成的动结式在实际语料中的使用分析，我们发现结果补语显性表达的动结式在现代汉语中具有优势地位，动词"杀"与"杀死"组成的动结式在现代汉语中使用实例分别为85/160，动词"扭"与"扭伤"组成的动结式实例分别为57/369，在现代汉语中结果补语具有显性表达的倾向性，体现了现代汉语单音节特征和双音化趋势。动词"杀"形成的动结式结果补语在古代汉语中全部为隐性表达，也从一个侧面说明现代汉语正从动词框架语（V-语言）向附加语框架语（S语言）过渡。

"VA了"动结式与原型动结式也构成了子部分连接，即前者作为一个独立构式，承继了原型动结式的致使结果的语义和部分句法框架，形成了［NP1 V A 了］的句法框架。"VA了"动结式虽然享有同一的句法框架，但内部构造层次不一，构式意义多样，具有同构多义性，在构式内部，与若干子构式形成了多义连接，子部分连接等多种承继连接。

三 多义连接

多义连接指一构式与另一构式句法相同而语义不同，两个构式形成多义连接。倒置动结构式与原型动结构式具有相同的句法框架［NP1 V1V2 NP2］，倒置动结构构式凸显句首焦点，表达非预期的、意料之外的致使结果的语义，具有比原型动结式更丰富的语义和语用信息，倒置动结构式与原型动结构式句法相同而语义不同，二者构成了多义连接。

多义连接还体现在若干具体子构式内部的语义连接关系，如原型动结式内部的多义连接，"VA 了"动结式的多义连接，倒置动结式的多义连接，动词拷贝动结式的多义连接等。

四　多重连接

多重连接指一个下位构式存在两个独立的上位构式，并从两个独立存在的构式中承继信息，下位构式与上位构式构成了多重承继。动结式动词拷贝构式，作为下位构式，承继了上位构式"动宾构式"和"动结构式"的主要特征，动词拷贝动结式没有承继上层构式的全部语义和句法特征，而是对其中相互一致的信息进行承继，而排除了若干相互矛盾的信息，下层构式对上层构式的承继是能动的，是一种选择性承继，如对于"否定构式"的排斥，即承继句不允许对动宾构式进行否定，承继构式还可以对动结构式的某些语义特征进行选择性承继而对另一些语义特征进行排斥，如对预期结果动结式的肯定形式的排斥而对其否定形式的允准。

由于认知构式语法的最大理据性原则，结果补语隐现动结式作为原型动结式的子构式而构成了子部分连接；非次范畴化宾语动结式与原型动结式形式相同而语义/功能相异构成了隐喻连接；倒置动结式与原型动结式享有共同的形式特征和不同的语义和语用特征，二者构成了多义连接；"VA 了"动结式承继了原型动结式的部分句法和语义特征，与原型动结式构成了子部分连接；动词拷贝动结式作为下一级构式，承继了动词拷贝式和动结式的句法和语义特征，与上一级构式构成了多重承继。汉语动结式承继网络见图23。

构式可分为很多类型，这些类型可依据相同或相似构式组成的构式家族范畴来划分；而这些类型或构式家族中又含有很多层次，即从抽象性的构式图式表征到具体表达之间可分析出很多层次，这就是构式语法学家所说的构式的分类分层性（王寅2011a：291）。正是基于构式的分类分层特性，构式形成复杂的、有组织的网络系统。同一语言的不同的构式家族，不同语言的同一构式家族，具体的分类分层体系是不同的。就汉语动结式的分类来说，既涉及构式家族，如动结构式与致使移动构式家族的区分，也涉及构式家族内同一层次，即原型动结式及其子构式之间的区分；构式具有的层级性关系可视作一种"垂直"关系，可用

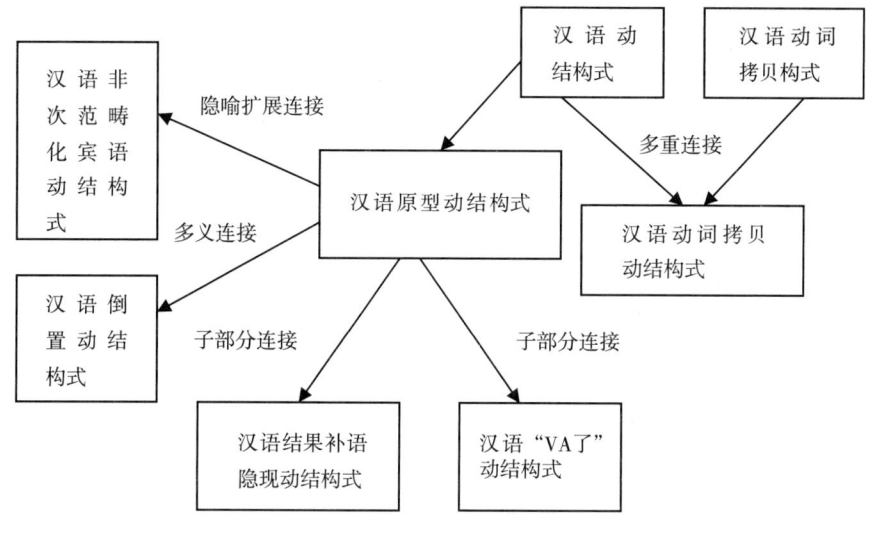

图 23 汉语动结构式承继网络

图式—例示来描述（Langacker 1991），如原型动结式与图式动结式的实例连接。我们讨论的汉语动结构式是一种狭义的动结结构，不包括趋向补语的位移构式。如图 23 所示，汉语动结式的承继网络中可梳理出多种承继连接关系，如多义连接，隐喻连接，子部分连接和多重连接。

第二节 汉语动结构式承继理据

汉语动结式通过多种承继连接形成了由多个构式组成的动结构式承继网络，普遍认知原则对构式清单进行结构化，这些普遍认知原则对语言提供了一种心理现实性的解释。普遍认知原则对语法结构产生影响，如隐喻和转喻，图形—背景的识解，象似性原则。对于语法构式来说，形式上相似的构式语义上通常也是相似的，理据性是构式承继的相关心理原则，如最大经济性原则，最大表达力原则和最大理据性原则等。构式承继受到多种因素的驱动，理据性承继可以在语义层面，语用层面和认知层面上得以解释。

一 语义理据

原型动结构式是对致使结果的常规事件场景的描述，原型动结构式表示施事或发动者通过动作对事物产生直接影响，致使事物发生状态改变。原型动结构式可以看作一种实现事件，体现了实现事件的概念结构，实现事件的概念结构可以看做是原型动结构式生成的语义理据。由于动词表达的事件对结果概念的蕴涵程度的强弱，形成了原型动结构式的同构多义，原型动结构式的多义性与实现事件框架具有对应性，如"预期的理想结果的实现"与"蕴涵完成动词+确认完成附加语"概念结构，"继发的非理想结果的实现"与"内在完成动词+继发事件附加语"概念结构，"结果的达成"与"无完成动词+完成附加语"概念结构，"既定的非理想结果的实现"与"完全实现动词+冗余附加语"概念结构的关联，实现事件框架可以解释原型动结式的同构多义，是原型动结构式多义性的语义理据。

二 语用理据

汉语是缺乏形态变化的语言，汉语句法结构的形成和调整，都可以直接显示语用目的（张伯江 2011）。如汉语中凸显的使因实体如受事、客体可以直接实现为句法主语，生成倒置动结式，如"一瓶酒喝醉了老王"，"马拉松跑死了三个人"。再如凸显的受影响实体自身或身体的一部分实现为句法宾语，构成非次范畴化宾语动结式，如"他哭瞎了眼睛"。

一方面，"他哭瞎了眼睛"通过隐喻映射与原型动结式如"他打碎了玻璃杯"构成了隐喻连接，另一方面，由于"他"与"眼睛"构成领属关系，"他哭瞎了眼睛"与不及物动结式如"他的眼睛哭瞎了"构成了子部分承继，二者的语用差异在于焦点的不同，"他哭瞎了眼睛"凸显受影响的对象，"他的眼睛哭瞎了"凸显对象受影响后的状态。而焦点的差异是由于对同一事件不同的认知识解，前者说话人把"他"作为认知视点，并以此为参照描述整个事件，由于发动者自身的一部分被概念化为受影响的对象而成为信息焦点，形成一个使动事件；后者说话人以"他的眼睛"为参照点，关注眼睛的状态变化，即由于"哭"而变"瞎"。

三 隐喻和转喻

构式承继是寻找构式之间的句法或语义的相似性，因此隐喻和转喻是寻找相似性的主要认知机制。对于汉语动结式承继网络来讲，除了原型动结式外，构式网络中还包含了结果补语隐现的动结式，非次范畴化宾语动结式，倒置动结式，动词拷贝动结式，以及"VA 了"动结式等若干非原型动结式。若干非原型动结式与原型动结式之间通过隐喻和转喻机制，使得构式承继连接得以实现。非次范畴化宾语动结构式，通过"动作是影响力的行为"的隐喻机制使得非宾格动词被范畴化为及物动词，使得动后名词被范畴化为动词宾语，由于承继了原型动结式的句法框架［NP1 V1V2 NP2］，使得动词与构式的融合得以实现，从而生成了"他笑疼了肚子，笑弯了腰"之类的表达式。再如汉语倒置动结构式，通过基于物性结构的"凸显的事件参与者代使因事件"的转喻机制，句首名词作为认知参照点转喻整个使因事件。结果补语隐现动结式与原型动结式的子部分承继连接，体现了"动作代动作结果"的转喻机制。

四 图形—背景的概念化及其象似性原则

图形—背景的概念化是构式承继的理据。动词拷贝动结构式［NP V1N V1V2］中，动词拷贝动结构式与动宾构式和动结构式构成了多重承继连接，由于动宾构式被识解为背景事件而背景化，动结式被识解为图形事件而得以凸显，从而解释了动宾构式中动词的非瞬时性特征，宾语的类属性倾向和宾语的完全受影响性，以及构式承继中对动宾构式否定式的排斥；动结构式中结果的非预期性、偏离性、主观强调义，以及动结构式中对某些语义特征的承继而对另一些语义特征的排斥，对预期结果动结式的肯定形式的排斥而对其否定形式的承继等。

象似性原则是构式承继连接的理据。倒置动结构式句首名词的复杂性体现了数量象似性理据，即语言数量越多，所表达的概念量越多，实体名词越具体，凸显度越高，越容易成为认知参照点转喻整个使因事件。另外，动词拷贝动结构式具有象似性理据，如动宾构式与动结构式在句法上的连续表达，体现了语义上密切相关的概念在形式上必须邻近，事件顺序对应于小句的序列顺序，动词的重复使用表示事件过程的可重复性，则体现了数量原则，即形式越多，意义越多。

五 最大经济性原则与最大表达力原则的互动

汉语动结式范畴网络包括原型动结式以及若干由相似的句法特征和语义特征的非原型动结式,这些非原型动结式以不同方式,在不同维度上与原型动结式构成了承继连接。一方面,动结构式的数量是最小化的,即若干子构式共享动结式的基本句法框架[NP1 V1V2 NP2],另一方面,构式的语义和语用信息是最大化的,即每一个子构式具有自身特有的语义和语用信息,作为具有形式和功能匹配的构式而独立存在,每个子构式的生成都是出于交际的需要,表达能力是最大化的,这体现了最大经济性原则和最大表达力原则的互动。一方面,构式的数量是最小化的,另一方面,出于交际的需要,构式的数量是最大化的,汉语动结构式范畴网络体现了这两个原则的互动。

第三节 英语动结构式承继网络

英语动结式的研究一直受到广泛关注(Simpon 1983,Jackendoff 1990,Carrier & Randall 1992,Rapoport 1993,Levin & Rappaport Hovav 1995,Rappaport Hovav & Levin 2001,Goldberg 1995,Goldberg & Jackendoff 2004,Boas 2003,Broccias 2001,2005,2007,Luzondo-Oyón 2014)。与汉语动结式类似,英语动结式也有广义和狭义之分。Goldberg & Jackendoff(2004)的英语动结式是广义动结式,作者把英语动结构式分为四类:致使特征动结构式,非致使特征动结构式,致使路径动结构式和非致使路径动结构式。Boas(2003)根据动词的及物性与结果补语的语义关联及其结果短语的句法分布,把及物动结构式分为三类:第一类动结式指结果的解读是基于及物动词的语义,第二类动结式指不及物动词带一个非次范畴化宾语和结果短语,不及物动词(通常为非宾格动词)如 break,melt,freeze 构成的动结式,结果短语与主要动词的主语构成述谓关系(如 The lake froze solid),第三类动结式指及物动词带非次范畴化 NP(如 They drank the pub dry)。由于反身代词假宾语与非反身代词假宾语具有根本的区别,Boas 把及物动词带非次范畴化宾语(非反身宾语)动结式单独归为一类,主要分析动后 NP 和结果短语如何被构式允准。Goldberg & Jackendoff（2004）和 Boas（2003）的研究对象是广义动结式，包括致使移动构式和动结构式，既包括补语表示结果的动结式，也包括表示（致使）运动的动结式。Goldberg（1995）的动结式仅限于结果表示动作作用下实体发生状态改变的句式，动结式与致使移动构式作为两种不同的基本论元构式进行分析，是一种狭义动结式研究。

为了与汉语动结式及其承继网络形成比较和对照，我们的研究对象仅限于英语狭义动结式，即补语表示结果的动结式。在分析英语动结式的构式范畴网络之前，首先需要对英语（狭义）动结式的主要类型进行界定和分类。根据不同的标准，英语动结式可以划分出不同的类型，Goldberg（1995）和 Goldberg & Jackendoff（2004）把英语狭义动结式分为三类：及物动结式，非次范畴化宾语动结式，不及物动结式或称非致使性动结式。从构式承继关系看，我们把英语动结构式分为四类：第一类是原型动结式，指动词表示的动作对事物产生影响致使事物发生状态改变；第二类是非次范畴化宾语动结式，非次范畴化宾语包括反身宾语与非反身宾语两个小类；第三类是不及物动结式，指事物在动作作用下发生状态改变，二者在句法上融为一体，实现为句法主语；从构式承继关系看；第四类英语动结式可以看做是原型动结式的一个变体，这类动结式表示的语义与原型动结式相同，不同的是句法框架，该类动结式的结果补语既可以出现在动后名词论元的前面，也可以出现在动后名词论元的后面。下面对英语原型动结构式及其子构式的语义及其承继连接进行逐一分析。

一　多义连接

首先，要考察英语动结式的承继网络，需要厘清英语原型动结构式的语义。英语原型动结式表达施事或发动者通过动作直接作用于事物，致使事物发生状态变化，述语动词表示的动作隐含着事物的状态变化。英语动结式的结果补语的类型包括两类：第一类是形容词短语 AP 动结构式，第二类是介词短语 PP 动结构式，AP 和 PP 表示动后成分的状态变化。英语原型动结式及其子构式也分别组成 AP 和 PP 结果动结式，如：

204）The kid broke the glass into pieces.

205）He painted the wall red.

英语原型动结构式的句法框架为［NP1 V NP2 AP/PP］，表示结果补语的是形容词短语 AP 或 PP，AP 和 PP 指示动后名词成分的状态变化，如述语动词 break，paint 表示的动作隐含着名词 glass，wall 所代表事物的状态变化 into pieces，red。英语原型动结式表示的结果是由动词表示的动作直接导致的，根据动词对结果概念的蕴涵程度，原型动结式具有相似但不同语义的若干子构式，英语原型动结式主要包括四类子构式：继发结果的实现，结果的达成，预期结果的实现和既定结果的实现，对应于实现事件的四类概念结构（Talmy 2000b）①，如：

206）He kicked the ball flat.

207）He called up the man.

208）He washed the shirt clean.

209）He drowned the man to death.

210）There's a Chicago joke in here somewhere—we are blown away, killed dead and reborn.（BNC）

211）I don't think is uncommon. The uncommon part is it wasn't killed dead②.（COCA）

英语原型动结构式根据动词对结果概念的蕴涵程度，与不同的附加语组合，构成原型动结式的多义网络，如继发结果的实现（例 206），结果的达成（例 207），预期结果的实现（例 208），既定结果的实现（例 209）。根据动词对结果概念的蕴涵强弱，原型动结式构成了一个语义连续统：继发结果的实现<结果的达成<预期结果的实现<既定结果的

---

① 关于实现事件的语义及其概念结构的理论部分可参见第四章第一节的介绍。"继发结果的实现"的动结式对应于"内在完成动词+继发事件附加语"的概念结构，"结果的达成"动结式对应于"无完成动词+完成附加语"的概念结构，"预期结果的实现"动结式对应于"蕴涵完成动词+确认完成附加语"的概念结构，"既定结果的实现"对应于"完全实现动词+冗余附加语"的概念结构。

② 该例是 COCA 语料库中的实例，本书未做修改。

实现（<表示前者对结果的蕴含程度小于后者）。"完全实现动词+冗余附加语"的概念结构在英语中的表征很少，如动词 kill 由于融合了结果概念，很少与结果补语组合，进入［NP1 V NP2 AP/PP］的句法框架，我们对动词 killed 在 BNC 和 COCA 中的用例进行了观察，分别在 BNC 发现 1 例结果补语 dead 与动词 killed 搭配的用例（1/8238），在 COCA 中发现 4 例（4/62241），如 210-211 所示，没有发现结果补语 to death 与动词 killed 的搭配实例。

二 隐喻连接

英语反身代词假宾语动结式或非次范畴化宾语动结式中的述语动词与动后 NP 没有语义选择关系（Goldberg & Jackendoff 2004），动后论元 NP 由构式单独提供（Goldberg 1995），这类结构中结果的语义总是指向宾语，而不指向主语，如：

212）Charlie laughed himself silly.（Jackendoff 1990）

213）He drank the pub dry.（Goldberg & Jackendoff 2004）

214）The joggers ran the pavement thin.（Carrier & Randall 1992）

215）He cried himself to death.

该类动结式中的动词为不及物动词，如 laugh, talk, sing, dance, drink, run 等，不及物动词不需要宾语本身就可以表达一个完整的事件，该类动结式中的动后 NP 如 the pub, the pavement, 反身代词 himself 不是动词选择的，动后 NP 由构式单独提供，结果补语 AP 和 PP 如 silly, dry, hoarse, thin 指向宾语。英语非次范畴化宾语动结式表示施事通过动作致使施事本身或施事的一部分产生状态变化，英语"假宾语通常作为夸张用法用以表达被执行的动作做得太过度"（Goldberg 1995：184；Goldberg & Jackendoff 2004），"含有假宾语的表达式通常被用来表达一个负面的结果"（Goldberg 1995：185），受事宾语凸显。英语非次范畴化假宾语动结构式具有［NP1 V NP2 AP/PP］的句法框架，极性程度的动作和负面的结果的构式语义，与英语原型动结构式具有相同的句法框架和不同的语义，由于句法相同而语义/语用焦点不同与原型动结构式构成了隐喻连接。

三　子部分连接

从句法形式上看，英语动结构式还有一类不及物动结构式，如：

216）The river froze solid.（Goldberg 1995：181，188）

217）The pond froze solid.（Goldberg & Jackendoff 2004：536，540）

218）The butter melted to liquid.（Croft 1991：161）

219）He bled to death.

英语不及物动结构式指一事物在动作的影响下发生状态的改变，句法主语是动作的受事，不及物动词（通常为非宾格动词）break, melt, freeze 等可出现在动结构式中，结果短语与主要动词的主语构成述谓关系。

Iwata（2006）认为此类动结式不是论元动结构式而是附加语动结构式，这类构式与论元动结构式（如 He hammer the metal flat. The joggers ran the pavement thin.）具有如下区别：该式不能用于表示"通过动作行为 X 成为 Y"，或"通过行为动作，X 致使 Y 成为 Z"；该式没有遵循单一路径限制（Unique Path Constraint）①（Goldberg 1991：368；1995：82）。作者指出，该句中的结果短语并不总是能够被其述谓，该句有时像动词—小品词构式（如 he swung open the door.），当不及物状态变化动词带结果短语时，结果短语作为附加语进一步说明动词已经蕴含的变化，而不是描述除了蕴含变化之外的第二个结果状态。

英语不及物动结构式的句法框架为［NP V AP/PP］，以上实例中的

---

① Goldberg（1991：368）的单一路径限制是指如果论元 X 指称一个实际客体，那么 X 在一个小句里只能经过一条路径。单一路径的概念蕴含两个条件：1）X 在某个特定的时间不能同时向两个不同的处所移动；2）移动必须在一个场景中沿着一条路径发生。单一路径限制可以解释结果短语（结果短语是处所变化的隐喻）black and blue 和移动路径 out of the room 不能同时出现在一个小句中，如 a. *Sam kicked Bill black and blue out of the room. b. *Sam kicked Bill out of the room black and blue（Goldberg 1995：81）。

句法主语 the river, he 分别是动词 freeze, bleed 表示动作的受事（freeze the river, bleed him），同时也是经历状态变化的实体（the river became solid, he became dead），经历动作的实体与经历状态变化的实体融为一体，概念化为句法主语。从句法形式上看，英语不及物动结式虽然包含语义上的受事，但形式上缺乏句法宾语（这也是称其为不及物动结式的原因）。从语义上看，该类动结构式缺乏施事者或发动者，不及物动结式本身没有致使的语义，只是表示事物的状态变化，如果说完整的致使—结果事件包括使因事件和使果事件，那么英语不及物动结构式表示的是使果事件，即事物在动作作用下发生的状态改变，其"致使"的语义是从原型动结构式的语义中承继而来的，即与英语原型动结构式构成了子部分承继，承继了原型动结构式的部分句法框架和"致使"的语义概念。

除了以上分析的英语原型动结构式与各类子构式的语义，及其构式之间的承继关系外，从承继关系看，英语不及物动结式与 cut short, break open 类动结式具有某种关联性，如两类动结构式中动词类型的一致性，都是非宾格动词，该类动词构成的动结式承继了动词—小品词构式的一部分句法特征，不及物动结式承继了 cut short, break open 类动结式的"致使"的语义和部分句法特征，如：

220a) He swung the door open.
220b) He swung open the door.
220c) The door swung open.
221a) He tied his shoelaces tight.
221b) He tied tight his shoelaces.
221c) His shoelaces tied tight.

英语不及物动结式与原型动结构式构成了子部分承继。另外，英语不及物动结式与 cut short, break open 类动结式也构成了子部分承继。

四 多重承继

Goldberg（1995）指出，英语 break open, cut short 类动结式除了具

有一般动结式的句法和语义特征外，还与动词—小品词构式享有某些共同的句法特征，即结果短语既能出现在动词后的 NP 之前，也能出现在动词后的 NP 之后，因此 break open, cut short 类动结式与一般动结式和动词—小品词构成了多重承继，如：

222) He cut short the speech.
223) He cut the speech short.
224) He broke the cask open.
225) He broke open the cask.

Iwata（2006）认为此类动结式不是论元动结式，而是附加语动结式。而从构式承继关系看，Goldberg（1995）认为类似 cut short, break open 等在共时层面上分别承继了动结构式和动词—小品词构式的部分特征，属于多重承继。

从句法形式上看，英语动结构式涉及及物构式和不及物构式两类，前者既包括动词独立存在的动结构式，即真宾语动结式。还包括构式参与并整合的复杂构式，即非次范畴化宾语动结式。也就是说，英语动结式是由及物动结式和不及物动结式构成的承继网络，其中，非次范畴化宾语动结式通过构式承继与真宾语动结式（原型动结构式）得以连接。因此，英语非次范畴化宾语动结构式和英语不及物动结构式分别与英语原型动结构式构成了承继连接。由于动词类型的同质性，英语不及物动结式与 cut short, break open 类动结式也构成了子部分承继。以上对英语动结式的分类、构式多义性及其承继连接进行了考察。综合以上分析，英语动结构式构成了如图 24 所示的英语动结构式承继网络。

如图 24 所示，英语动结构式表达了致使—结果的事件场景，原型动结构式是图式动结式（cause-become）的实例构式，后者是前者的图式，前者例示后者，是后者的实例。层级越高的构式，其图式性和抽象度越高，反之则越低。在构式的层级性关系上，原型动结式与图式动结式形成了实例连接，构式具有的层级性关系可视作一种"垂直"关系。非次范畴化宾语动结式，不及物动结式构成了一个以英语原型动结式为中心的多义网络，英语动结式表达"施事或发动者通过动作直接作用于

第九章　汉英语动结构式的承继关系及其理据对比　　173

```
┌──────────┐   隐喻扩展连接   ┌──────────┐         ┌──────────┐
│英语非次  │   多义连接      │          │         │英语动词—│
│范畴化宾语│ ◄─────────────  │英语原型  │         │小品词    │
│动结构式  │                 │动结构式  │         │构式      │
└──────────┘                 └──────────┘         └──────────┘
      │                         │   │                   │
      │子部分连接               │   │ 多重承继          │
      │                         │   └───────────────────┤
      ▼                         ▼                       ▼
┌──────────────┐  子部分连接   ┌────────────────────────┐
│英语不及物动  │ ◄──────────── │英语 break open, cut     │
│结构式        │               │short 类动结构式         │
│(The cask     │               │                        │
│broke open)   │               │                        │
└──────────────┘               └────────────────────────┘
```

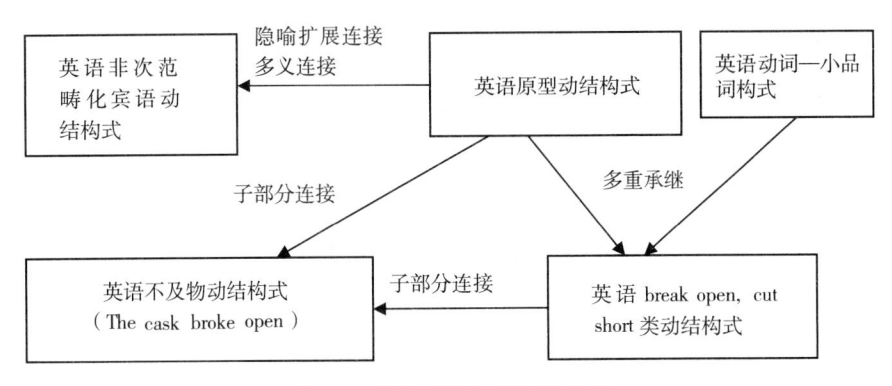

图 24　英语动结构式承继网络

受事，致使受事发生状态变化（英语原型动结式）"，"过量的动作和非预期的结果（英语非次范畴化宾语动结式）"，"事物经历动作影响后发生状态变化，且经历动作的实体与经历变化的实体融为一体（英语不及物动结式）"。在英语动结式多义网络中，英语非次范畴化宾语动结式与原型动结式由于句法相同 [NP1 V NP2 AP/PP] 而语义不同，形成了多义连接。英语不及物动结式的句法框架为 [NP AP/PP]，承继了英语原型动结式的部分句法特征和语义特征，与英语原型动结式形成了子部分连接。英语动结式中还存在多重承继关系，即一个下位构式存在多个上位构式，这类动结构式中结果短语既可以出现在动词后的名词词组之前，也可以出现在其后，如：He cut short the speech. / He cut the speech short。这类动结式承继了动词—小品词的句法特征和动结式的语义特征，构成了多重承继。

第四节　英语动结构式的承继理据

由于构式的多义性，英语动结构式构成了以英语原型动结构式为中心的向边缘构式延伸的构式网络，承继关系是一种范畴化关系，构式之间的承继连接受到人类认知和语用因素的促动，具有语义层面、语用层面和认知层面的多重理据。

一　隐喻和转喻理据

如前所述，从结果补语的类型看，英语动结式包括两种类型，第一类是形容词短语 AP 动结构式，第二类是介词短语 PP 动结构式，AP 和 PP 两种表示结果的短语结构都指示了动后成分的状态变化。从人类认知机制上看，第二种 PP 动结构式，是隐喻机制的促动，如：

226) The kid moved the ball into the hole.
227) The kid broke the glass into pieces.

由于"状态是方位"的隐喻（Lakoff 1987，1993；Lakoff & Johnson 1999），英语 PP 动结构式体现了"状态是方位"的隐喻，而英语 AP 动结构式直接表达了状态变化（Luzondo-Oyón 2014），英语动结事件是隐喻的致使运动事件（Goldberg 1995，Talmy 2000）。

对于英语非次范畴化宾语动结式而言，由于述语动词是不及物动词，动后 NP 与动词没有语义选择关系，受事论元由构式单独提供。构式常常表达过度的动作和负面的结果，构式提供的受事论元在语义上处于凸显地位。英语非次范畴化宾语动结式与英语原型动结式由于句法特征相同而语义/语用特征不同而构成多义连接，多义连接受到隐喻机制的驱动。

首先，英语非次范畴化宾语动结式中的动词为不及物动词，不及物动词本身只具有动作的语义，而没有对事物的状态变化产生影响的语义，而致使—结果的语义是从上一级构式即英语原型动结式承继而来的。具体来说，承继关系是一种范畴化关系，而这种范畴化关系是基于寻求构式之间的相似性来说的，对事物没有影响关系的动作在人类的认知上，可以看作对事物具有影响性的行为，即"动作是具有影响性的行为"的隐喻，而承继的句法框架［NP1 V NP2 AP/PP］中的结果短语 AP 和 PP，是隐喻机制得以实现的基础，即"致使+结果"的融合。

其次，反身假宾语动结式含有"分裂的自我"的隐喻。Talmy（2000a：431）指出对于力动态在心理指称上的扩展而言，"分裂的自我"是语言中一个基本的语义构型，是相对于两个具有相反作用力的力动态概念而言的，是一种心理因素，而非两个个体之间的社会关系，如：

228) I held myself back from responding.
229) I held from responding.

例228是"分裂的自我"在句法表层上的显现,即反身代词myself作为句法成分出现在句法表层,而例229中"自我"的概念融合进了词项中。分裂的自我体现的是自我的一部分想实施一个行为,而自我的另一部分不愿这个行为发生,第二个自我比第一个自我强大,因为后者阻止了这个行为的发生。Tamly指出在一个结构化的整体中,自我内部的中心和边缘作用,期望行为发生的自我是中心,阻止行为发生的自我是边缘,这种语义安排体现在一个及物构式的句法上,就是自我的边缘部分在句中(例228-229)表达为施事主语,自我的中心表达为反身受事宾语。人类都有把自我分裂为两个自我的倾向,即"自我的分裂隐喻"(Divided-Person Metaphor)(Lakoff 1996:102),身体可以看作两个不同的实体,即施事和受事。Boas(2003:242-243)提出,"分裂的自我"的隐喻在英语动结式中,施事可以被识解为一个有意识的自我,身体可以被识解为施事引发的经历状态变化的受事论元,为了传达这个特定的视点,受事必须被明确地提及。

英语非次范畴化宾语动结式的语用动因是出于说话人对主语述谓的表达需求,以主语的反身形式出现,由构式在宾语位置提供受事,该类构式的形成一方面是语义兼容原则的约束,另一方面,是"自身的分裂"的概念化原则的体现。

英语不及物动结式与原型动结式的承继理据是转喻。英语不及物动结式承继了原型动结式的部分句法特征和语义特征,形成[NP V AP/PP]的句法框架,和"事物经历动作影响后发生状态变化,且经历动作的实体与经历变化的实体融为一体"的语义,因此,英语不及物动结式与英语原型动结式构成了子部分承继。英语不及物动结式本身表示实体受动作影响后发生的状态的变化,即本身只含有结果的语义,没有致使的语义,致使的语义是从上一级构式中承继的,"致使状态变化代致使动作",是一种转喻机制。

二 语义和语用理据

原型动结式表示施事或发动者通过动作对一事物产生作用,该事物在动作的作用下发生状态改变,即实现某种结果,可以看作一种实现事件。原型动结式的多义性体现了实现事件的词汇化模式,即"实现事件动词+结果事件附加语"的词汇化模式。Goldberg(1995)解释了含有假宾语的动结构存在的语用理据,提出该构式的形成源于人们希望对施事论元或发动者论元的状态进行述谓的表达需要,为动词的内在论元结构提供受事的构式使结果短语适用于受事论元,并且允许受事论元和施事论元同指。

Luzondo-Oyón(2014)指出 PP 和 AP 结果补语的选择具有理据性,因此遵循特定的普遍模式,即当谓词表示的动作隐含着事物的变化,PP 和 AP 的选择遵循以下规则:

(1) 如果受影响的实体 A 被识解为在其一个或多个特征上经历了一个整体性的、显而易见的变换,A 不再被看作同一实体,这种情况下需要 PP 结果构式,得到 A>B 图式(如 The beast's jaws chewed the arrow to pieces)。

(2) 如果受影响的实体 A 获得一个新的特征,但最终仍保留了其本质属性,在这种情况下,使用 AA 结果构式,得到 A>A' 图式(如 They drank the barrels dry. He ate herself sick. They laughed themselves silly)。

从英语动结式表示的事件类型看,与不同的结果短语 AP 或 PP 组合,英语动结式形成了两类事件类型,瞬间事件与持续事件,如:

230) They stabbed him (*dead/to death).
231) They shot him (dead/*to death).

英语形容词短语 AP 常常与瞬间动词连用,如形容词结果 dead 与瞬间动词 shoot, cut, kill, strike, stop, knock, flatten, kick, smite 等连用,构成瞬间事件(例 231),介词短语 PP 常常与持续动词连用,如介词结果 to death 与持续动词 stab, beat, batter 等搭配,构成持续事件(例 230)。

第五节 汉英语动结构式的承继网络共性与差异

一 汉英语动结构式的承继网络共性

汉英动结构式的承继网络具有一些共性特征,这些共性特征主要体现在以下两个方面。

首先,从构式的层级性来看,最上层是抽象程度最高的图式动结构式,具有使因事件和使果事件的事件类型,是对"致使—成为"语义的高度抽象,图式动结构式作为图式构式,没有具体的语义和句法特征,作为最高层级的统制构式而存在。抽象动结构式是从原型动结构式中概括出来的构式并统制后者,与后者存在垂直的图式—例示关系。

汉英语动结式承继网络中都存在着原型动结式与图式动结式之间的实例连接,形成构式的层级性。基本层(Basic Level)范畴具有如下特点(Lakoff 1987:47):1)经验感觉上的完整性;2)心理认识上的易辨性;3)地位等级上的优先性;4)行为反应上的一致性;5)语言交际上的常用性;6)相关线索的有效性;7)知识和思维的组织性。原型动结式属于基本层次构式,代表了人类经验的基本场景,汉英语动结式在基本层次构式上具有跨语言的相似性,共享句法上和语义上的相似性。基本范畴并不是客观存在的,而是依赖于人类的范畴化认知,只有当人类的相关认知能力(如完型感知、心理意象、记忆等)以同样的方式被应用在范畴化认知中,基本范畴次才具有稳定性。人类的基本范畴认知是相同的,因为人类的基本认知能力是相同的(Lakoff 1987:37-38)。基本层次构式向上扩展出上层(Superordinate Level)范畴,上层范畴是在基本层次范畴上抽象概括出的,而下层(Subordinate Level)是基本层次的更细的层次,比基本层次增加了一些特别的,具体的属性。汉英语动结式在下层范畴上具有差异,体现了下层范畴表征的跨语言差异。

其次,从构式的分类性来看,汉英语中都存在动结构式的若干子构式,子构式是具有句法特征和语义内容的具体构式。根据家族相似性,由于对原型动结构式承继特征的多寡,形成了不同语义、功能和句法特征的子构式。原型动结式表示施事或发动者通过动作对事物产生影响，事物在动作的作用下发生状态改变，动词通常隐含着致使结果的语义。非原型动结式由于承继了原型动结式不同的语义特征和句法特征，与原型动结式构成了不同的连接关系，如非次范畴化宾语动结式与原型动结式的多义连接。从形式上看，汉英动结式都包含及物动结构式与不及物动结式两大类，英语不及物构式承继了及物构式的部分语义特征，与及物动结构式构成部分—整体关系，是子部分连接。

因此，汉英语动结式承继网络的层级性具有共性。即原型动结式与图式动结式的实例连接或图式—例示关系。其次，汉英语动结式承继网络的分类看，汉英语动结式都包括及物和不及物动结式两大类，与原型动结式构成子部分连接；汉英语动结式都包含非范畴化宾语动结式，与原型动结式构成多义连接。汉英语动结式是一种通过构式连接（实例连接，多义连接和子部分连接）而形成的一个分类别分层次的复杂构式网络。

二 汉英语动结构式的承继网络个性差异

汉英语动结构式的层级性与分类具有共性。同样，构式的分类分层性也会因语言而异，不同语言中的构式层级性与类别存在差异。汉英语动结式承继网络具有一些个性差异，这些个性特征主要体现在构式的分类及其承继连接两个方面。

首先，汉语动结构式的分类比英语动结构式呈现多构式及其同一构式的多义性特征。汉语动结式家族内既包括原型动结式，也包括各类子构式，如结果补语隐现动结式，非次范畴化宾语动结式，倒置动结式，"VA了"动结式，动词拷贝动结式。根据第四至八章对汉语原型动结式及其子构式的多义性和承继连接的分析，由于动词类型的不同，结果补语的语义不同及其结果补语语义指向的差异，形成了同一子构式内部的多义性，从而形成了若干不同的子构式多义网络。相比之下，英语动结式的分类除原型动结式外，包括非次范畴化宾语动结式和不及物动结式共三类动结式。同一构式内部同样也存在构式的多义性，如由于不同的结果补语的类型（介词短语 PP 和形容词短语 AP），与不同动词（如瞬间动词和延续动词）的组合，形成不同的事件类型。同一构式在不同的语言中具有不同的语义及其子构式,如汉语和英语中的不及物动结式,虽然具有相似的句法框架,即不带宾语,但语义不同。汉语不及物动结式具有五种语义:一是预期的结果,如"粮食晾干了";二是非理想的结果,如"球踢扁了";三是自然结果,如"他长高了";四是过量的动作和非预期的结果,如"他站累了";五是预期结果的偏离,如"沟挖浅了","东西买贵了"。而英语不及物动结式的语义相对单一,表示事物经历动作后发生的状态变化,句法主语既是经历动作的实体,又是经历状态变化的实体,常常表达过量的动作和非预期的结果。另外,汉英语动结式中及物动词和结果补语的关系紧密度不同,也导致汉英语动结式子构式的类别不同。汉语动结式中结果补语与及物述语动词的关系可以是预期的,也可以是非预期的,而英语中的结果补语与动词的关系只能是预期的,从而汉语动结式范畴网络子构式丰富,如"他把衣服洗脏了/破了",而英语中 * He washed the shirt dirty/broken 是不合法的,只能说"He washed the shirt clean."英语动结式的结果补语语义指向受事(非次范畴化宾语动结式除外),汉语则可以选用动词拷贝动结式描述施事的状态变化,如"他洗衣服洗累了",而英语中无法用单一的句式描述这一事件场景(* He washed the shirt tired.)。

其次,从动结式承继连接关系看,汉英语构式之间存在实例连接,多义连接,子部分连接和多重连接。由于汉英语动结式范畴网络成员存在多寡之别,动词类型不同和语义差异,因此同一类连接形式也具有语义、语用和句法方面的差异。动词拷贝动结式与上一级构式动词拷贝式和动结式构成多重连接。由于汉语动结式的构式多样性,同一承继连接在汉英语中也存在差异。如汉语倒置动结式,由于论元配置特殊和固有的句法框架、语义和语用功能,而成为汉语中具有独立构式地位的动结构式,倾向于表示负面的非预期的结果,凸显使因,与汉语原型动结式构成多义连接。由于最大理据性原则,汉语结果补语隐现动结式与汉语原型动结式构成子部分连接,而相应的英语动结式则没有类似的子构式存在。汉英语动结式均存在多重承继,即一个下位构式存在多个上位构式,但具体的配置和语义不同。汉语动词拷贝动结式通过重复述语动词实现了使因事件的过程性和使果事件的凸显性,有选择地承继了上位构式即动词拷贝式和动结式的句法和语义特征,形成了同构多义。英语动结式的多重承继关系，是通过承继原型动结式的语义和动词—小品词的句法特征（即结果短语既可以出现在动词后的名词词组之前，也可以出现在其后），多重承继受到句法形态的制约，即原型动结式中只有少部分动词可以允准生成该构式。另外，英语不及物动结式与 break open, cut short 类动结式的动词类型的同质性，两个构式构成了子部分承继；英语不及物动结式分别与英语原型动结式和 break open, cut short 类及物动结式构成了子部分承继连接。而汉语的不及物动结式即"VA了"动结式与汉语原型动结式构成了子部分连接，而没有与其他构式产生句法和语义上的关联。对于子部分承继连接来说，汉英语存在构式承继层级和类型差异，如英语不及物动结式与 break open, cut short 类及物动结式具有子部分承继，如：

232a) He broke the cask open.
232b) He broke open the cask.
232c) The cask broke open.
233a) He cut the speech short.
233b) He cut short the speech.
233c) The speech cut short.

汉语非次范畴化宾语动结式中的一个子构式与不及物动结式也构成子部分承继，如：

234a) 他哭瞎了眼睛。
234b) 他的眼睛哭瞎了。
235a) 他跑断了腿。
235b) 他的腿跑断了。

汉英语动结式的子部分承继既存在共性，又有跨语言的差异。首先，从承继关系看，例 232c, 233c, 234b, 235b 分别与例 232a, 233a, 234a, 235a 构成子部分承继，即前者具有 [Subj. VR] 的句法特征和"结果"的语义，后者具有 [Subj. V. Obj. R.] [Subj. V R. Obj.] 的语法框架和"致使结果"的语义,前者承继了后者部分的句法特征和"致使"的语义特征。其次,从动词类型和构式成分看,汉语的动词复合成分"哭瞎","跑断"等与英语的动词复合成分 cut short, break open 等具有类似的语义特征,即非宾格复合动词,而汉语及物动结式中的句法主语和句法宾语代表的实体具有领属关系,即宾语名词表示的实体是主语名词表示实体的身体器官或身体的一部分,而英语及物动结式句法主语与宾语没有此类语义关系。

第六节　汉英语动结构式的承继网络共性与差异的理据

一　汉英语动结构式承继网络共性的理据分析

汉英语动结式承继网络的共性源于人类的范畴化能力,人类通过语言对世界万物进行分类,人类对事物进行分类的这一认知活动被称作范畴化。范畴化的基本作用是从差异中找出相似,减轻认知负担,实现认知的经济性。

隐喻和转喻是两种主要的范畴化操作,汉英语动结式的承继连接中均体现了隐喻和转喻两种范畴化机制的运作。如汉英语非次范畴化宾语动结式,"动作是具有影响力的行为"的隐喻机制使得不及物动词允准出现在动结式中,不及物动词被范畴化为及物动词,动词后名词短语被范畴化为动词宾语,承继原型动结式的句法和语义,生成非次范畴化宾语动结式。另外,从句法特征上看,汉英语动结式均包含带宾语动结式和不带宾语动结式,后者与前者构成子部分承继连接,后者承继了原型动结式的"致使"的语义,"结果代致使动作"的转喻机制是不及物动结式生成的理据。

二　汉英语动结构式承继网络个性差异的理据分析

汉英语动结式承继网络的个性差异源于不同的语言系统,不同的概念化方式,不同的识解方式以及语言系统与概念化方式之间的相互作用。

识解是人们观察现象的视点或者认知过程，比如面对一个半杯水的杯子，不同的人由于认知视点或者过程的不同，会选择不同的句式来表达，表达的内容也会有差别（Langacker 2001）。

236a) a glass with water in it 装着水的杯子
236b) the water in the glass 杯子里面的水
237a) The glass is half-full. 杯子是半满的。
237b) The glass is half-empty. 杯子是半空的。

上述四种表达分别对应于不同的认知过程，观察视点既可以是杯子自身（例236a），也可以是水（例236b），观察视角既可以从杯底往上看（例237a），也可以从杯口向下看（例237b），由此可见，识解对语法结构的选择具有重要影响（石毓智2005）。

汉英语动结式的不同形式，与人们对同一事件的观察视点不同有关。面对同一事件，由于人们关注的焦点不同，就会影响事件结构在句法表层的不同实现方式，如词序、信息的详细程度、形式标记等的出现。由于形式不同则语义、语用不同的原则，同一事件的不同实现方式出现了语义或语用的附加信息，形成相互联系又有区别的结构网络。如汉语非次范畴化宾语动结式，"他哭瞎了眼睛"，可以看作参照点构式，施事"他"与受影响的实体"眼睛"构成了参照点关系，"他"作为参照点，激活了受影响实体"眼睛"。这类表达还可以形成"他的眼睛哭瞎了"，从识解的角度看，两类构式是由于不同的识解造成的，前者以"他"作为出发点，凸显动作对实体的影响，后者以"他的眼睛"为出发点，凸显实体的状态变化。

认知主体的概念化过程（类似于主观识解）不同，导致不同的语言表达。此过程涉及概念化内容，概念化路径以及概念化凸显，不同的民族不尽相同。不同的概念化方式形成不同的动结构式，如英语非次范畴化宾语动结式，由于"自我分裂"的概念化方式不同，英语把反身代词概念化为受影响的实体，概念化为句法宾语，英语中同指的施事论元和受事论元必须强制性地出现在句法表层，遵循语义一致原则，如 He cried himself hoarse. 由于"分裂的自我"概念化的差异，汉语中同指的施事论元和受事论元常常可以合并，除非说话人关注受影响的实体，汉语则倾向于关注受动作影响的具体部分，如"奶奶哭红了眼，累弯了腰，笑疼了肚子"中具体的身体器官。

　　汉语中倾向于凸显使因，把凸显的使因事件的参与者概念化为使因事件，实现为句首主语，形成如"一瓶酒喝醉了张三"之类的汉语倒置动结式。相应的英语表达式中，只有 frighten, scare, interest 等心理动词构成的词汇致使表达，如 The movie scared me. The news frightened the man。英语动词常常融合了动作和结果，并且动作和结果的语义关系相对紧密，因此出现词汇致使的表达式。再如汉语动词拷贝动结式，该构式包括动作过程事件和结果事件，过程事件被概念化为背景事件，结果被概念化为图形事件，生成"他看书看累了"之类的动词拷贝动结构式。英语中对图形—背景的概念化方式不同，因此没有生成相应的动结表达式，英语中倾向于用形态标记，如 He read books so much that he became tired.

　　汉英语动结构式承继网络的差异还与不同的语言系统有关。在有形态的语言中，形态制约是第一位的，语义和语用表达都受制于形态；汉语没有形态的束缚，汉语句法结构的形成和调整，都可以直接显示语用目的（张伯江 2011）。因此，汉语中凸显的使因实体如受事、工具、客体等都可以直接句法化为主语，生成倒置动结式，如"一瓶酒喝醉了老王"，"马拉松跑死了三个人"；当凸显的受影响实体自身或身体的一部分实现为句法宾语，构成非次范畴化宾语动结式，如"他哭瞎了眼睛"；当使因事件概念化为背景事件，使果事件凸显概念化为图形事件时，生成动词拷贝动结式，如"他读书读累了"。另外，由于汉语的双音化趋势，语义上包含结果概念的述语动词也能够形成"动词+冗余附加语"的事件结构，形成原型动结式的一个子构式。相比之下，英语的形态制约是第一位的，语义和语用表达都受制于形态，英语动结式的句法框架被严格地限定为［NP1 V NP2 AP/PP］和［NP V AP/PP］两大类，形成英语原型动结式，非次范畴化宾语动结式和不及物动结式三类，通过承继原型动结式的句法框架［NP1 V NP2 AP/PP］，凸显的受影响实体自身被范畴化为句法宾语，生成了非次范畴化宾语动结式，结果补语语义指向句法宾语，具有过量的动作和负面的结果的附加语义，和凸显受影响实体的语用附加义。英语不及物动结式承继了原型动结式的部分句法框架和语义，生成英语不及物动结式，形成［NP V AP/PP］的句法框架，过量的动作和负面的结果的附加语义，凸显结果。英语的附加语义和语用表达都是通过句法形式实现的。而汉语同样的构式义，如过量的动作和负面的结果，可以通过句法结构的形成和调整，显示语用目的。如非次范畴化宾语动结式，如"他笑弯了腰"，动词拷贝动结式，如"他看电视看坏了眼睛"。因此，表达式的差异与不同民族的人们的主观识解或概念化方式有关，也与语言系统本身的差异相关，是概念化方式与语言系统的互动。

通过汉英语动结构式承继网络及其理据的考察及其比较分析发现，构式家族的分类分层的承继网络具有跨语言的概括性和语言的独特性，即跨语言的共性和个性。承继网络的共性表现在两个方面，首先，从构式层级看，汉英语动结式承继网络自上而下分为二层。最上一级构式是图式动结构式，是从原型动结式的句法和语义中抽象而来的，下一级构式是图式动结构式的实例，即原型动结构式，前者是后者的图式，后者是前者的实例，构式的层级性可以看作一种垂直关系，通过实例连接得以实现。其次，从构式的分类看，汉英语动结式形成了以原型动结式为中心的由原型动结式向若干子构式的语义扩展，这些子构式包括非次范畴化宾语动结式，不及物动结式，在这种原型—扩展关系中，可以梳理出多义连接，子部分连接等构式承继关系，这种原型语义扩展关系可以看作一种水平层面关系，通过多义连接，子部分连接得以实现。汉英语动结式的具体运作和连接以及构式网络的具体设置会因语言而异。英汉语动结式的承继网络的个性差异主要体现在构式的分类及其连接关系上。首先，汉语动结式包括至少六类动结式，而英语动结式包括三类，由于汉语动结式的多构式和多义性，构式之间的承继关系也呈现多样性。

汉英语动结构式承继网络的共性源于人们对同一事件的相似的身体体验，语言交际的需要，以及表达省力的原则，构式承继具有语言层面、语用层面和认知层面的理据。构式来源于人们日常生活的场景，作为基本论元构式，动结式是对基本事件场景的语言编码，这是语言层面的理据。原型动结式来源于对典型的致使—结果事件场景的编码，原型动结式中的句法主语和句法宾语是典型的施事和受事。图式动结式是对原型动结式特征的概括和抽象。共性还具有语用层面的动因，如表达的压力，在现有的构式中寻找相似性的范畴化能力。共性来源于人类的体验共性，具有相似的认知理据，如隐喻和转喻机制对构式承继连接的促动。

汉英语动结构式承继网络的个性差异源于不同的语言系统，不同的认知概念化方式，以及两者的交互作用。汉语的灵活性，单音节特征和双音化趋势，英语以动词为中心的形态特征，英语动结式更多地体现为构式的论元结构类型，构式语义与动词语义的融合，而汉语动结式更多地体现为事件类型，如倒置动结构式体现的使因事件和使果事件的致使—结果的事件类型。

个性的存在证实了构式的独特性本质，即各语言都有自己的构式系统，"一种语言的构式不一定总能在另一种语言中找到完全对等的构式"（Croft 2001：312），语言具有类型学差异，所有语法范畴具有语言独特性和构式独特性，构式是句法表达的基本单位。构式具有语言独特性（Croft 2013）。

第十章

结　语

语言系统是一个由若干构式组成的多重承继网络，不同的构式因为存在概括性的理据而表现出某些句法、语义及话语功能的共有特征。动结构式来源于人们的身体体验，具有涉身的体验性，描述"发动者致使某物发生状态改变"的事件场景。本书立足于现代汉语动结式的丰富语料，借助于认知构式语法以及认知语言学的相关理论，建立了现代汉语动结式构式多义网络。分析了范畴成员如原型动结构式，结果补语隐现动结构式，非次范畴化宾语动结构式，倒置动结构式，"VA了"动结构式，动词拷贝动结构式的多义性及其与原型动结构式的承继连接及其理据，在具体个案承继连接及其理据分析的基础上，构建了现代汉语动结式的承继连接网络。汉英语动结式承继连接及其理据的比较和对比发现，构式具有语言独特性及其人类认知的共性倾向。

第一节　研究发现和研究意义

汉语动结构式以原型动结式为中心构成了一个多义范畴网络，其中若干非原型子构式与原型构式以不同方式，在不同维度上与原型动结式构成了承继连接。构式的承继连接具有语义、语用和认知层面的理据。在对六个汉语动结构式多义性分析的基础上，考察了每一个子构式与原型动结式的承继连接及其理据，最后对汉英语动结构式的承继连接及其理据进行了对比分析，对汉语和英语动结构式的多义网络及其承继理据的共性与差异，以及差异的原因进行了总结。本书的主要发现可以归纳为以下四点。

（1）构式的分类分层性。汉语动结构式构成一个以原型动结构式为中心的多义网络，汉语动结式呈现［NP V1V2 NP2］和［NP V1V2］的基本句法框架，从句法功能上看，前者为带宾语动结式，后者为不带宾语动结式。由于对不同事件成分的识解和凸显，前者形成了原型动结式，结果补语隐现动结式，非次范畴化宾语动结式，倒置动结式，动词拷贝动结式等多义构式，后者形成了"VA 了"动结构式。就汉语动结式的分类来说，既涉及构式家族，如动结构式与致使移动构式家族的区分，也涉及构式家族内同一层次，即原型动结式及其子构式之间的区分；汉语动结构式的分类表现在原型动结式及其子构式，其中，每一个具体构式内部又构成了以原型动结式为中心的多义网络。

（2）汉语动结构式是一个多义网络，其中若干子构式以原型动结构式为中心，以多种承继方式关系进行语义扩展。构式承继关系主要包括：子部分连接，隐喻连接，多义连接，多重连接。具体而言，结果补语隐现动结构式，作为原型动结构式的子构式，二者构成了子部分连接；非次范畴化宾语动结构式与原型动结构式形式相同而语义/功能相异构成了隐喻连接；倒置动结构式与原型动结构式享有共同的形式特征和不同的语义和语用特征，二者构成了多义连接；"VA 了"动结式承继了原型动结式的部分句法和语义特征，与原型动结构式构成了子部分连接；动词拷贝动结构式作为下一级构式，承继了动词拷贝构式和动结构式的句法和语义特征，与上一级构式构成了多重承继。构式承继不仅存在于原型动结构式与若干子构式之间，同时还存在于动结子构式内部，如"VA 了"动结构式具有五种不同的构式意义，次构式与原型"VA 了"动结构式（预期结果的实现）分别构成了多义连接，子部分连接等。

（3）构式承继受到多种因素的驱动，构式承继具有多个层面的理据。普遍认知原则对语法结构产生影响，如隐喻和转喻，图形—背景的概念化，象似性原则。对于语法构式来说，形式上相似的构式，语义上通常也是相似的，理据性是构式承继的相关心理原则，如最大经济性原则，最大表达力原则和最大理据性原则等。构式承继是寻找构式之间的句法或语义的相似性，因此隐喻和转喻是寻找相似性的主要认知机制。对于作用于自身的事件来说，当说话人把自身作为受影响的对象，并凸显该受影响的对象时，由于"自身分裂"的概念化原则，受影响的对象被概念化为句法宾语，实现为非次范畴化宾语动结构式。汉语非次范畴化宾语动结构式，通过把自身概念化为一个受影响对象，各类假宾语或非次范畴化论元宾语都隐喻性地处理为真实宾语或次范畴化论元宾语，通过隐喻的范畴化机制得以实现，非次范畴化宾语动结式与原型动结构式通过"动作是受影响的行为"的隐喻机制，而成为汉语动结范畴中的一个家族成员。汉语倒置动结式，通过基于物性结构的"凸显的事件参与者代使因事件"的转喻机制，句首名词作为认知参照点转喻整个使因事件。转喻机制还体现在结果补语隐现动结构式与原型动结构式的承继连接中，"动作代动作结果"的转喻机制促使承继连接的产生。

图形—背景的概念化是构式承继的理据。图形事件和背景事件的概念化对多重承继关系进行了合理的解释，如动词拷贝动结式 [NP V1N V1V2] 中，动词拷贝动结构式与动宾构式和动结构式构成了多重承继连接，由于动宾构式被识解为背景事件而背景化，动结式被识解为图形事件而得以凸显，从而实现了对动宾构式和动结构式的选择性承继。

象似性原则是构式承继连接的理据。倒置动结构式句首名词的复杂性体现了数量象似性理据，即语言数量越多，所表达的概念量越多，实体名词越具体，凸显度越高，越容易成为认知参照点转喻整个使因事件。另外，动词拷贝动结构式具有象似性理据，如动宾构式与动结构式在句法上的连续表达，体现了语义上密切相关的概念在形式上必须邻近，事件顺序对应于小句的序列顺序；动词的重复使用表示事件过程的可重复性，则体现了数量原则，即形式越多，意义越多；动词拷贝动结构式中，过量的构式义是通过动词拷贝明示出来的，因为根据象似性原则，动词的重复表示概念的重复，表示量的增益，语言形式与概念结构具有象似性。与动词拷贝动结构式中的过量意义的表达方式不同，非次范畴化宾语动结式的过量动作的意义是通过构式隐性表达的。

语用因素在构式承继中发挥着重要的作用。句法表层不同而语义相同的动结构式中，必然存在某些语用上的差异。统计结果显示，结果补语隐现的动结构式与显现的动结构式存在竞争关系，结果补语显现的动结构式在使用频率上高于补语隐现的动结构式，结果补语显现的动结构式可看做是结果补语显现的动结构式的一个子类，后者凸显结果补语。

汉语中凸显的使因实体如受事、客体可以直接实现为句法主语，生成倒置动结式。当凸显的受影响实体自身或身体的一部分实现为句法宾语，构成非次范畴化宾语动结式。

最大经济性原则是构式承继的重要原则。汉语动结式范畴网络包括原型动结构式以及若干由相似的句法特征和语义特征的非原型动结构式，这些非原型动结构式以不同方式、在不同维度上与原型动结构式构成承继连接。一方面，动结构式的数量是最小化的，即若干子构式共享动结构式的基本句法框架［NP1 V1V2 NP2］，另一方面，构式的语义和语用信息是最大化的，即每一个子构式具有自身特有的语义和语用信息，作为具有形式和功能匹配的构式而独立存在，每个子构式的生成都是出于交际的需要，表达能力是最大化的，这体现了最大经济性原则和最大表达力原则的互动。一方面，构式的数量是最小化的，另一方面，出于交际的需要，构式的数量是最大化的，汉语动结式范畴网络体现了这两个原则的互动，最终以最大经济性原则为主导。

（4）语际对比发现，汉语和英语动结式网络成员多寡不一，承继连接同中有异，异中有同。汉英语动结构式都包括及物和不及物动结式两大类，与原型动结构式构成子部分连接；汉英语动结构式都包含非范畴化宾语动结构式，与原型动结构式构成多义连接。汉英语动结构式是一种通过构式连接（实例连接，多义连接和子部分连接）而形成的一个分类别、分层次的复杂构式网络。同一构式内部同样也存在构式的多义性，这些个性特征主要体现在构式的分类及其承继连接两个方面。如汉语和英语中的不及物动结构式，虽然具有相似的句法框架，即不带宾语，但语义不同，汉语不及物动结构式具有五种语义，而英语不及物动结构式的语义相对单一，表示事物经历动作后发生的状态变化，句法主语既是经历动作的实体，又是经历状态变化的实体，常常表达过量的动作和非预期的结果。另外，汉英语动结式中及物动词和结果补语的关系紧密度不同，也导致汉英语动结式子构式的类别不一，汉语动结构式中结果补语与及物述语动词的关系可以是预期的，也可以是非预期的，而英语中的结果补语与动词的关系只能是预期的，从而汉语动结构式子构式的语义也相对丰富。

基于认知语言学相关理论和假设，在认知构式语法理论框架下分析汉语动结构式的多义性及其理据性承继，我们获得了一些新的认识和发现，这些研究发现具有一定的理论价值和意义。首先，汉语动结构式的意义不是单一的、固定的，而是由若干密切关联的意义构成的多义范畴，这一研究发现验证了认知构式语法关于构式是形式—功能的结合体，构式意义是动态的，构式多义性在构式语法中具有中心地位。汉语动结构式的聚合和变异说明，一方面构式具有跨语言的概括性，另一方面，随着人类交际的需要，语言得到不断创新和发展。汉语动结构式形成的多种关联方式，为认知构式语法关于构式理据性承继的假设提供了实例验证，进一步丰富了认知构式语法理论的构建。

其次，当代语言学关心的核心问题之一是语法规律背后的理据和动因是什么。我们对现代汉语动结构式的连接从语义、语用和认知层面进行了理据考察。研究发现，认知因素在语法构建中具有重要作用，在认知构式语法中，语法中任何构式的存在被认为是最大限度地以人类互动和认知的特征为理据的（Boas 2013），语用动因在汉语动结构式承继连接中发挥了独特作用，理据最大化原则和经济最大化原则在语法构建中发挥着关键作用。对人类认知与语法构建的互动关系进行考察，可以凸显人类认知在语言使用的经济性、语言产生和创新等方面的能动作用，探讨语法构式的理据性承继具有重要的方法论意义。

最后，汉语动结构式的聚合与变异，既具有跨语言的概括性，又具有语言的独特性，为认知构式语法关于构式跨语言的概括性和构式的语言独特性本质提供了佐证。汉语动结构式变异的产生，除了人类交流的需要，还与汉语的语言系统及其不同的认知概念化方式有关。由于汉语缺乏形态变化，单音节特点和双音化趋势，汉语动结构式出现了若干变体，语义丰富；对于认知主体的概念化过程，不同民族不尽相同；汉语动结构式的变异现象是语言系统和概念化方式互动的结果。

除了理论价值和贡献外，本书对对外汉语教学特别是对外汉语语法教学具有重要的实践意义。现代汉语动结构式由于动词和补语之间的语义关系松散，句式灵活，具有高度能产性；由于语用因素在汉语语法形成中的重要作用，形成了若干汉语独特的构式，给语言学习者造成学习上的困难。一方面构式是形式—功能的结合体，具有独立的构式地位，如倒置动结构式，动词拷贝动结构式，"把"字动结构式等具有特殊语用特征和认知焦点的特殊构式,这些构式是需要逐一学得的;另一方面,由于构式是由语义密切相连的构式组成的多义范畴,不同语言的学习者可以通过"原型构式—扩展构式"的习得顺序,通过范畴化能力,即寻求不同构式之间相似性的能力,了解构式跨语言的概括性,从而对汉语构式进行习得和把握。

第二节 研究的不足之处及其未来研究方向

对汉语动结构式的承继连接及其理据的研究,由于受到精力,以及作者的学识水平的限制,本书存在诸多不足之处。在今后的研究中,作者将针对这些方面进行后续研究,期望对本研究出现的欠缺和不足之处进行弥补和充实。

(1) 本书没有对汉语动结构式范畴成员进行彻底的全面的考察,汉语动结构式网络成员还有待进一步扩展。本书主要针对基本层次构式及其非基本层次构式如动词拷贝动结式的连接关系及其承继理据进行了考察,而对其他非基本层次构式如把字动结构式、被字动结构式的承继关系及其理据没有进行独立的分析和考察。非基本层次构式分别与若干上一级构式构成多重承继,对把字动结式和被字动结式的承继关系及其理据的分析,将有助于构式多义性网络的构建,有助于语言分析的系统性和完整性。

(2) 对动结构式家族成员的理据性承继的考察还有待扩展。就汉语动结构式的分类来说,既涉及构式家族,如动结构式与(致使)移动构式家族的区分,也涉及构式家族内同一层次,即原型动结构式及其子构式之间的区分。动结构式家族成员包括(致使)移动构式和(致使)结果构式。本书的研究对象是狭义动结构式,虽然狭义动结构式与(致使)移动构式作为独立的构式存在很大的区别(Goldberg 1995),但从构式承继连接看,狭义动结构式的承继连接可以看做是内部承继,狭义动结构式与(致使)移动构式可以看作一种外部承继。(致使)移动构式与动结构式共享句法和语义特征,动结构式表示的是一个隐喻性的移动事件。那么,(致使)移动构式之间的连接方式,与动结构式的承继关系相比,具有哪些区别和联系,承继理据又存在哪些共性和差异,都是值得进一步探讨的问题。对动结构式家族而言,(致使)移动构式的承继关系及其理据的考察具有重要的意义,对汉语(致使)移动构式之间的承继连接及其理据的考察,将有助于对动结构式家族整体特征的把握和理解。本书的研究对象仅限于狭义动结构式,对于动结构式家族成员的网络构建来说不能不说是一个遗憾和不足,未来将扩展动结构式的研究对象和研究范围,以期能够弥补这一不足和缺憾。

参考文献

著作

董秀芳：《词汇化：汉语双音词的衍生和发展》（修订本），商务印书馆2011年版。

范晓：《V-R及其所构成的句式》，《语言研究集刊》（第一辑），复旦大学出版社1987年版。

范晓：《略论V-R》，《语法研究和探索》，北京大学出版社1985年版。

顾鸣镝：《认知构式语法的理论演绎与应用研究》，学林出版社2013年版。

郭锐：《述结式述补结构的配价结构和成分整合》，载沈阳、郑定欧主编《现代汉语配价语法研究》，北京大学出版社1995年版。

李临定：《现代汉语句型》，商务印书馆1986年版。

李纳、石毓智：《汉语动补结构的发展与句法结构的嬗变》，《中国语言学论丛》（第二辑），北京语言文化大学出版社1999年版。

李枢：《宾语和补语》，黑龙江人民出版社1985年版。

刘琦：《认知构式语法视域中的汉语单宾语句》，浙江大学出版社2014年版。

刘月华主编：《趋向补语通释》，北京语言文化大学出版社1998年版。

刘正光：《语言非范畴化》，上海外语教育出版社2006年版。

刘正光主编：《构式语法研究》，上海外语教育出版社2011年版。

陆俭明：《构式：论元结构的构式语法研究（中文版序 2）》，Adele E. Goldberg 著，吴海波译，北京大学出版社 2007 年版。

吕叔湘编：《现代汉语八百词》，商务印书馆 1980 年版。

吕叔湘编：《现代汉语八百词（增订版）》，商务印书馆 1999 年版。

吕叔湘：《汉语语法分析问题》，商务印书馆 1972 年版。

吕叔湘：《中国文法要略》，商务印书馆 1942 年版。

吕叔湘：《中国文法要略》，商务印书馆 1982 年版。

罗思明：《英汉动结式的认知功能分析》，中国社会科学出版社 2009 年版。

孟琮等编：《动词用法词典》，上海辞书出版社 1987 年版。

牛保义编著：《构式语法理论研究》，上海外语教育出版社 2011 年版。

沈家煊：《不对称与标记论》，江西教育出版社 1999 年版。

沈家煊：《动结式"追累"的语法和语义》，《认知与汉语语法研究》，商务印书馆 2006 年版。

施春宏：《汉语动结式的句法语义研究》，北京语言大学出版社 2008 年版。

石毓智、李纳：《汉语语法化的历程——形态句法发展的动因和机制》，北京大学出版社 2001 年版。

束定芳、唐树华：《中国认知语言学 20 年（代序）》，载刘正光主编《构式语法研究》，上海外语教育出版社 2011 年版。

司马翎、沈阳：《动结式中动词隐现的句法和语义条件》，《语法研究和探索（十六）》，商务印书馆 2012 年版。

宋文辉：《现代汉语动结式的认知研究》，北京大学出版社 2007 年版。

王红旗：《动结式的配价研究》，载沈阳、郑定欧主编《现代汉语配价语法研究》，北京大学出版社 1995 年版。

王力：《汉语史稿》，中华书局 1980 年版。

王力：《汉语语法史》，商务印书馆 1989 年版。

王力：《中国现代语法》，商务印书馆 1944/1985 年版。

王砚农、焦群、庞顺：《汉语动词—结果补语搭配辞典》，北京语言学院出版社1987年版。

王寅：《构式语法研究（上卷）》，上海外语教育出版社2011年版。

王寅：《构式语法研究（下卷）》，上海外语教育出版社2011年版。

吴福祥：《试论现代汉语动补结构的来源》，载江蓝生、侯精一主编《汉语现状与历史的研究——首届汉语语言学国际研讨会论文集》，中国社会科学出版社1999年版。

吴为善：《汉语韵律句法探索》，学林出版社2005年版。

徐丹：《动补结构中的上字和下字》，《语法研究和探索（十）》，商务印书馆2000年版。

殷红伶：《英汉动结式语义结构研究》，东南大学出版社2011年版。

詹人凤：《语义指向与语法关系》，《语法研究和探索（九）》，商务印书馆2000年版。

张国宪：《现代汉语形容词功能与认知研究》，商务印书馆2006年版。

张旺熹：《汉语特殊句法的语义研究》，北京语言文化大学出版社1999年版。

张旺熹：《重动结构的远距离因果关系动因》，载徐烈炯、邵敬敏主编《汉语语法研究的新拓展（一）》，浙江教育出版社2002年版。

赵元任：《汉语口语语法》，吕叔湘1979年译，商务印书馆1968年版。

郑怀德、孟庆海编：《汉语形容词用法词典》，商务印书馆2003年版。

周红：《现代汉语致使范畴研究》，复旦大学出版社2005年版。

朱德熙：《现代汉语语法研究》，商务印书馆1980年版。

朱德熙：《语法讲义》，商务印书馆1982年版。

论文

陈满华：《关于构式语法的理论取向及相关问题》，《外国语》2014年第5期。

陈忠：《"V完了"和"V好了"的替换条件及其理据——兼谈

"终结图式"的调控和补偿机制》,《中国语文》2008年第2期。

戴浩一:《以认知为基础的汉语功能语法刍议》,《国外语言学》1990年第4期。

戴耀晶:《试说汉语重动句的语法价值》,《汉语学习》1998年第2期。

邓守信:《汉语使成式的语义》,《国外语言学》1991年第3期。

丁萍:《论结果补语"好"与"完"对述语动词的选择限制》,《西北民族大学学报》(哲学社会科学版)2012年第2期。

董秀芳:《述补带宾句式中的韵律制约》,《语言研究》1998年第1期。

冯文贺、姬东鸿:《"把/被"及其相关句式的依存分析》,《外国语》2011年第5期。

高增霞:《连动结构的隐喻层面》,《世界汉语教学》2005年第1期。

龚千炎:《动结式复合动词及其构成的动词谓语句式》,《安徽师范大学学报》(哲学社会科学版)1984年第3期。

顾鸣镝:《关于构式承继及其理据的可探究性研究》,《北京交通大学学报》(社会科学版)2012年第2期。

顾鸣镝:《汉语双及物构式的内部承继问题研究》,《汉语学习》2014年第6期。

关玲:《普通话"V+完"式初探》,《中国语文》2003年第3期。

郭继懋、王红旗:《黏合补语和组合补语表达差异的认知分析》,《世界汉语教学》2001年第2期。

黄健秦:《"在+处所VP"与"V在处所"的构式承继关系与语篇关系》,《当代修辞学》2013年第4期。

黄晓琴:《试论动结式的三种宾语》,《汉语学报》2006年第3期。

阚哲华:《汉语位移事件词汇化的语言类型学探究》,《当代语言学》2010年第2期。

李斌玉:《"VA了"述补结构再考察》,《山西大学学报》(哲学社会科学版)1999年第3期。

李临定:《从简单到复杂的分析方法——结果补语句构造分析》,《世界汉语教学》1992 年第 3 期。

李临定：《动补格句式》，《中国语文》1980 年第 2 期。

李临定：《究竟哪个"补"哪个——"动补格"关系再议》，《汉语学习》1984 年第 2 期。

李纳、石毓智：《汉语动词拷贝结构的演化过程》，《国外语言学》1997 年第 3 期。

李小荣：《对述结式带宾语功能的考察》，《汉语学习》1994 年第 5 期。

刘丹青：《"唯补词"初探》，《汉语学习》1994 年第 3 期。

刘培玉：《动结式重动句构造的制约机制及相关问题》，《汉语学报》2012 年第 1 期。

刘炎：《"V 掉"的语义类型与"掉"的虚化》，《中国语文》2007 年第 2 期。

刘正光、崔刚：《非范畴化与 V-V 结构中 V2 的完成体意义》，《外语学刊》2005 年第 6 期。

陆俭明：《"VA 了"述补结构语义分析补议——对读者意见的回复》，《汉语学习》2001 年第 6 期。

陆俭明：《"VA 了"述补结构语义分析》，《汉语学习》1990 年第 1 期。

陆俭明：《构式与意向图式》，《北京大学学报》（哲学社会科学版）2009 年第 3 期。

陆俭明：《构式语法理论再议——序中译本运作中的构式：语言概括的本质》，《外国语》2013 年第 1 期。

陆俭明：《关于语义指向分析》，《中国语言学论丛》1997 年第 1 辑。

陆俭明：《述补结构的复杂性——〈现代汉语补语研究资料〉序》，《语言教学与研究》1990 年第 1 期。

吕叔湘：《汉语句法的灵活性——动补结构的多义性》，《中国语文》1986 年第 1 期。

吕文华：《谈结果补语的意义》，《语言教学与研究》1982 年第 3 期。

罗思明：《kill 的语义结构及汉译模式认知研究》，《外语教学》2008 年第 3 期。

马庆株、王红旗：《关于若干语法理论问题的思考》，《南开语言学刊》2004 年第 1 期。

马希文：《与动结式动词有关的某些句式》，《中国语文》1987 年第 6 期。

马真、陆俭明：《形容词作结果补语情况考察（一）》，《汉语学习》1997 年第 1 期。

马真、陆俭明：《形容词作结果补语情况考察（二）》，《汉语学习》1997 年第 4 期。

马真、陆俭明：《形容词作结果补语情况考察（三）》，《汉语学习》1997 年第 6 期。

梅立崇：《也谈补语的表述对象》，《语言教学与研究》1994 年第 2 期。

聂仁发：《重动句的语篇分析》，《湖南师范大学社会科学学报》2001 年第 1 期。

彭芳、秦洪武：《倒置动结式的事件语义分析》，《外语学刊》2017 年第 4 期。

彭芳：《图形—背景的概念化与汉语语序》，《齐鲁学刊》2013 年第 2 期。

彭芳：《语言线性序列的理据——语义/语用层面》，《外语教学》2003 年第 6 期。

彭国珍：《英汉结果补语结构中补语形容词的差异》，《语言教学与研究》2007 年第 3 期。

彭国珍：《汉语开放等级形容词的语义特征》，《浙江工业大学学报》（社会科学版）2011 年第 2 期。

彭国珍：《偏离类动结式的句法特征》，《华中科技大学学报》（社会科学版）2006 年第 4 期。

秦礼君：《关于"动+宾+动重+补"的结构形式》，《语言研究》1985 年第 2 期。

任鹰：《"领属"与"存现"：从概念的关联到构式的关联——也

从"王冕死了父亲"的生成方式说起》,《世界汉语教学》2009 年第 3 期。

任鹰:《主宾可换位动结式述语结构分析》,《中国语文》2001 年第 4 期。

任鹰:《主宾可换位供用句的语义条件分析》,《汉语学习》1999 年第 3 期。

邵敬敏:《说"V 成"结构的性质》,《汉语学习》1988 年第 1 期。

沈家煊:《动结式"追累"的语法和语义》,《语言科学》2004 年第 6 期。

沈家煊:《句式和配价》,《中国语文》2000 年第 4 期。

沈家煊:《说"偷"和"抢"》,《语言教学与研究》2000 年第 1 期。

沈家煊:《现代汉语"动补结构"的类型学考察》,《世界汉语教学》2003 年第 3 期。

沈家煊:《"在"字句和"给"字句》,《中国语文》1999 年第 2 期。

沈阳、彭国珍:《结果偏离义"VA 了"结构的句法和语义分析》,《汉语学习》2010 年第 5 期。

沈阳、司马翎:《句法结构标记"给"和动词结构的衍生关系》,《中国语文》2010 年第 3 期。

沈阳、魏航:《动结式中动作 V1 和结果 V2 隐现的句法和语义条件》,《对外汉语研究》2011 年第 7 期。

施春宏:《动词拷贝句句式构造和句式意义的互动关系》,《中国语文》2010 年第 2 期。

施春宏:《动结式"V 累"的句法语义分析及其理论蕴涵》,《语言科学》2008 年第 3 期。

施春宏:《动结式的配价层级及其岐价现象》,《语言教学与研究》2006 年第 4 期。

施春宏:《动结式论元结构的整合过程及相关问题》,《世界汉语教学》2005 年第 1 期。

施春宏:《动结式在相关句式群中不对称分布的多重界面互动机

制》,《世界汉语教学》2015 年第 1 期。

施春宏:《动结式致事的类型、语义性质及其句法表现》,《世界汉语教学》2007 年第 2 期。

石毓智:《被动式标记语法化的认知基础》,《民族语文》2005 年第 3 期。

石毓智:《汉语发展史上双音化趋势和动补结构的诞生》,《语言研究》2002 年第 1 期。

石毓智:《论语言表达的创新机制》,《外语研究》2007 年第 3 期。

石毓智:《如何看待语法规则的"例外":从"吃饱饭""喝醉酒"现象谈起》,《汉语学习》2000 年第 6 期。

石毓智:《语法规律的理据》,《外语教学与研究》2008 年第 6 期。

史文磊:《国外学界对词化类型学的讨论述略》,《解放军外国语学院学报》2011 年第 2 期。

宋文辉:《动结式在几个句式中的分布》,《语文研究》2004 年第 3 期。

宋文辉:《关于宾语必须前置的动结式》,《汉语学报》2006 年第 4 期。

宋文辉:《再论汉语所谓"倒置动结式"的性质和特征》,《外国语》2018 年第 5 期。

谭景春:《"动+结果宾语"及相关句式》,《语言教学与研究》1997 年第 1 期。

唐翠菊:《现代汉语重动句的分类》,《世界汉语教学》2001 年第 1 期。

王灿龙:《重动句补议》,《中国语文》1999 年第 2 期。

王红旗:《动结式述补结构的语义是什么》,《汉语学习》1996 年第 1 期。

王红旗:《动结式述补结构在把字句和重动句中的分布》,《语文研究》2001 年第 1 期。

王红旗:《谓词充当结果补语的语义限制》,《汉语学习》1993 年第 4 期。

王天翼:《汉语拷贝构式的"事件域多重传承模型"认知分析》,

《外语学刊》2012 年第 3 期。

王天翼：《汉语拷贝构式的象似性机制—兼述容器/方位概念隐喻与象似性原则的关系》，《外国语文》2011 年第 5 期。

王文斌、吴可：《论动结式中的两类典型构式》，《西北师大学报》（社会科学版）2019 年第 4 期。

王寅：《动结构式的体验性事件结构分析》，《外语教学与研究》2009 年第 5 期。

王寅：《事件域认知模型及其解释力》，《现代外语》2005 年第 1 期。

文旭、姜灿中：《基于语料库"V 破"动结式的历时构式语法研究》，《解放军外国语学院学报》2018 年第 2 期。

吴淑琼：《汉语动结式非典型内在致事的语法转喻研究》，《外语研究》2013 年第 2 期。

吴为善：《"NP 受+VPt+QM"句式的多义性及其同构性解析》，《世界汉语教学》2012 年第 2 期。

吴为善：《双音化、语法化和韵律词的再分析》，《汉语学习》2003 年第 2 期。

吴为善、吴怀成：《双音述宾结果补语"动结式"初探——兼论韵律运作、词语整合与动结式的生成》，《中国语文》2008 年第 6 期。

吴为善：《自致使义动结构式"NP+VR"考察》，《汉语学习》2010 年第 6 期。

项开喜：《汉语重动句功能研究》，《中国语文》1997 年第 4 期。

邢福义：《汉语语法结构的兼容性和趋简性》，《世界汉语教学》1997 年第 3 期。

熊学亮：《复合结构增效现象试析》，《外语教学与研究》2008 年第 5 期。

熊学亮、魏薇：《"NP V 累了 NP"动结式的补语趋向解读》，《外语教学理论与实践》2014 年第 2 期。

熊学亮、魏薇：《倒置动结式的致使性透视》，《外语教学与研究》2014 年第 4 期。

熊学亮：《增效构式与非增效构式——从 Goldberg 的两个定义说

起》,《外语教学与研究》2009 年第 5 期。

熊仲儒:《动结式的致事选择》,《安徽师范大学学报》(人文社会科学版)2004 年第 4 期。

熊仲儒、刘丽萍:《动结式的论元实现》,《现代汉语》2006 年第 2 期。

玄玥:《"V 成"述补结构的句法形式》,《华中科技大学学报》(社会科学版)2006 年第 4 期。

薛凤生:《试论"把"字句的语义特征》,《语言教学与研究》1987 年第 1 期。

薛红:《后项虚化的动补格》,《汉语学习》1985 年第 4 期,又载北京语言学院语言教学研究所编《现代汉语补语研究资料》1992 年。

延俊荣:《动结式"V+Rv"带宾语情况考察》,《汉语学习》2002 年第 5 期。

延俊荣:《"挖深了"歧义成因及分化》,《语文研究》2000 年第 2 期。

严辰松:《英汉表达实现意义的词汇化模式》,《外国语》2005 年第 1 期。

叶向阳:《"把"字句的致使性解释》,《世界汉语教学》2004 年第 2 期。

俞琳、李福印:《事件融合视角下"V 到"构式的动补类型嬗变》,《外语与外语教学》2018 年第 1 期。

袁毓林:《述结式配价的控制—还原分析》,《中国语文》2001 年第 5 期。

詹卫东:《复合事件的语义结构与现代汉语述结式的成立条件分析》,《对外汉语研究》2013 年第 1 期。

张伯江:《被字句和把字句的对称和不对称》,《中国语文》2001 年第 6 期。

张伯江:《汉语的句法结构和语用结构》,《汉语学习》2011 年第 2 期。

张伯江:《论"把"字句的句式语义》,《语言研究》2000 年第 1 期。

张伯江：《现代汉语的双及物结构式》，《中国语文》1999 年第 3 期。

张国宪：《结果补语语义指向分析》，《汉语学习》1988 年第 4 期。

张建理、刘琦：《同形异义句的认知构式语法研究》，《浙江大学学报》（人社版）2011 年第 6 期。

张全生、王宇轩：《述结式致使语义范畴》，《汉语学报》2008 年第 2 期。

张旺熹：《"把"字结构的语义及其语用分析》，《语言教学与研究》1991 年第 3 期。

张旺熹：《"动+形"结构的原型范畴》，《中国语言学报》2001 年第 10 期，又载张旺熹《汉语特殊句法的语义研究》1999 年。

张谊生：《述结式把字句的配价研究》，《南开语言学刊》2005 年第 1 期。

张翼：《倒置动结式的认知构式研究》，《外国语》2009 年第 4 期。

张翼：《动结式复合动词组合机制研究》，《外语教学》2014 年第 6 期。

张翼：《汉语致使性动结式复合动词的论元表达——基于构式融合的解释》，《现代外语》2013 年第 2 期。

张翼：《认知语法和构式语法在论元结构问题上的互补性》，《外国语》2011 年第 1 期。

赵琪：《从动结式来看现代汉语的构式性》，《复旦外国语言文学论丛》2008 年。

赵琪：《从极性程度的表达看修辞构式形成的两条途径》，《当代修辞学》2012 年第 1 期。

赵琪：《英汉动结式的共性与个性》，《外语教学与研究》2009 年第 4 期。

赵琪：《汉语非典型动结构式的论元结构分析》，《汉语学报》2013 年第 3 期。

赵琪：《英语构式形成与识解的转喻动因》，《外语与外语教学》2012 年第 2 期。

赵琪：《作用于自身的英汉动结式的论元实现》，《山东外语教学》

2008 年第 6 期。

赵新:《试论重动句的功能》,《语言研究》2002 年第 2 期。

何玲:《英汉动结构式增效对比研究》,博士学位论文,复旦大学,2013 年。

刘振平:《单音形容词作状语和补语的对比研究》,博士学位论文,北京语言大学,2007 年。

宋文辉:《现代汉语动结式配价的认知研究》,博士学位论文,中国社会科学院,2003 年。

杨峥琳:《现代汉语述结式的不对称研究》,博士学位论文,北京语言大学,2006。

张伯江:《施事和受事的语义语用特征及其在句式中的实现》,博士学位论文,复旦大学,2007。

张翼:《复合动词和及物结构:汉语及物动结构式的认知研究》,博士学位论文,南京大学,2011 年。

赵琪:《英汉动结构式的论元实现》,博士学位论文,复旦大学,2009 年。

外文

Boas, H. 2005. Determining the productivity of resultatives: A reply to Goldberg and Jackendoff. *Language* 2 (81) 448 – 464.

Boas, H. 2013. Cognitive Construction Grammar. In T. Hoffmann & G. Trousdale (eds.) *The Oxford Handbook of Construction Grammar*. Oxford: Oxford University Press.

Boas, H. C. 2002. On the role of semantic constraints in resultative constructions. In: Rapp, R (ed.), *Linguistics on the way into the new millennium*. Vol. 1. Frankfurt: Peter Lang.

Boas, H. C. 2003. *A constructional approach to resultatives*. Stanford: CSLI Publications.

Broccias, C. 2001. The Need for the Resultative Network. In *BLS* 26: 41-52.

Broccias, C. 2003. *The English Change Network. Forcing Changes into*

Schemas. Berlin: Mouton de Gruyter.

Broccias, C. 2004. The cognitive basis of adjectival and adverbial resultative Constructions. *Annual Review of Cognitive Linguistics* 2: 103-26.

Broccias, C. 2007. Unsubcategorized objects in English resultative constructions. In N. Delbecque & B. Cornillie (eds.) *On Interpreting Construction Schemas: From Action and Motion to Transitivity and Causality*. Mouton de Gruyter.

Broccias, C. 2008. Towards a history of English resultative constructions: the case of adjectival resultative constructions. *English Language and Linguistics* 12 (1): 27-54.

Bybee, J. 1985. *Morphology: A Study of the Relation between Meaning and Form*. Philadelphia: John Benjamins.

Carrier, J. & Randall, J. 1992. The argument structure and syntactic structure of resultatives. *Linguistic Inquiry* 23: 173-234.

Chao, Yuan Ren (赵元任). 1968. *A Grammar of Spoken Chinese*. Berkeley: University of California Press.

Croft, W. 1990. *Typology and universals*. Cambridge: Cambridge University Press.

Croft, W. 1991. *Syntactic Categories and Grammatical Relations: The Cognitive Organization of Information*. Chicago: University of Chicago Press.

Croft, W. 2001. *Radical Construction Grammar: Syntactic Theory in Typological Perspective*. Oxford: Oxford University Press.

Croft, W. 2009. Constructions and generalizations. *Cognitive Linguistics* 20 (1): 157-165.

Croft, W. 2013. Radical construction grammar. in T. Hoffmann & G. Trousdale (eds.) *The Oxford Handbook of Construction Grammar*. Oxford: Oxford University Press.

Croft, W. & Cruse, A. 2004. *Cognitive Linguistics*. Cambridge: Cambridge University Press.

Dowty, D. 1991. Thematic proto-roles and argument selection. *Language* 67: 547-619.

Evans, V. & M. Green. 2006. *Cognitive Linguistics*: *An Introduction* . Edinburgh: Edinburg University Press.

Fillmore, C. J. 1977. Scenes-and-frames semantics, Linguistic Structures Processing. In Zampolli, Antonio (ed.) *Fundamental Studies in Computer Science* North Holland Publishing. 59: 55-88.

Fillmore, C. J. 1982. Frame semantics. In Linguistic Society of Korea. *Linguistics in the Morning Calm.* Seoul: Hanshin Publishing Co.

Fillmore, C. J. 1986. Pragmatically controlled zero anaphora. *BLS* 12: 95-107.

Fillmore, C, Kay, P & C.O'Conner.1988. Regularity and idiomaticity in grammatical constructions: The case of *let alone. Language* 64 (3) : 501-538.

Fillmore, C., P. Kay, L. Michaelis, & I. Sag. 2003. *Construction Grammar.* Chicago: The University of Chicago Press.

Fried, M. & Jan-Ölahstman (eds.). 2004. *Construction Grammar in a Cross-Language Perspective.* Amsterdam: John Benjamins.

Goldberg, A. 1997. The relationships between verbs and constructions. In M. Verspoor, K. Lee & E. Sweetser (eds.). *Lexical and Syntactical Constructions and the Construction of Meaning.* Amsterdam: John Benjamin. 383-398.

Goldberg, A. 2010. Verbs, constructions and semantic frames. In M. Rappaport*et al* (eds.) *Syntax, Lexical Semantics and Event Structure.* Oxford: Oxford University Press. 39-58.

Goldberg, A. E. 1991. It can't go down the chimney up: paths and the English resultative. *BLS* 47: 368 - 378.

Goldberg, A. E. 1992. The inherent semantics of argument structure: The case of the English ditransitive construction. *Cognitive Linguistics* 3 (1): 37-74.

Goldberg, A. E. 1995. *Constructions*: *A constructional grammar approach to argument structure.* Chicago: The University of Chicago Press.

Goldberg, A. E. 2000. Patient argument of causative verbs can be omitted: The role of information structure in argument distribution. *Language Science* 23: 503-524.

Goldberg, A. E. 2005. Argument realization: The role of constructions, lexical semantics and discourse factors. In Jan-Ola Östman & M. Fried (eds.) *Construction Grammars: Cognitive Grounding and Theoretical Extensions*. Philadelphia: John Benjamins Publishing Company. 17-43.

Goldberg, A. E. 2006a. *Constructions at Work: The Nature of Generalization in Language*. Oxford: Oxford University Press.

Goldberg, A. E. 2006b. The inherent semantics of argument structure: The case of the English ditransitive construction. In D. Geeraerts (ed.) *Cognitive Linguistics: Basic Readings*. Berlin/New York: Mouton de Gruyter. 401-437.

Goldberg, A. E. 2009a. The nature of generalization in language. *Cognitive Linguistics* 20 (1): 93-127.

Goldberg, A. E. 2009b. Construction at work. *Cognitive Linguistics* 20 (1): 201-224.

Goldberg, A. E. 2013. Constructionist approaches. In T. Hoffmann & G. Trousdale (eds.) *The Oxford Handbook of Construction Grammar*. Oxford: Oxford University Press. 15-31.

Goldberg, A. E. & L. Suttle. 2010. Construction Grammar. *Interdisciplinary Reviews: Cognitive Science* 1: 468-477.

Goldberg, A. E. & R. Jackendoff. 2004. The English resultative as a family of constructions. *Language* 80: 532-568.

Grimshaw, J. 1990. *Argument structure*. Cambridge, MA: The MIT Press.

Haiman, J. 1978. A study in Polysemy. *Studies in Language* 2 (1): 1-34.

Haiman, J. 1983. Iconic and economic motivation. *Language* 59 (4): 781-819.

Haiman, J. 1985. *Natural Syntax: Iconicity and Erosion*. Cambridge:

Cambridge University Press.

Hoffmann, T. & G. Trousdale (eds.) 2013. *The Oxford Handbook of Construction Grammar*. Oxford: Oxford University Press.

Hopper, P. & S. A. Thompson. 1980. Transitivity in grammar and discourse. *Language* 56: 251-299.

Iwata, S. 2006. Argument resultatives and adjunct resultatives in a lexical constructional account: The case of resultatives with adjectival result phrases. *Language Sciences* 28: 449-496.

Jackendoff, R. 1990. *Semantic structures*. Cambridge, MA: MIT Press.

Kay, P & C. J. Fillmore. 1999. Grammatical constructions and linguistic generalizations: The What's X Doing Y? construction. *Language* 76 (1): 1-33.

Kövecses, Z. & G. Radden. 1998. Metonymy: Developing a cognitive linguistic view. *Cognitive Linguistics* 9 (1): 37-77.

Lakoff, G. 1977. Linguistic gestalts. *CLS*.

Lakoff, G. 1987. *Women, Fire, and Dangerous Things: What Categories Reveals about the Mind*. Chicago: University of Chicago Press.

Lakoff, G. 1993. The Contemporary Theory of Metaphor. In A. Ortony (ed.) *Metaphor and Thought*. Cambridge University Press.

Lakoff, G. & M. Johnson. 1980. *Metaphors We Live By*. Chicago: University of Chicago Press.

Langacker, R. 1991. *Concept, Image and Symbol: The Cognitive Basis of Grammar*. Berlin Mouton de Gruyter.

Langacker, R. 1993. Reference point construction. *Cognitive Linguistics* (4): 413-450.

Langacker, R. 1999. *Grammar and Conceptualization*. Berlin/New York: Mouton de Gruyter.

Langacker, R. 2005. Integration, grammaticalization and constructional meaning. In M. Fried & H. Boas (eds.) *Grammatical Constructions: Back to the Roots*. Amsterdam: John Benjamins.

Langacker, R. 2008. *Cognitive Grammar: A Basic Reader*. New York:

Oxford University Press.

Langacker, R. 2009. Metonymic grammar In K. U. Panther, L. Thornburg & A. Barcelona (eds.) *Metonymy and Metaphor in Grammar*. John Benjamins. 45-71.

Levin, B. 1993. *English Verb Classes and Alternations: A preliminary investigation*. Chicago and London: The University of Chicago Press.

Levin, B. & M. Rappaport Hovav. 1991. Wiping the slate clean: A lexical semantic exploration. *Cognition* (41): 123-151.

Levin, B. & M. Rappaport Hovav. 1995. *Unaccusativity: At the Syntax-Lexical Semantics Interface*. Cambridge, MA: The MIT Press.

Levin, B. & M. Rappaport Hovav. 2005. *Argument Realization*. Cambridge: Cambridge University Press.

Li, C. 2009. On the "scare reading" of resultatives. *Language Science* 31: 89-408.

Li, C. 2013 Mandarin resultative verb compounds: Simple syntax and complex thematic relations. *Language Sciences* 37: 99-121.

Li, C, N & Thompson, S. A. 1981. *Mandarin Chinese: A Functional Reference Grammar*. Berkeley/Los Angeles/London: University of California Press.

Liu, X. 1995. *On the Verb-copying Construction in Mandarin Chinese*. University of Minnesota.

Li, Y. 1995. The thematic hierarchy and causativity *Natural Language & Linguistic Theory* 13: 255-282.

Li, Y. 1999. Cross-componential causativity. *Natural Language & Linguistic Theory* 17: 445-497.

Luzondo-Oyón, A. 2014. Constraining factors on the family of resultative constructions. *Reviews of Cognitive Linguistics* 12 (1): 30-63.

Panther, K-U. 2006. Metonymy as a usage event. In G. Krisitiansen *et al* (eds.) *Cognitive Linguistics: Current Application and Future Perspectives*. Berlin: Mouton de Gruyter.

Panther, K-U. & L. Thornburg. 1999. Coercion and metonymy: The interaction ofconstructional and lexical meaning. In B. Lewandowska – Tomaszczyk (ed.) *Cognitive Perspectives on Language.* Frankfurt am Main: Peter Lang. 37-51.

Panther, K-U. & L. Thornburg. 2000. The EFFECT FOR CAUSE metonymy in English Grammar. In A. Barcelona (eds.). *Metaphor and Metonymy at the Crossroad: A Cognitive Perspective.* Berlin/NewYork: Mouton de Gruyter. 215-232.

Panther, K-U. & L. Thornburg. 2005. The role of conceptual metonymy in meaning construction In F. J. Ruiz de Mendoza, M. Sandra &P. Cervel (eds). *Cognitive Linguistics: internal dynamics and interdisciplinary interaction.* Berlin/New York: Mouton de Gruyter. 353-386.

Panther, K-U. & L. Thornburg. 2007. Metonymy. In D. Geeraerts &H. Cuyekens (eds.) *Handbook of Cognitive Linguistics.* Oxford: Oxford University Press. 236-263.

Panther, K-U. & L. Thornburg. 2009. Introduction: On figuration in grammar. In K-U. Panther, L. Thornburg & A. Barcelona (eds.). *Metonymy and Metaphor in Grammar.* Amsterdam & Philadelphia: John Benjamins. 1-44.

Panther, K – U., L. Thornburg & A. Barcelona (eds.). 2009. *Metonymy and Metaphor in Grammar* . Amsterdam & Philadelphia: John Benjamins.

Pederson, E. 2008. Event realization in Tamil. In M. Bowerman & P. Brown (eds.) *Crosslinguistic perspectives on argument structure: Implications for learnability.* New York: Lawrence Erlbaum. 331-336.

Pustevsky, J. 1995. *The generative Lexicon.* Massachusetts: The MIT Press.

Quirk, R. et al. 1998. *A Comprehensive Grammar of the English Language. London and New York:* Longman.

Radden, G. & Kövecses Z. 1999. Towards a Theory of Metonymy. In K. Panther & G. Radden (eds.) *Metonymy in Language and Thought.* Amsterdam/ Philadelphia: John Benjamins Publishing Company.

Radden, G. Panther K-U. 2004. Introduction: Reflections on motivation. In G. Radden & K-U. Panther (eds.) *Studies in Linguistic Motivation*. Berlin/New York: Mouton de Gruyter.

Radden, G. & Panther K-U (eds.) 2004. *Studies in Linguistic Motivation*. Berlin/New York: Mouton de Gruyter.

Rapopart, T. R. 1993. Verbs in depictives and resultatives. In Pustejovsky, J. (ed.) *Semantics and the Lexicon*. Kluwer Academic Publishers, Dordrecht, 163-184.

Rappaport Hovav, M. & B. Levin 2001. An event structure account of English resultatives. *Language* 77: 766-797.

Ruiz de Mendoza, F. J. 2000. The role of mappings and domains in understanding metonymy. In Barcelon A (ed.) *Metaphor and Metonymy at the Crossroads: A cognitive perspective*. Berlin/New York: Mouton de Gruyter. 109-132.

Ruiz de Mendoza, F. J & M. R. Usón 2007. High-level metaphor and metonymy in meaning construction In G. Radden, K. M. Köpcke, T. Berg & P. Siemund (eds.) *Aspects of Meaning Construction in Lexicon and Grammar*. Amsterdam/Philadelphia: John Benjamins. 33-49.

Ruiz de Mendoza, F. J & M. R. Usón. 2008. Levels of description and constraining factors in meaning construction: An introduction to the Lexical Construction Model. *Folia Linguistica* 42 (2): 355-400.

Ruiz de Mendoza, Ibáñez, F. J. & Pérez. L. 2001. Metonymy and grammar: Motivation, constraints and interaction. *Language and Communication* 21 (4): 321-57.

Saussure, D. F. 1974. *Course in General Linguistics*. Fontana/Collins.

Simpson, J. 1983. Resultatives. In L. Levin, M. Rappaport & A. Zaenen (eds.) *Papers in Lexical-Functional Grammar*. Bloomington: Indiana University Linguistics Club. 143-157.

Tai, J. H-Y. 1985. Temporal sequence and Chinese word order. In J. Haiman (ed.) *Iconicity in Syntax*. Amsterdam: John Benjamins.

Talmy, L. 1978. Figure and ground in complex sentence. In J. H.

Greenberg (ed.) *Universals of Human Language.* Stanford University Press.

Talmy, L. 1985. Lexicalization patterns: semantic structure in lexical forms. In T. Shopen (ed.). *Language Typology and Syntactic Description Volume III: Grammatical categories and the lexicon.* Cambridge: Cambridge University Press. 57-149.

Talmy, L. 2000a. *Toward a Cognitive Semantics: Concept structuring systems.* Cambridge: MIT Press.

Talmy, L. 2000b. *Toward a Cognitive Semantics: Typology and process in concept structuring.* Cambridge: MIT Press.

Taylor, J. 2004. The ecology o f constructions. In G. Radden & K-U. Panther (eds.). *Studies in Linguistic Motivation.* New York: Walter de Gruyter. 49-74.

Thepkanjana, K. & S. Uehara. 2009. Resultative constructions with "implied-result" and "entailed-result" verbs in Thai and English: a contrastive study. *Linguistics* 47 (3): 589-618.

Traugott, E. C. & G. Trousdale. 2013. *Constructionalization and Constructional Change.* Oxford: Oxford University Press.

Tsao, Feng-fu. 1987. On the so-called 'verb-copying' construction in Chinese. *Journal of the Chinese Language Teachers Association* 22 (2): 13-43.

Wechsler, S. 2005. Weighing on scales: a reply to Goldberg & Jackendoff. *Language* 81 (2): 465-473.

Ziegeler, D. 2007. Arguing the case against coercion. In G. Radden, K. M. Köpcke, T. Berg & P. Siemund (eds.) *Aspects of Meaning Construction in Lexicon and Grammar.* Amsterdam/Philadelphia: John Benjamins. 99-123.

后　　记

　　本书是在本人博士学位论文基础上修改和进一步深入研究而成。在本书即将付梓之际，回顾自己多年的学习和工作经历，对师长、朋友和家人的感恩之情一直铭记于心。

　　首先由衷地感谢导师上海外国语大学束定芳教授。在上外学习期间，近距离地感受到束老师对认知语言学理论和研究方法的犀利的学术眼光和举重若轻的学术风范。能够成为束老师的学生，自己倍感幸运，也更加珍惜。

　　感谢上海外国语大学谭业升教授、王雪梅教授、庄智象教授，上海对外经贸大学唐树华教授在博士学位论文答辩中提出的宝贵意见。

　　论文的写作深受各位同门上海外国语大学黄健秦、宫同喜、房娜、陈佳，河南大学李甜，浙江外国语学院方英，宁波大学张立飞的无私帮助，在此深表谢意！感谢曲阜师范大学秦洪武教授、鞠玉梅教授和梁文花教授对我科研的引导和鼓励。同事好友曲阜师范大学寻阳、张琳、王福祥，上海对外经贸大学郭义，在生活上给予的帮助和精神的鼓励，在此也一并感谢。同时，我还要特别感谢中国社会科学出版社的任明先生为本书的编辑与出版付出的辛劳！

　　感谢父母、丈夫和儿子对我无私的关爱。他们的正直善良以及努力向上的生活态度影响并鼓励着我。我将带着真诚和感恩的心继续前行。

彭　芳

2020 年 3 月